■ 2024年度浙江省哲学社会科学规划后期资助课题成果(项目编号:24HQZZ023YB)

■ 获浙江省高校新型智库"浙江省地方立法与法治战略研究院"和浙江财经大学法学院资助出版

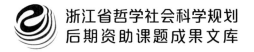
浙江省哲学社会科学规划
后期资助课题成果文库

渎职罪因果关系认定研究

马路瑶　著

ZHEJIANG UNIVERSITY PRESS
浙江大学出版社
·杭州·

图书在版编目（CIP）数据

渎职罪因果关系认定研究 / 马路瑶著. -- 杭州：
浙江大学出版社，2024. 10. -- ISBN 978-7-308-25532
-5

Ⅰ. D924.393.4

中国国家版本馆 CIP 数据核字 20248LZ620 号

渎职罪因果关系认定研究

马路瑶　著

责任编辑	曲　静	
责任校对	朱梦琳	
封面设计	周　灵	
出版发行	浙江大学出版社	
	（杭州市天目山路 148 号　邮政编码 310007）	
	（网址：http://www.zjupress.com）	
排　　版	浙江大千时代文化传媒有限公司	
印　　刷	广东虎彩云印刷有限公司绍兴分公司	
开　　本	710mm×1000mm　1/16	
印　　张	11.5	
字　　数	200 千	
版 印 次	2024 年 10 月第 1 版　2024 年 10 月第 1 次印刷	
书　　号	ISBN 978-7-308-25532-5	
定　　价	68.00 元	

前　言

　　渎职罪因果关系的认定在司法实践中存在极大的争议,对法官正确裁判提出了重大挑战。研究渎职罪因果关系认定问题,对因果关系理论发展及司法实践中标准统一和操作便捷具有价值。然而,现有成果在讨论渎职罪因果关系认定问题时,采用了我国传统的必然偶然因果关系理论、条件说、相当因果关系说、双层次因果关系说、客观归责理论、监督过失理论等多种理论模型,尚无所谓"通说"。在类型化分析路径上,存在依据主观方面分类、依据危害后果表现形式分类、将彼此之间存在交叉的范畴类型化解读等多种选择,尚未达成共识。因此,本书研究需要着力解决三个问题:一是进一步挖掘和梳理渎职罪因果关系认定在司法实践中的困境和争议;二是对渎职罪因果关系认定规则进行理论重构;三是总结典型类型渎职案件因果关系的认定方法。本书的创新点有三个:一是选题上的创新,本书以渎职罪因果关系认定为研究主题,填补该主题相关成果缺乏专著的空白;二是论证思路上的创新,本书坚持"实务—理论—实务"的研究进路,具有实务导向性又不失理论思辨;三是观点上的创新,本书在因果关系功能定位、渎职罪因果关系认定难点、渎职罪因果关系认定的一般规则、典型类型渎职案件因果关系的认定方法等方面提出了具有创新性的观点。本书将以文献综述法、案例分析法和比较研究法等方法展开研究,力图使研究结论具有科学性。

　　因果关系功能的准确定位,是研究渎职罪因果关系认定问题的基础。刑法意义上的因果关系是哲学因果关系在刑法中的一种特殊表现形式,是特定实行行为与危害结果之间的引起与被引起的一种逻辑关系。将刑法中讨论的因果关系的功能定位为纯粹解决事实归因问题,并不具有妥当性。对因果关系的判断不可能是一种纯粹的、不带任何规范和价值判断的事实判断,且将因果关系的功能定位为纯粹事实归因亦具有不经济性。因果关系的应然功能定位,是结果归责。从这一功能定位出发,将以刑法为标尺的价值判断融入判断因果关系的过程中,可以使因果关系认定在终极意义上具有刑法意义,也可以避免将因果关系的功能定位为事实归因所出现的逻辑困境。通过对刑法意义上因果关系有无的认定来解决是否具有定罪的客观基础的问题,是因果关系结果归责功能的实质内涵。危险的现实化说判断因果关系的思路与相当因果关系说、双层次因果关系说、客观归责理论等学说试图严格区分事实归因与结果归责的思路存在较大差异,与我国传统的必然偶然因果关系理论以哲学的方法解决刑法中因果关系问题的思路亦有所不同,在实现因果关系的结果归责功能方面具有独特的逻辑优势。

渎职罪作为行政犯在因果关系认定上与自然犯存在共通之处,因果关系理论适用于渎职罪因果关系认定具备前提。从法益侵害性的角度来看,属于结果犯的渎职罪所侵害的法益与自然犯具有重合的部分,都包含了个人、集体或者国家的人身法益、财产法益等具有可视性、非观念性特征的法益。对渎职罪因果关系的特殊性进行全面梳理,找到司法实践中在这类犯罪因果关系认定方面的痛点所在,则是选择合适的因果关系理论和重构认定规则的前提。首先,前置性法规范在渎职罪因果关系认定中作用显著。其在认定职权行为和判断实行行为创造危险的过程中,均发挥着重要作用。其次,个体职权行为与危害结果之间因果关系受权力分工影响巨大,既会受上级行为的影响,也会受集体研究这一作出决策的方式的影响。再次,以不作为的方式实施渎职行为的情况较为常见,会影响因果关系逻辑起点的判断。最后,渎职罪的因果流程中普遍存在介入因素。介入被监管对象的违法犯罪行为、介入被害人的行为、介入其他人的违法犯罪行为以及介入其他职能部门的渎职行为等,都会导致渎职罪的因果关系认定出现疑难。

以危险的现实化说作为基础,并吸收借鉴其他理论有价值的部分,能够更好地解决渎职罪因果关系认定中复杂多样的问题。危险的现实化说应用于渎职罪因果关系认定优势明显:第一,危险的现实化说强调刑法规范在因果关系判断中的作用,对于渎职罪这类行政犯中的因果关系判断而言,这一导向具有重要意义。第二,危险的现实化说将行为的危险实现在结果中,实现的过程分为直接实现危险类型和间接实现危险类型,这种类型化的研究对于渎职罪中因果关系的判断具有指导价值。第三,危险的现实化说主张因果关系的判断过程中事实判断与规范判断一体进行,可以有效避免裁判者在认定因果关系时漫无边际地寻找作为客观事实的行为与结果,具有经济性。其他理论的合理部分,亦应该吸收借鉴:一方面,客观归责理论中所强调的规范保护目的,可以为实行行为创造危险的判断提供借鉴。另一方面,对实行行为基于其本身的特点而对因果关系认定产生的影响,需要借助其他理论而实现。

渎职罪定罪因果关系认定的逻辑起点是划定实行行为可能成立的范围。一方面,渎职罪的实行行为必须与行为人所具有的某项职权具有相关性。对渎职罪中需要借助前置性法规范判断的职权的认定,应重点解决规范冲突带来的问题。另一方面,职权行为的行使需要具有严重的不当性。严重的不当性以行为人严重不负责任和行为造成严重的危害结果为主要判断依据。对于以不作为方式实施的渎职行为,完全未履行职责和未正确履行职责都可能具有严重不当性。

渎职罪定罪因果关系认定的关键步骤是判断实行行为何以创造危险。借助客观归责理论中规范保护目的理论的判断思路,可以得出以下结论:如果实行行为创造的危险没有在结果中实现的可能性,或者在应当由被害人自我答责时行为人欠缺结果预见义务或结果回避义务,那么实行行为就没有创造刑法意义上的危险,实行行为与危害结果之间的因果关系则不能成立。探究职权行为的谨慎规范保护目的不仅要从刑法规范出发,还要结合作为前置性法规范的其他法律、法规、规章以及其他规范性文件进行。渎职罪的行为人作为具有国家管理职权的国家机关工作人员,在很多情形下所具有注意义务高于普通人,在讨论通过否定行为人的结果预见义务或结果回避义务而排除渎职行为与危害结果之间的因果关系时,需格外注意不能适用被害人自我答责的情形。

渎职罪定罪因果关系认定的核心内容是判断实行行为中的危险何以在结果中现实化。在渎职案件中,如果行为人的渎职行为对于危害结果的发生具有决定性的影响,而且介入因素的存在并没有改变渎职行为对于危害结果起作用的方式,即使介入因素是危害结果发生的直接原因且介入因素具有一定的异常性,也可以认为渎职行为所创造的危险在结果中已经得以直接实现,渎职行为与危害结果之间的因果关系应当被肯定。对于介入因素对结果贡献度很大的案件,原则上应当否定实行行为所创造的危险得到现实化,但如果实行行为和介入因素之间被认定存在一定的关联性,那么可以说实行行为和介入因素相互作用导致结果发生,从而肯定实行行为所创造的危险间接地在结果中实现。

在构建起渎职罪因果关系认定的一般规则的基础上,本书对具有典型特征的两类渎职案件的因果关系具体认定方法进行了深入探讨。第一类是权力分工影响型渎职案件,具体包括上级行为影响型和集体研究型两种表现形式。在判断上级行为影响型渎职案件个体的职权行为是否具有实行行为性时,应以《公务员法》第六十条所确定的责任承担原则为依据,避免过度扩大或不当缩小下级公务员渎职行为的认定范围。在判断存在"有组织的不负责任"风险的集体研究型渎职案件中个体的职权行为是否具有实行行为性时,需要判断集体名义作出的职权行为是否属于渎职行为,以及个体在集体研究决定作出和具体执行中是否发挥作用。

第二类是介入因素存在型渎职案件。介入因素对渎职罪因果关系认定的影响,主要体现在判断渎职行为所创造的危险现实化的过程中。如果渎职行为与危害结果之间存在介入因素,且介入因素是危害结果发生直接原因,但渎职行为对于危害结果的发生具有实质上的决定作用,则该案件属于直接实现危险类型渎职案件。存在介入因素且渎职行为对于危害结果不具有压倒式的决定性影响时,即使肯定渎职行为与危害结果之间的因果关系,这类案件也只能属于间接实现危险类型渎职案件。认定间接实现危险类型渎职案件中的因果关系时,介入因素异常性的判断是关键。诱发型案件和危险状况设定型案件的判断内容和判断方法,是存在差异的。因此,介入被监管者违法犯罪行为、介入被害人行为、介入其他人违法犯罪行为以及介入其他职能部门渎职行为等不同情形下,对介入因素异常性的判断应遵循不同的具体规则。

目　录

第一章　导　论

第一节　渎职罪因果关系认定的研究价值

党的十八大以来,反腐败斗争持续推进。党的十八大报告对坚定不移反对腐败提出了明确要求,指出:"反对腐败、建设廉洁政治,是党一贯坚持的鲜明政治立场,是人民关注的重大政治问题。这个问题解决不好,就会对党造成致命伤害,甚至亡党亡国。反腐倡廉必须常抓不懈,拒腐防变必须警钟长鸣。"①党的十九大报告进一步提出了夺取反腐败斗争压倒性胜利的要求:"人民群众最痛恨腐败现象,腐败是我们党面临的最大威胁。只有以反腐败永远在路上的坚韧和执着,深化标本兼治,保证干部清正、政府清廉、政治清明,才能跳出历史周期率,确保党和国家长治久安。"②党的二十大报告提出,"坚决打赢反腐败斗争攻坚战持久战"的要求,指出"腐败是危害党的生命力和战斗力的最大毒瘤,反腐败是最彻底的自我革命",强调"只要存在腐败问题产生的土壤和条件,反腐败斗争就一刻不能停,必须永远吹冲锋号"。③ 巡视制度的不断完善、"打虎拍蝇"的持续开展、《中华人民共和国监察法》的制定和监察委员会的设立、《中华人民共和国刑法修正案(九)》对贪污贿赂犯罪相关规定的修改、《中华人民共和国刑法修正案(十一)》对食品监管渎职罪相关规定的修改以及《中华人民共和国刑法修正案(十二)》加大对行贿犯罪的惩治力度等,反映出党和国家在反腐败斗争中的决心和行动。

---

① 胡锦涛:《坚定不移沿着中国特色社会主义道路前进 为全面建成小康社会而奋斗——在中国共产党第十八次全国代表大会上的报告》,http://www. gov. cn/ldhd/2012-11/17/content_2268826.htm,访问时间:2023 年 5 月 20 日。
② 习近平:《决胜全面建成小康社会 夺取新时代中国特色社会主义伟大胜利——在中国共产党第十九次全国代表大会上的报告》,http://www. gov. cn/zhuanti/2017-10/27/content_5234876.htm,访问时间:2023 年 5 月 20 日。
③ 习近平:《高举中国特色社会主义伟大旗帜 为全面建设社会主义现代化国家而团结奋斗——在中国共产党第二十次全国代表大会上的报告》,http://www. gov. cn/xinwen/2022-10/25/content_52721685.htm,访问时间:2023 年 5 月 20 日。

在反腐败斗争中,对于贪污贿赂罪的打击,受到社会公众和学界的关注度更高,被曝光的落马高官的行政级别、贪污或受贿的金额以及被判处的刑罚等,成为人们关注的焦点。但不容忽视的是,渎职罪同样是腐败的一种重要表现形式,具有严重的腐蚀性,在反腐败斗争和学术研究中亦应引起重视。

渎职罪规定在《中华人民共和国刑法》(以下简称《刑法》)分则第九章,共计 25 个条文,涉及 37 个罪名。在现代汉语中,"渎"有两重含义,其一为"轻慢,不敬",其二为"沟渠,水道"。① 在"渎职"一词中,显然应将"渎"作第一种含义的理解,那么"渎职"则可以理解为适格主体对其职务的轻慢、不敬,对于其职权恣意行使,或者对于其职权应当行使而不行使、不认真行使。无论以主观上故意为特征的滥用职权行为,还是以主观上过失为特征的玩忽职守行为,抑或主观上存在徇私舞弊动机的渎职行为,都体现了权力的异化。此时,权力拥有者只负责对权力进行使用,却不对使用权力所产生的后果负责。这样的权力行使导致的直接后果,便是权力与责任的分离。在这种情况下,权力已经变异为与国家利益对立的危害体和社会的破坏者,而不再是社会的维护者。② 由此可见,国家机关工作人员的渎职行为具有极大的危害性,除了《刑法》条文中直接体现的致使公共财产、国家和人民利益遭受损失之外,还会损害国家机关及其工作人员在社会公众心目中的形象,妨害国家机关正常的工作和管理秩序。③ 尽管渎职罪不以国家机关工作人员进行权钱交易为成立条件,在犯罪中国家机关工作人员并不一定获得某种物质性利益或非物质性利益,但是渎职行为却潜藏着导致重大物质性或非物质性损害后果的危险,其社会危害性不容小觑。

大多数渎职罪的成立以致使特定利益遭受重大损失为必要,也即属于结果犯,那么认定渎职行为与严重危害结果之间存在因果关系则成为一个必须证明的问题。然而,渎职罪因果关系的认定在司法实践中却存在极大的争议,对法官作出正确裁判提出了重大挑战。笔者于 2021 年 3 月 10 日在"无讼案例"上对相关裁判文书进行了检索,有如下发现:"案由"为"渎职罪"的判决书共 20400 份,裁定书共 10413 份;以"因果关系"为"搜索词"对"案由"为"渎职罪"的裁判文书进行检索,共得到判决书 3698 份,裁定书 1257 份。尽管这样的检索结果属于一种不完全统计,因为并非全部的司法案件裁判文书都实际能够在互联网上检索到,但是这也能一定程度上反映

---

① 刘家丰主编:《现代汉语辞海》,新华出版社,2002,第 167 页。
② 周振想主编:《权力的异化与遏制——渎职犯罪研究》,中国物资出版社,1994,第 25—27 页。
③ 陈建勇、曾群、彭恋:《渎职犯罪案例与实务》,清华大学出版社,2017,前言第 5 页。

出司法实践中控辩审三方就因果关系认定问题存在争议的案件,在渎职罪案件中占据了较大比例。

最高人民检察院发布的第二批指导性案例全部与渎职罪相关,其中检例第8号"杨周武玩忽职守、徇私枉法、受贿案"的要旨之一便是渎职罪因果关系的认定。深圳市龙岗区人民法院在一审判决中认为,被告人杨周武作为同乐派出所的所长,对辖区内的娱乐场所负有监督管理职责,其明知舞王俱乐部未取得合法的营业执照擅自经营,且存在众多消防、治安隐患,但严重不负责任,不认真履行职责,使本应停业整顿或被取缔的舞王俱乐部持续违法经营达一年之久,并最终导致44人死亡、64人受伤的特大消防事故,造成了人民群众生命财产的重大损失,其行为已构成玩忽职守罪,情节特别严重。最高人民检察院在归纳关于渎职罪因果关系的认定要旨时指出:"如果负有监管职责的国家机关工作人员没有认真履行其监管职责,从而未能有效防止危害结果发生,那么这些对危害结果具有'原因力'的渎职行为,应该认定与危害结果之间具有刑法上的因果关系。"然而,这一要旨的提炼较为抽象,究竟什么情况属于渎职行为对危害结果的发生具有刑法意义上的"原因力",并没有给出一个具有可操作性的判断标准。因此,这一指导性案例对于司法实践中出现的多种多样的渎职罪案件的因果关系认定,能够起到的指导作用有限。

近年来,一些备受社会关注的渎职案件中,渎职行为与危害结果之间是否具有刑法上的因果关系之判断,存在较大争议。在"李某玩忽职守案"中,集宁区人民法院刑事审判庭原庭长云小霞在审理郝卫东过失致人死亡一案时,其制作的刑事判决书中将郝卫东的职业"乌兰察布电业局职工"错误填写成为"无业",对郝卫东宣判后,未将已发生法律效力的刑事判决书依法送达给郝卫东所在单位乌兰察布电业局。被告人李某作为该法院分管刑事审判工作的副院长,对该案刑事判决书未认真审核,致郝卫东从2012年至2019年在乌兰察布电业局领取工资薪酬、奖金、福利(企业年金)、企业代缴五险一金共计1374960.01元。内蒙古自治区察哈尔右翼后旗人民法院审理本案时认为,尽管本案所涉的损失是多方因素相结合而形成的,李某并非案件直接承办人员,其未认真履行审核职责只是造成乌兰察布电业局遭受重大损失的原因之一,但仍然认定李某构成玩忽职守罪:被告人李某作为人民法院分管刑事审判工作的副院长,在履行签发法律文书职责时,未认真审核把关,致使乌兰察布电业局遭受重大损失,其行为已构成玩忽职守罪。①对于本案而言,虽然李某存在签发法律文书时未认真审核把关的失职行为,但是将原案件被告人单位为其支付报酬和缴纳社保作为玩忽职守罪的危害结果是否超出了规范保护目的等问题却是具有争议的,进而在认定玩忽职守行为与财产损失结果之间是否存在因果关系的问题上具有可探讨的空间。

再如,在"刘某某玩忽职守案"中,被告人刘某某系双滦区人民法院刑事审判庭审判员、副庭长,在自己所承办的刑事审判案件的刑事执行工作中未依照有关规定依法向相关社区矫正部门办理罪犯交付执行手续,而是由本庭书记员填写送达执行手续将执行通知书错误送达给当地公安机关。被告人作为案件承办法官没有在书记员送达文书前审核文书填写的正确性,没有在送达后依照相关法律检查文书的合法性,未做到对主办案件全案审查,导致不正确履行将罪犯及时交付执行刑罚的法定工作职责,致使 12 名被判处缓刑而应当依法进行社区矫正的罪犯长期处于漏管状态,未得到有效的监督管理和改造,成为威胁社会和谐稳定的潜在因素。其中,杨某甲在漏管期间再犯强奸罪。在判断被告人的玩忽职守行为与杨某甲再犯强奸罪之间是否存在因果关系时,法院认为,玩忽职守行为与危害结果的关系可以根据不同标准划分为直接因果关系和间接因果关系,间接因果关系中虽玩忽职守行为对危害结果的产生较直接因果关系作用较小,但仍可以认定为存在刑法上的因果关系。本案中,不能因为罪犯杨某甲再犯强奸罪出于偶然,而否定上诉人的玩忽职守行为与杨某甲的再次犯罪行为之间不存在刑法上的因果关系。②在这一案件中,刘某某不正确履行职责的危害结果究竟仅仅包括 12 名罪犯长期处于漏管的状态,还是同时包括其中一名罪犯再犯新罪所造成的危害结果,不无疑问。

除此之外,司法实践中渎职罪因果关系判断理论模型的选择存在混乱。在司法实践中,"原因力"的有无并非判断渎职罪因果关系的唯一标准。有的裁判者会将我国传统的刑法因果关系理论中的必然因果关系和偶然因果关系理论,作为认定渎职罪中因果关系的依据。例如,对于"孙传良玩忽职守案",法院在判决理由中指出:"刑法上的因果关系是指危害行为与危害结果之间的联系,包括必然因果关系,即行为与结果之间存在必然联系,有因

---

① 内蒙古自治区察哈尔右翼后旗人民法院(2020)内 0928 刑初 1 号刑事判决书。
② 河北省承德市中级人民法院(2017)冀 08 刑终 91 号刑事裁定书。

必有果,一般体现在故意犯罪中。也包括偶然因果关系,即行为本身不产生
危害结果,因偶然介入其他因素导致危害结果,有因可能有果,一般体现在
过失犯罪中。孙传良不认真履行职责的行为本身不必然产生危害结果,只
有当与其履职行为有关的对象实施某种行为时,危害结果才可能产生。本
案中,孙传良存在不认真履行职责的情形,同时与其履职行为有关的被监管
对象张某2、王爱枝二人在被监管期间脱管而实施了犯罪行为,应认定二者
具有刑法上的因果关系。"①在"王占雷、谢秋凤玩忽职守案"中,法院判决理
由中同样认为:"关于玩忽职守罪,其危害结果的发生,并非全部为行为人所
实施的玩忽职守行为所必然造成的。玩忽职守行为一般表现是一种不作
为,该不作为行为并不必然导致危害结果的发生,在二者之间经常插入其他
自然或人为的因素,不作为与危害结果之间本身存在的是刑法上的偶然因
果关系。"②依据这一立场,似乎不存在排除刑法上因果关系成立的空间,因
为无论必然因果关系还是偶然因果关系存在,都能够认定刑法因果关系的
存在,这便容易导致刑事责任的泛化。

有的裁判者选择将相当因果关系说作为判断渎职罪因果关系的理论依
据。例如,在"黄永东受贿、玩忽职守案"中,法院在判决理由中认为:"在判
断行为与结果之间是否存在刑法上的因果关系时,应以行为时客观存在的
一切事实为基础,依据一般人的经验进行判断。在存在介入因素的情况下,
判断介入因素是否对因果关系的成立产生阻却影响时,一般是通过是否具
有'相当性'的判断来加以确定。"③但是,在判断"相当性"的过程中,什么样
的经验可以称之为"一般人的经验",却是一个颇具争议的概念。在具体案
件的判断中,主审法官个人的经验往往便化身为社会一般人的经验,从而导
致因果关系的判断标准具有不确定性。

客观归责理论亦为部分裁判者认定渎职罪因果关系的依据。例如,在
"王良玩忽职守案"中,一审法院将基于客观归责的考查和基于因果关系的
分析作为认定被告人无罪的两个不同的理由,二审法院认同了这一判断。④
然而,在这一案件中,一审法院、二审法院事实上并未厘清客观归责与因果
关系两个概念之间的关系,裁判理由更像是把客观归责理论和因果关系理
论不同话语体系下解决相同问题的不同表述进行了堆叠,逻辑上存在混乱。

① 湖北省汉江中级人民法院(2016)鄂 96 刑终 137 号刑事裁定书。
② 河南省襄城县人民法院(2017)豫 1025 刑初 249 号刑事判决书。
③ 湖北省十堰市中级人民法院(2016)鄂 03 刑终 299 号刑事判决书。
④ 海南省海口市中级人民法院(2018)琼 01 刑终 540 号刑事裁定书。

理论模型选择的混乱可能导致判断结果的差异,不利于对渎职罪统一法律适用标准,进而可能造成"同案不同判"的问题。

由以上分析可知,渎职罪因果关系认定问题的解决,对于渎职案件被告人的正确定罪量刑和反腐败斗争的精准推进具有重要的现实意义。笔者认为,就渎职罪因果关系认定问题展开系统而深入的研究,对于因果关系理论发展以及司法实践中标准统一和操作便捷都具有较高的价值。

在理论价值方面,渎职罪因果关系认定研究这一选题对于因果关系理论的发展具有重要意义。国内外刑法学界对于因果关系的研究由来已久,取得了相当丰富的研究成果。大陆法系国家刑法理论中的"条件说""相当因果关系说""客观归责理论",英美法系国家刑法理论中的"双层次因果关系说",以及我国传统刑法理论中的"必然因果关系说"和"偶然因果关系说",均有为数不少的专著、期刊论文、学位论文等形式的研究成果。然而,对于因果关系的研究,通常在刑法总论的客观构成要件中加以讨论,在刑法分论中具体罪名的构成要件阐述时则鲜有提及因果关系认定的问题,即使有涉及,论述也极为简略。如果仅在刑法总论中对因果关系问题进行研究,并且研究的案例集中于较为简单的杀人、伤害等自然犯,而忽视了在刑法分论中研究类罪或个罪的因果关系认定问题,特别是法定犯的因果关系认定问题,这样厚此薄彼的研究,会导致因果关系理论的普适性大打折扣,而且在简单的自然犯以外的情形下因果关系认定的实际操作可能会出现障碍。鉴于此,本书的研究力图打破这一障碍,推进因果关系理论在类罪中应用性的提升。渎职罪的因果关系具有明显的特殊性,表现形式复杂多样,因而研究渎职罪中的因果关系认定问题,是前述目标实现的一个重要突破口。

在实践价值方面,本书的选题以解决实践中存在的问题为导向,努力避免单纯地介绍、研究因果关系理论本身,而是为解决司法实践中渎职罪因果关系认定存在的疑难问题服务,具有较强的实践引领性。在"渎职罪因果关系认定研究"这一选题之下,笔者将在后续研究过程中收集大量司法实践中的真实案例进行梳理和分析。辩护人关于渎职行为(承认存在渎职行为者)或职权行为(否认存在渎职行为者)与危害结果之间不存在因果关系的辩护理由,以及法官对于渎职行为与危害结果之间是否存在因果关系的判断和说理等,将成为重点研究的对象。在对渎职罪因果关系认定的一般规则进行重构的过程中,笔者将把对典型类型渎职案件的因果关系认定中的疑难问题研究融入其中,为解决司法实践中不同类型渎职罪的因果关系认定问题提供参考。

　　"刑法学追求作为处罚的理由能接受的根据,从那里引导处罚合理化的说明,可以说是把一种公理学的体系作为理想。这是为了在共同了解'系统性思考'偏重的警戒的同时,使权力的发动合理化所必要的。"①关于渎职罪因果关系认定的法教义学知识的完善,有利于减少外部不确定因素对于渎职罪定罪量刑的影响,从而有利于罪刑法定原则的贯彻。如果政治信念式的意识形态对于法官而言成为一种规范性的劝导意向,那么法官对刑法文本规范概念进行理解和适用的过程中,便很容易将一些公共政策或刑事政策融入,进而使作出的刑事裁判符合公共政策或刑事政策。② 公共政策作为国家公权力机关实现公共管理的重要途径和手段,其本质在于国家公权力机关通过对社会资源的配置和社会成员利益关系的调节来实现一定的目标。然而,如果将公共政策作为主导刑事案件裁判结果的因素,那么公共政策本身的一些特性容易导致裁判结果具有不确定性,进而冲击刑法作为行为规范的权威性,更不利于对公民自由的保障。申言之,在公共政策的制定层面,公共政策具有多变性,容易受到政策制定者的理念变化和任期更替的影响,在网络时代更容易受到舆论的影响。在公共政策的执行层面,则可能出现两个极端的偏差:第一种偏差是地方在落实国家层面的公共政策时存在选择性执行的问题,出现的根源包括政策本身完备度低、中央与地方出现利益冲突、地方政府存在竞争、缺乏对地方政府强有力的监督机制等。③ 第二种偏差是公共政策目标分解的过程中被地方"层层加码",即面对上级政府所指定的公共政策目标,本级政府往往为了满足上级要求,对下层层提高执行的标准和要求,而忽略了政策规律和地方实际。④ 在制定和执行两个大环节中各种因素的综合影响下,公共政策的内容和实效都具有较大的可变动空间。作为公共政策的一种具体表现形式,刑事政策同样具有灵活性的特征,有时亦停留于对个案的思考和判断层面。如果脱离刑法实定法和教义学的约束,缺乏具有具体性、科学性的下位规则的支撑,那么刑事政策便可能陷入偶然和专断的泥淖,难以为法官作出符合正义要求的裁判提供理由。⑤ 渎职罪作为一种由国家公权力机关的工作人员即国家工作人员实施的职务犯罪,相关罪名的适用不可避免地会受到公共政策和刑事政策的

①　橋本正博:《法的因果関系に関する覚书》,《一桥法学》2016 年第 2 期。
②　王强军:《论刑事裁判中的结果导向及其控制》,《法学》2014 年第 12 期。
③　万江:《政策执行失灵:地方策略与中央态度》,《北方法学》2014 年第 6 期。
④　赵天航、原珂:《刚性约束失灵与变异:公共政策"层层加码"现象再解释——以 H 省"控煤"政策为例》,《党政研究》2020 年第 3 期。
⑤　周光权:《刑法学习定律》,北京大学出版社,2019,第 247 页。

影响。一方面,公共政策是社会资源配置和社会成员利益关系调节的一种手段,因而调节国家机关及其工作人员与接受前述主体监督、管理和服务的社会成员之间的关系,调节国家机关工作人员与国家、社会利益之间的关系,成为公共政策的重要内容。从某种意义上讲,公共政策是国家机关工作人员履职行为规范的来源之一。渎职行为作为渎职罪的实行行为,对其正确认定是认定渎职罪因果关系的逻辑起点,因此对于渎职罪因果关系的认定不可能完全脱离公共政策而在"真空"中进行。另一方面,国家机关工作人员作为连接国家与社会成员之间的纽带,其不当的履职行为以及由之造成的重大损害后果,容易激化社会矛盾,与国家机关工作人员渎职相关的舆论容易对规范国家机关工作人员行为的公共政策和惩处渎职犯罪的刑事政策产生影响。

在这种前提下,不断充实刑法教义学知识、强化法官的刑法教义学思维方法,对于避免由公共政策和刑事政策主导渎职罪定罪量刑结果、提高国家工作人员对自己渎职行为的法律后果的可预期性,具有重要意义。虽然因果关系并非刑法条文中有明确规定的内容,但因果关系的存在与否,是判断一个行为是否构成犯罪的一项重要依据。可见,因果关系理论作为一种刑法教义学知识,事实上已成为司法裁判所遵循的规则。本书将围绕渎职罪因果关系认定的问题展开研究,力图对因果关系理论在渎职罪这一类罪中的应用规则进行充实和完善,为法官作出司法裁判提供更具科学性和可操作性的刑法教义学知识,降低裁判结果在公共政策和刑事政策影响下的不确定性。

第二节 渎职罪因果关系认定的研究现状与尚待解决的问题

一、渎职罪因果关系认定的研究现状

(一)渎职罪因果关系认定的理论模型选择现状

当前关于渎职罪因果关系认定的理论成果,包含期刊论文、硕士学位论文以及博士学位论文和专著中的章节等多种形式。然而,在现有理论成果中,论者对于渎职罪因果关系认定的理论模型选择存在较大差异,没有哪个理论框架能够称为"通说"。现有理论成果在探讨渎职罪因果关系认定问题时,主要应用了以下理论模型。

第一种分析的理论模型,是我国传统的必然偶然因果关系理论。我国传统因果关系理论的特点,在于对必然因果关系和偶然因果关系进行区分,对两种情况下是否认定危害行为与危害结果之间存在刑法意义上的因果关系适用不同的标准。例如,胡胜友、陈广计在论文《渎职侵权犯罪因果关系问题研究》中认为,我国传统刑法学中的必然因果关系和偶然因果关系理论,能较好解决包括渎职罪在内的犯罪因果关系的确立和认定问题。论者指出,在渎职罪必然因果关系的认定上,一般无争议;对于争议较大的偶然因果关系,是否应当认定渎职行为与危害结果之间存在因果关系,可以通过引入过错和意外事件理论加以完善;除此之外,针对责任分散和复杂情况下的渎职罪因果关系问题,应当通过对共同犯罪理论的引入和参照加以解决。① 除了以我国传统因果关系理论分析整体意义上的渎职罪因果关系之外,针对特定领域的渎职罪中因果关系认定的问题,亦有研究者以这一理论模型进行分析。陈波在其专著《安全生产领域渎职罪侦破与认定》中对事故类渎职罪特殊因果关系进行分析时,尽管引入了条件说、介入因素、因果关系中断等概念,但是论者认为,对于一切形式的犯罪而言,刑法意义上的因果关系的存在和行为与结果之间的紧密度(内在、实质或者必然以及决定性因素与否),是确定行为人责任大小以及应负何种责任的关键。论者进而指

---

① 胡胜友、陈广计:《渎职侵权犯罪因果关系问题研究》,《中国刑事法杂志》2012 年第 1 期。

出,工作实践中,认定渎职类犯罪的成立,行为人的行为与危害结果之间不论是滥用职权犯罪的直接的还是玩忽职守犯罪的间接的因果关系,都肯定存在必然的联系;不存在必然联系的情况不宜认定,应考虑作无罪处理。①再如,谢望原、何龙在《食品监管渎职罪疑难问题探析》一文中主张将食品监管渎职犯罪领域的直接责任人员和直接负责的主管人员的因果关系认定标准进行区分,认为对于直接责任人员而言,对其追究刑事责任的前提,是渎职行为与危害结果之间的因果关系为具有直接性或必然性;对于直接负责的主管人员而言,由于其渎职行为发挥作用的方式系通过直接责任人员具体实施渎职行为,因而其渎职行为与危害结果之间的因果关系具有间接性或偶然性即可。②

第二种分析的理论模型,是条件说。例如,杨书文在《过失型渎职罪中的因果关系研究》一文中认为,判定什么样的条件能够成为过失性渎职罪的原因,应把握如下两个标准:第一个标准是"客观性"。这意味着作为因果联系的条件需要以客观存在为必要,其应当是已经形成和存在的事实。第二个标准是"必要性"。即该条件是危害结果发生的必要条件,该条件与危害结果之间符合"没有前者就没有后者"这一条件说的基本公式。在过失性渎职罪中,条件的必要性体现为如果该国家工作人员能够依法认真履行管理、监督、制止职责,采取法律规定的处罚和遏制措施,而不存在失职渎职行为,该危害结果就不会发生。除了具备前述事实因果关系之外,适格的条件还必须具备法律要件,即行为人对于法定义务和岗位义务没有履行。③

我国台湾地区学者黄荣坚在《卫尔康事件的基本刑法问题》一文中,就卫尔康事件这一废弛职务酿成灾害案,对因果关系和客观归责等问题进行了阐述,表明了其支持条件说的立场。他认为因果关系就是一个支配关系,行为人对结果有支配力就是不同的做法会产生不同的结果。用逻辑方式来表达,若 P 则 Q,而且非 P 则非 Q。对于一个事实上已经发生的结果,客观上已经无法再否定其相当因果关系。因为一个欠缺相当因果关系的事实,现实上就不会发生。因此对于具体事件因果关系的检验,等于没有必要检验相当性,而只要检验条件关系就可以了。在他看来,以条件关系判断因果关系并无过苛的问题:一方面,客观归责概念下的容许风险或容许信赖都已经在客观层次上限制了人类对于外在世界的负担;另一方面,在主观不法构

---

① 陈波:《安全生产领域渎职犯罪侦破与认定》,中国检察出版社,2016,第117—152页。
② 谢望原、何龙:《食品监管渎职罪疑难问题探析》,《政治与法律》2012年第10期。
③ 杨书文:《过失型渎职罪中的因果关系研究》,《人民检察》2006年第20期。

成要件的层次上,对于个人无法预见的事实,即为无过失,从而也不构成犯罪。①

第三种分析的理论模型,是相当因果关系说。例如,王纪松主编的《渎职侵权犯罪案件的证据收集、审查与认定》一书关于刑法因果关系问题倾向于相当因果关系学说,即在具有条件关系的行为和结果之间,按照人类社会生活的一般经验法则判断,如果存在某行为一般是会发生某结果的相当关系时,就认定具有刑法因果关系。相当性的判断所依据的是日常生活中的一般人的经验、尝试而非行为人自身。对于渎职罪因果关系的判断,应重点研究介入因素情形下,会否中断渎职行为和危害结果之间的因果关系。第三方行为或者事实介入,相互作用相互影响导致危害结果;或者不可预见不可抗力自然事件介入,结合导致危害结果;或者被害人自身行为或者事实介入,结合导致危害结果,都应当按照同一个标准来判断介入因素的性质和影响。②

第四种分析的理论模型,是双层次因果关系说。例如,赵欣在其硕士学位论文《论渎职犯罪中因果关系之认定》中认为,应将刑法因果关系划分成法律因果关系和事实因果关系两个层面进行研讨。在判定事实因果关系时,首先,要以"无事实原因则无危害后果"为依据划定一个能够引起危害后果产生的标准;其次,要以存在具有构成要件符合性的危害结果为基础;再次,在筛选事实原因时需要基于全面和客观的目的;最后,要将那些只起到条件作用的日常行为予以排除。在判定法律因果关系时,首先,将渎职罪中的渎职行为与其他可以引起危害后果产生的因素(特别是其他渎职行为)之间的原因力大小进行对比;其次,要判定每个对危害后果发生需要追究法律责任程度的渎职行为;最后,要正确判断渎职罪中不作为型犯罪的法律原因。③

第五种分析的理论模型,是客观归责理论。例如杨晓静、李昌云、栾晓虹在《渎职犯罪因果关系的定性与定量——以"客观归责"理论为视角》一文中认为,只有通过以规范判断为特征的客观归责,才能实现从归因到归责的转换。论者介绍了运用客观归责理论解决渎职罪因果关系认定问题的思路:一方面,要对渎职行为进行独立评价,也即对行为的渎职性质进行分析与判断。这一步骤具体包括对行为是否渎职的基础性判断和对"不被允许

---

① 黄荣坚:《卫尔康事件的基本刑法问题》,《月旦法学杂志》1995 年第 1 期。
② 王纪松主编:《渎职侵权犯罪案件的证据收集、审查与认定》,中国检察出版社,2015,第 19—20 页。
③ 赵欣:《论渎职犯罪中因果关系之认定》,南昌大学 2015 年硕士学位论文,第 24—29 页。

危险"的判断,后者的判断包括了决定型复杂因果关系、先后连接型复杂因果关系、介入型复杂因果关系等多种具体情形下的判断。另一方面,要对结果进行独立判断(结果刑法意义上的评价),分为结果回避可能性的判断、在结果中实现了不被允许的危险的判断和结果没有超出构成要件保护范围的判断。①

如我国台湾地区学者张丽卿在论文《废弛职务致酿灾害的客观归责》中认为,必须将经验上的因果关系与归责上的因果关系分开,前者的有无依据条件说判断,后者的有无依据相当因果关系说或客观归责理论判断。作者认为相当因果关系说虽可回避条件说漫无节制扩张因果关系的危险,但是在可能性与否的判断下,相当与不相当之间的界限常处于难以确定的状态。除此之外,相当因果关系说的根基是典型的因果关系,而对于复杂的因果关系类型,难以利用该学说解决行为与结果间的因果关联性的认定问题。作者认为客观归责理论说理上比较清晰,检验过程比较详尽。对于废弛职务酿成灾害罪而言,废弛职务的不作为是在制造法律所不容许的风险,废弛职务的不作为导致灾害发生,酿成灾害是废弛职务构成要件的效力范围,方可进行客观归责。②

第六种分析的理论模型,是监督过失理论。例如,易益典在《监督过失型渎职犯罪的因果关系判断》一文中,将监督过失型渎职罪作为研究渎职罪因果关系的突破口,认为存在他人的行为介入和行为的主要表现形式系不作为是监督过失型渎职罪最重要的特点,因而这类渎职罪的因果关系体现为间接形态。论者在监督过失理论框架下,强调间接因果关系是这类渎职罪因果关系的基础,这类渎职罪因果关系的判断应当通过以下三个步骤进行:第一步是形式符合性判断,即考察监督过失型渎职行为与构成要件结果之间在形式上是否存在符合刑法分则预设的因果关系类型。当构成要件结果发生时,符合刑法条文规定的渎职行为与该结果之间的法律上的因果关系具有形式符合性。第二步是充分关联性判断。充分关联表现为行为属于职责性行为、行为人的职责性行为能够合乎事件内在发展逻辑或人类普遍认知逻辑地引起危害结果。第三步是中断性判断,即考察导致因果关系中断的因素是否存在于监督过失型渎职行为与构成要件结果之间。此外,还

---

① 杨晓静、李昌云、栾晓虹:《渎职犯罪因果关系的定性与定量——以"客观归责"理论为视角》,《人民检察》2016 年第 23 期。

② 张丽卿:《废弛职务致酿灾害的客观归责》,《东海法学研究》1995 年第 9 期。

应对被监督者行为性质和信赖原则予以考量。①

(二)渎职罪因果关系认定的类型化分析现状

本书拟研究的渎职罪主要是刑法分则第九章渎职罪中所包含的犯罪，所涉罪名较多，犯罪构成的特点不尽相同。因此，对渎职罪因果关系进行类型化分析，是研究渎职罪因果关系的一个较好路径。现有研究成果中，部分学位论文对渎职罪因果关系进行类型化分析，但分类思路各异，尚无统一标准。

第一种思路是将渎职罪按照主观方面进行分类，进而对其因果关系的认定分别讨论。如施晓楠在其硕士学位论文《论渎职罪中的因果关系》中，选择从主观内容划分，将渎职罪分为滥用职权类和玩忽职守类来研究因果关系问题。对于滥用职权型渎职罪，将因果关系分为简单因果关系(一因一果、一因多果)及复杂因果关系(纵向垂直型因果关系、集体决策型因果关系)，探讨滥用职权犯罪中危害行为转化为实害结果的方式。对于玩忽职守型渎职罪，重点讨论了复杂因果关系(纵向垂直型因果关系、横向复合型因果关系、存在介入因素的因果关系)情形下玩忽职守行为转化为实害结果的方式。②

第二种思路是将渎职罪按照危害后果的表现形式进行分类，进而对因果关系认定问题分类讨论。如姜伯宁在其硕士学位论文《渎职罪的因果关系研究》中，将渎职罪因果关系分为危险型、实害型和危险结果扩大型等三类，对其因果关系认定问题进行类型化分析。在危险型渎职罪中，渎职行为给危害结果的发生创造了平台，介入因素或其他条件只是在渎职行为存在的基础上才起到将危险变为现实危害的作用。在实害型渎职罪中，行为人因渎职行为制造了危险，或者有义务且有可能排除已存在的危险但没有这样做，基于自己的渎职行为将危险转换为现实的危害结果。在危害结果扩大型渎职罪中，侵害法益的行为已经客观上存在并造成了危害结果，但因为渎职行为的再次作用，先前的危害结果程度加深、危害扩大。论者认为上述三类情形，渎职行为与危害结果之间的因果关系均存在。③

第三类思路是将彼此之间存在交叉的范畴进行类型化解读，分别提炼各自的归责类型。如杨绪峰在其硕士学位论文《渎职罪因果关系研

---

① 易益典：《监督过失型渎职犯罪的因果关系判断》，《法学》2018 年第 4 期。
② 施晓楠：《论渎职罪中的因果关系》，苏州大学 2015 年硕士学位论文，第 29—35 页。
③ 姜伯宁：《渎职罪的因果关系研究》，中国青年政治学院 2014 年硕士学位论文，第 22—24 页。

究——判例与学说的双向互动》中认为,根据故意和过失可以将渎职罪划分为滥用职权型渎职罪和玩忽职守型渎职罪,这两类渎职罪的构成要件行为都可以表现为作为和不作为。在类型化解读的过程中,需要把握两条线索:一是区分作为与不作为,在作为犯中只需要解决"什么样的行为"应被归责,在不作为犯中需要同时解决"什么样的行为人"应被归责和"什么样的行为"应被归责两个问题。二是区分故意与过失。在渎职罪因果关系的操作方案上,作者区分了"故意的作为犯""过失的作为犯"和"不作为犯"三类进行讨论。①

二、渎职罪因果关系认定尚待解决的问题

通过对与渎职罪因果关系认定相关文献的整理,笔者发现对于这一问题虽然已经有一部分研究成果,但是在认定渎职罪因果关系时选择何种理论模型以及典型类型的渎职案件因果关系认定方法等问题上,并未达成共识,观点分歧明显。笔者认为,在本书的后续写作中,应当着力解决以下问题。

第一,需要对渎职罪因果关系认定问题在司法实践中存在的困境、争议进一步挖掘、梳理。法学是一门社会科学,学术问题的研究应当以解决司法实践中真实存在的疑难问题为出发点和落脚点,而不应成为学者的自说自话的文字游戏,因此应对司法实践中存在问题的准确把握和对研究方向的指引具有重要意义。

第二,需要对各种因果关系理论在渎职罪因果关系认定的司法实践中的应用状况和刑法学界中提倡或者批判的情况进行研究,剖析不同理论在应用时的优点和不足,在此基础上进行理论重构。研究过程应该避免预先假定某一理论为真理,将之作为绝对正确的分析模型,而在渎职罪因果关系认定的分析中直接简单套用。相比之下,对不同的因果关系理论和被借鉴来解决因果关系问题的其他刑法理论所存在的具有普遍性的问题全面地进行比较分析,并对解决渎职罪这一特定类型犯罪中的因果关系认定问题所存在的特殊困境进行梳理归纳,从而找出一个具有比较优势理论框架,并融合其他理论有价值的部分,得出解决渎职罪因果关系认定问题的最优方案,是一个更具科学性的研究进路。

① 杨绪峰:《渎职罪因果关系研究——判例与学说的双向互动》,清华大学 2015 年硕士学位论文,第 22—45 页。

    第三,应当总结出因果关系具有特殊性的典型渎职案件的因果关系认定方法。这一问题的解决,是本书的研究真正可以在渎职罪因果关系认定的司法实践中落地生根的关键。渎职罪因果关系认定中疑难的案件形态各异,应当对案件的特点和因果关系认定难点进行提炼、归纳,进而探究每一类典型的渎职案件因果关系认定的解决途径。

第三节　本书可能的创新点

本书在总结司法实践中症结所在和学习、比较前人研究成果的基础上，力图在渎职罪因果关系认定问题的研究上能够有所创新，为刑法理论和司法实践的发展贡献微薄智识。

一、选题上的创新

本书在选题方面有所创新。在选题上，本书以渎职罪因果关系认定这一问题为研究对象，该问题虽然已有部分期刊论文和硕士学位论文等类型的研究成果，但目前尚无专著和博士学位论文对这一问题进行专门研究，这一问题的理论空缺仍然有待填补。就期刊论文而言，限于篇幅问题，往往无法就渎职罪因果关系认定的理论模型进行细致的比较，对于为什么选取某一理论模型作为分析依据缺乏具有说服力的论述，通常会直接假定某一理论模型为最优方案而直接套用到渎职罪因果关系认定规则的阐述中。除此之外，这些研究对于因果关系认定在不同类型渎职案件中的应用问题缺乏关注，难以有效应对实务中种类繁杂的渎职罪因果关系认定问题。就硕士学位论文而言，限于作者的理论功底和研究水平，对于渎职罪因果关系认定问题的研究大多深度有限；且限于篇幅问题，难以就问题全面展开论述。就目前与渎职罪相关的专著和博士学位论文而言，渎职罪因果关系认定问题往往只作为其中一章出现，对于这一问题的研究缺乏深度。因此，将渎职罪因果关系认定问题作为本书的选题，力求在研究的广度和深度上相比现有研究成果有所突破，对因果关系理论的发展和渎职罪因果关系认定在司法实践中操作方法的完善作出一定贡献，具有可能性。

二、论证思路上的创新

本书在论证思路方面有所创新。在论证思路上，本书以实务中疑难问题的解决为导向，具有清晰的逻辑脉络。具体而言，本书在界定渎职罪研究范围的基础上，立足于司法实践中的疑难问题，对因果关系相关的各种理论模型进行检视，力图得出一个较为合理的渎职罪因果关系认定标准，并针对不同类型渎职罪的因果关系认定提出具体的应用方案。这一论证思路具有以下优势：一方面，可以避免现有部分研究成果中直接套用某一具体理论模型所带来的弊病，即对为什么要选择这一理论模型而不选择其他理论模型的论证不充分，进而忽视了其他理论模型的优势和所选用理论模型的弊端；另一方面，又体现了从实务到理论再到实务的特点，具有较强的应用价值，避免出现仅具有理论价值而实际上无法解决实务中疑难问题的现象。

三、观点上的创新

本书提出了具有创新性的观点。具体而言，本书所提出的具有创新性的观点主要包括以下几个：第一，刑法意义上的因果关系在犯罪论体系中的功能是结果归责而非事实归因，危险的现实化说相比其他因果关系理论对于上述功能的实现具有逻辑优势。第二，作为行政犯的渎职罪中因果关系的认定能够适用因果关系理论的前提在于其与自然犯在法益侵害性方面存在共通之处，而这类犯罪因果关系认定的难点，则在于渎职罪因果关系认定中具有前置性法规范作用显著、个体职权行为因果关系受职权行使方式影响巨大、因果关系逻辑起点判断受不作为型行为方式影响突出以及因果流程普遍存在介入因素等特殊性。第三，渎职罪因果关系认定的一般规则，应当以危险的现实化说为基础并借鉴其他因果关系理论的有益成分进行建构，以划定渎职罪实行行为可能成立的范围作为逻辑起点，以借助客观归责理论中规范保护目的理论的思路判断实行行为何以创造危险为关键步骤，以区分直接实现危险和间接实现危险判断实行行为中的危险何以在结果中现实化为核心步骤。第四，排除一些受到上级行为影响或者集体研究程序影响的个体职权行为与危害结果之间因果关系的原因，在于这些影响的存在导致个体职权行为不具备严重不当性的特征，进而该个体职权行为不能被认定为渎职罪的实行行为。第五，介入因素对渎职罪因果关系认定的影响，主要体现在判断渎职行为所创造的危险何以现实化的过程中，因此应当对何种情形下属于存在介入因素的直接实现危险类型渎职案件、何种情况下属于存在介入因素的间接实现危险类型渎职案件进行精细化区分，并注意存在不同的介入因素时其异常性的判断标准的区别。上述观点是在全面剖析、比较因果关系理论和归纳司法实践中渎职罪因果关系认定疑难问题的基础上提出的，无论在推动理论发展和应用于司法层面，均具有创新意义。

第四节　本书的主要研究方法

一、文献综述法

"文献携带着历史,向人们诉说着古往今来,人们借着文献开启知识创新的历程。"①学术研究力图创新,但这种创新并不是"万丈高楼平地起",而是在继承的基础上发展,在汲取前人智慧成果的前提下"扬弃"。如果脱离了对前人已有研究成果的收集、整理和消化,那么研究得出的成果可能会偏离学科内公认的研究方向,也可能误把前人已经总结出的规律当成自己的新发现。因此,文献综述法在学术研究中具有不可替代的重要地位,本书的研究亦不例外。

本书以渎职罪中的因果关系认定问题为研究内容,具有理论和实践双重导向,因而在对文献进行爬梳时对刑法学者和司法实务部门工作者的著述均应重视。申言之,文献综述法的运用将贯穿本书始终,无论因果关系的功能定位和渎职罪因果关系一般认定规则等总论部分,还是司法实践中存在认定疑难的几类典型渎职罪因果关系的认定等分论部分,研究的展开无不以对因果关系基础理论以及因果关系理论在渎职罪中的具体应用相关文献的梳理、比较为前提。

二、案例分析法

法律条文具有高度的概括性,但司法实践中的案例却是生动鲜活的。刑法教义学研究的终极目标并不在于单纯地建构"理论大厦",而是为解决刑事司法实践中真实存在的各式各样的疑难问题提供科学的判断方法。本书的研究将通过司法实践中的真实案例,来挖掘渎职罪因果关系认定的难点所在。指导性案例、出版物中的案例、具有典型意义的刑事裁判文书中的案例以及媒体报道的案例等,都将成为本书研究的对象。从真实案例中发现问题、归纳难点并运用理论解决这些问题,相比仅在理论阐述中为了说明

---

① 游景如、黄甫全:《新兴系统性文献综述法:涵义、依据与原理》,《学术研究》2017年第3期。

某一问题而设计虚拟案例,更有利于使研究的成果为司法实践提供参考借鉴,避免刑法教义学的研究沦为一种文字游戏而无益于对司法实践的指导。

在本书的导论部分,笔者通过对裁判文书相关数据的统计和热点案例的评介,直观地反映出当前渎职罪因果关系认定问题在司法实践中存在较大争议,解决司法实践中存在的这一突出问题正是笔者在本书中开展深入研究的初衷。在归纳渎职罪因果关系的特殊性的部分,笔者将对司法实践中渎职罪因果关系认定所存在的疑难问题进行更为系统的梳理,进而实现从导论部分发现存在问题到发现问题症结在何处的跨越,为后续研究"对症下药"提供方向指引。在渎职罪因果关系认定的一般规则一章中,笔者将结合具体案例,对现有研究成果中选用的理论模型存在的问题进行反思,进而对渎职罪因果关系认定应当遵循的一般规则进行重构。以上是总论部分对案例分析法的运用情况,而分论部分将更加集中地运用这一研究方法。分论部分将在对司法实践中存在较多争议的渎职案件进行收集、整理的基础上,对每类典型渎职案件的因果关系认定难点进行剖析,结合现有研究成果中所体现的理论争议,探究每类案件因果关系认定的应然路径。可见,案例分析法亦将是贯穿本书始终的研究方法。

三、比较研究法

"尽管刑法规定具有本土性,但是刑法学知识作为一种知识形态,与其他学科的知识一样,不可能长期在封闭的环境中成长。只有海纳百川地吸收各种知识来源,才能避免刑法理论从最初的生机勃勃走向暮气沉沉。"[1]本书研究的出发点在于解决我国司法实践中渎职罪因果关系认定的疑难问题,是一种典型的本土问题研究,但这并不意味着比较研究法在本书中不能得到运用。

一方面,本书所依托的因果关系基础理论很大程度上是来源于德国、日本、美国等不同法系国家或地区的刑法理论,并非承继于法制史意义上的中华法系的理论,也未对新中国成立后以苏联为师的刑法理论通说中的因果关系理论完全移植。本书在对不同应用于渎职罪因果关系认定的理论框架进行优劣分析之后,认为具有比较优势的理论是危险的现实化说,但同时也要吸收借鉴包括客观归责理论在内的其他理论成果的有益成分。作为本书因果关系理论建构基础的危险的现实化说,正是发源于德国刑法理论、成熟

---

[1] 车浩:《理解当代中国刑法教义学》,《中外法学》2017年第6期。

于日本判例的因果关系认定方法。规范保护目的理论作为客观归责理论中的重要部分,将成为判断实行行为何以创造危险依据的重要补充,亦来源于德国刑法理论。这些来自域外的理论作为解决我国渎职罪因果关系认定问题的理论基础的合理性是什么,需要用比较研究的方法去分析论证。

另一方面,其他国家或地区刑法中对渎职罪的规定与我国刑法不尽相同,其他国家或地区在解决渎职罪因果关系认定的问题上所选用的理论模型亦存在很大差异,解决如何立足于我国刑法规定和司法实践而合理地吸收域外经验的问题,必定需要运用比较研究的方法,而绝不可对域外理论不假思索地"照搬照抄"。

第二章　因果关系在犯罪论体系中的功能定位

对因果关系的功能进行准确定位,是研究渎职罪因果关系认定问题的基础。申言之,只有将因果关系在犯罪论体系中处于何种地位、因果关系在定罪量刑中具有何种功能、应当选择何种理论框架而更好地实现因果关系的功能等根本性的问题进行准确的解答,才能确保后续与渎职罪这类具体犯罪相关的因果关系认定中具体问题的研究不偏离正确的方向。

第一节　因果关系的体系性地位

原因与结果原本是哲学上的一对范畴。① 西方哲学从公元前 6 世纪希腊人寻求关于自然万物存在之原因的解释开始,其第一个概念"本原"(arche)便有宇宙万物最古老的原因的意思,因而因果问题自始就出现在哲学的视野之中,成为哲学的核心问题。② 所谓因果关系,就是指"前事实与后事实互相联结,后事实由于前事实而发生,苟无前事实则无后事实"。在刑法意义上的因果关系中,原因即为行为人所实施的具有法益侵害性的行为(即实行行为),结果即为法益侵害结果(即危害结果),实行行为与危害结果存在着引起与被引起的逻辑关系。刑法学中讨论的因果关系,属于哲学上的因果关系的一种具体表现形式,既具备哲学上的因果关系的一般特性,又具有刑法语境下的特殊性。刑法意义上的因果关系与哲学上的因果关系的共通之处,在于发生在前的事实与发生在后的事实之间的引起与被引起的关系;其特殊之处,则在于这一关系所联结的事实并不是漫无边际的存在,而是特定于有刑法构成要件意义的行为与结果。

就因果关系是否属于构成要件要素的问题,刑法学界存在着鲜明的交

---

① 高铭暄、马克昌主编:《刑法学》,北京大学出版社、高等教育出版社,2022,第 73 页。

② 张志伟:《西方哲学视野下的因果问题》,载张风雷主编《宗教研究》,宗教文化出版社,2018。

锋。肯定说将因果关系定位为一种不成文构成要件要素。例如,学者王皇玉教授认为,"因果关系乃结果犯的客观不法构成要件要素之一,惟刑法条文中并无'因果关系'等字句,故属不成文构成要件要素"。学者张丽卿教授则在强调应在哪一阶层中对因果关系进行判断时肯定了因果关系一种不成文构成要件要素,指出"因果关系之判断,乃在构成要件该当性中加以检验,属于一种不成文构成要件要素,检验顺序上是先于违法性与有责性加以判断"。否定说主张因果关系不属于构成要件要素,而是作为一种行为与结果之间的逻辑关系而存在的。例如,我国传统刑法理论的倡导者高铭暄教授等在四要件犯罪论体系下对因果关系的体系性定位问题进行分析,认为刑法因果关系只是危害行为与危害结果之间的联系,而不是犯罪客观方面的要件,尽管它在研究和认定犯罪客观方面中的危害行为与危害结果时具有重要性。[1] 阶层论犯罪论体系的倡导者陈兴良教授同样认为因果关系不是构成要件的实体性要素,而是行为与结果这两个构成要件要素之间的关系,因而在哲学上它不是实体范畴而是关系范畴。[2] 由以上引述可知,尽管学界就应当在构成要件符合性层面或者犯罪客观方面讨论因果关系问题,以及将因果关系作为联结实行行为与危害结果这两个重要的客观构成要件要素的一条纽带,基本达成共识,但对于因果关系究竟只属于行为与结果的关系范畴,还是一个独立的构成要件要素,存在较大的争议。

依笔者之见,因果关系是实行行为与危害结果之间的一种逻辑关系,而且对这一逻辑关系有无的判断对于定罪问题的解决具有重要意义,但这并不意味着因果关系是一种独立的构成要件要素。

首先,对于因果关系的判断不能脱离实行行为与危害结果而独立地进行,这意味着因果关系与构成要件要素的特征不相符合。在阶层论犯罪论体系中,对构成要件是否符合的判断是以确定构成要件为前提的,这需要通过将构成其内容的各个要素抽象出来的方法进行。这些被抽象出来的要素便是构成要件要素,即各个构成要件中所共通的一般要素,以其存在能否在外观上被认识到为标准可以分为客观的构成要件要素和主观的构成要件要素。[3] 行为与结果均属于在外观上能够被认识到的客观的构成要件要素。作为搭建起两者之间联系的因果关系,也是一种客观的存在,即使纳入构成要件要素的范围内,也只可能属于客观的构成要件要素,而不可能属于与行

① 高铭暄、马克昌主编:《刑法学》,北京大学出版社、高等教育出版社,2022,第58页。
② 陈兴良:《教义刑法学》,中国人民大学出版社,2014,第297页。
③ 大谷实:《刑法讲义总论》,黎宏译,中国人民大学出版社,2008,第106—107页。

为人内心有关的主观的构成要件要素。包括行为人、行为对象、行为、结果、时间、地点等在内的客观的构成要件要素,对其中任意一个要素进行判断时无须依赖于对其他要素存在与否、以何种方式存在的判断,也即对每一个客观的构成要件要素判断时都是相对独立地进行。然而,判断因果关系时却不可能脱离对行为和结果的判断而独立进行,可见因果关系的判断方法与其他客观构成要件要素的判断方法存在根本差异,将因果关系与之一同作为客观构成要件要素看待有所不妥。

其次,因果关系与典型的客观构成要件要素作用于外部客观世界的方式存在本质不同。有的客观构成要件要素体现危害行为对外部客观世界进行改变的方式,如行为;有的客观构成要件要素体现对外部客观世界进行改变的承受者和改变后的状态,如行为对象和结果;有的客观构成要件要素则反映伴随着行为或者结果而存在的其他客观特征,如行为人、时间、地点。由上可知,这些客观构成要件要素均具有直接作用或者反映于外部客观世界的特征,是一种具体的、客观的物质存在。但是,因果关系只是行为与结果之间的一种逻辑关系,而不能直接在外部客观世界中有所体现;只能用"有"或"无"这样的判断性语言来描述,却不能如前述客观构成要件要素一样用"是什么"来描述。

最后,因果关系与典型的客观构成要件要素的证明标准亦存在本质上的差异。一个案件中所有的证明对象是否都有相应的证据加以证明,是衡量该案件的证据是否达到证明要求的标准之一。然而,对于一个案件中实行行为与危害结果之间的因果关系,通常无需单独的证据予以证明,而是采取分析和推断的方法。[①] 申言之,在因果关系的证明上,既要对原因行为与客观行为的同一性进行证明,以防陷入客观归罪的误区;又要对行为与结果之间的因果连接进行价值判断,而不能仅将其作为一种自然意义上的具有物理性质的连接来对待。[②] 由此可见,因果关系的证明方法与一个案件中其他构成要件要素的证明方法存在本质区别,无法通过证据直接证明,而是需要借助逻辑推理的方法来进行。有论者将因果关系作为犯罪事实本身来对待,并认为需要通过严格的证明来证实其存在,但其提出的最基本的证明标准是以"没有 A 则没有 B"为基本内容的条件公式,即认为在审判中,通过调查证据,根据客观事实对行为与结果之间的关联进行验证,进而判断两者

---

① 郭平、张少林:《渎职罪犯罪构成的证明标准研究》,载游伟主编《华东刑事司法评论(第 1 卷)》,法律出版社,2002。

② 魏颖华:《渎职行为证明与取证规律》,《人民检察》2012 年第 17 期。

之间是否存在因果关系时,具有明确性的判断标准是条件公式。[①] 在论者看来,条件关系的成立是因果关系成立的必要不充分条件,因果关系的成立与否在满足条件关系的基础上尚需更进一步判断,但是从其所阐述的因果关系证明方法来看,证据的调查只是为了证明客观事实的存在。因此,不仅需要由证据证明的客观事实的存在,更需要包括验证条件公式成立与否等内容在内的逻辑推理。只有这些判断均已具备,才能对行为与结果之间的关联作出全面的判断。由以上分析可知,因果关系与其他构成要件要素的证明标准具有本质区别,将其作为能够为证据直接证明的构成要件要素来对待并不妥当。

由此可见,刑法意义上的因果关系属于哲学上因果关系在刑法中的一种特殊表现形式,是特定于实行行为与危害结果之间的引起与被引起的一种逻辑关系。其仅作为这两个构成要件要素之间的一种逻辑关系而存在,而不是一种独立的构成要件要素。这意味着在因果关系认定的过程中,目光必须要不断往返流转于行为与结果之间。

[①] 金尚均、池田良太:《第 4 回 因果関係(連載刑事弁護人のための刑法)》,《季刊刑事弁護》2012 年第 69 期。

第二节　纯粹事实归因功能之批判

"研究因果关系,必须要关注研究该问题的终极目的。"①由前文对因果关系的体系性地位的阐述可知,因果关系并非一种独立的构成要件要素,但是这并不意味着因果关系的认定在定罪问题上毫无意义。相反,正是因为因果关系的存在与否对于定罪问题的解决具有重要意义,我们才需要对因果关系的认定问题展开深入研究。否则,这一问题仅需要在哲学层面进行探讨,而无须作为刑法学中的重要议题予以讨论。笔者认为,研究因果关系的终极目的,在于判断危害结果是否实行行为的"作品",进而解决行为人在客观层面是否具有构成犯罪的可能性的问题。

刑法学界对于因果关系的功能定位主要有两种针锋相对的立场,一种是纯粹事实归因功能,另一种是归责功能。前一立场的支持者将行为和结果当作自然现象来看待,认为对于两者之间存在的前因后果的关系,应当通过较为直观的认知方法来做出判断。② 同时,这一立场的支持者通常会倡导客观归责理论,认为"结果原因"与"结果归责"相分离是客观归责理论的重要基本原则,在判断"结果原因"环节所需要判断的即为因果关系的有无,要进行的是一种在原因与结果之间不加入价值分析的本体论判断;至于结果能否作为行为人的杰作而归责于行为人,则属于"结果归责"阶段需要判断的问题。③ 后一立场则主张,因果关系学说如同客观归责理论一样,不是只有归因,而是在归因的基础上归责。④ 也即因果关系问题并非仅解决事实层面的问题,而是要解决刑事责任归属的问题,以判断行为人是否应当为某一危害结果的发生承担刑事责任。除此之外,亦有论者试图调和上述两种立场的对立,认为这种对立并非真正的对立,而是因果关系的概念有狭义和广义之分:狭义的因果关系是事实的因果关系而不包含规范评价,在这一

---

① 康均心、王雨田:《刑法因果关系与刑事责任》,《江苏公安专科学校学报》2001 年第 4 期。
② 周光权:《客观归责理论的方法论意义——兼与刘艳红教授商榷》,《中外法学》2012 年第 2 期。
③ 张亚平:《客观归责的体系性定位》,载陈兴良主编《刑事法评论(第 26 卷)》,北京大学出版社,2010。
④ 刘艳红:《客观归责理论:质疑与反思》,《中外法学》2011 年第 6 期。

定义下因果关系具有物理性和实在性;广义的因果关系则既包含事实的因果关系也包含规范评价,在这一定义下因果关系具有观念性和论理性。①

由上可知,就刑法中的因果关系究竟具有何种功能的问题,刑法学界尚未达成共识,存在严重的分歧。事实上,将因果关系的概念分为狭义和广义,也仅是对学界既有观点的归类,而并不意味着"存在即合理"。在笔者看来,狭义的因果关系概念本身存在不妥之处,由此推导而出的将刑法中所讨论的因果关系的功能定位为纯粹解决事实归因问题,并不具有合理性。

首先,对因果关系的认定不能脱离对行为与结果的认定而进行,而确定行为与结果不可能脱离规范判断,这意味着对因果关系的判断不可能是一种纯粹的、不带任何规范和价值判断的事实判断。在德国,"等值理论"(Äquivalenztheorie)(也即"条件说")是司法判决和理论研究中确定因果关系时所采用的主流立场。该理论的一个经典公式是"导致一个结果的各种条件,在具体结果没有被取消就不能想象其不存在时,都应当看成是原因",因而所谓的原因就是各种没有它们就不会出现这种结果的条件。德国刑法学家克劳斯·罗克辛(Claus Roxin)教授由此认为,依据这一公式,无法从导致结果发生的无数条件中选择出可以作为原因的条件。② 日本学者伊东研祐教授亦指出,根据条件说的公式,如果行为 T、T_1 一直到 T_n 都可以被认定为结果 E 的原因,进而肯定 T 至 T_n 与 E 之间的因果关系,那么 T 至 T_n 在调节 E 方面产生的作用是等价的,而不能被差别化。这种以条件公式为判断标准的因果关系认定方法可能导致的结果,便是处罚范围的不特定性和过度广泛性。③ 由此可见,以条件说的公式对刑法上的因果关系进行判断,仅进行纯粹的事实判断,而不以进行价值判断的方式对原因进行筛选,显然难以达到要求。刑法上的因果关系,是实行行为与危害结果之间的引起与被引起关系。以条件说公式进行判断时,并未对原因和结果是否属于作为构成要件的行为和作为构成要件的结果进行筛选,这样判断的后果便是可能会将一些意外事件、不具有刑法意义上的法益侵害性的生活行为或者普通违法行为当作刑法因果关系中的"因",将一些轻微的危害结果当作刑法因果关系中的"果",无限地扩大刑法中因果关系的成立范围。为了回归具有刑法意义的讨论,应当以构成要件作为"标尺",对原因与结果进行筛

---

① 张明楷:《也谈客观归责理论——兼与周光权、刘艳红教授商榷》,《中外法学》2012 年第 2 期。
② 罗克辛:《德国刑法学总论(第 1 卷)》,王世洲译,法律出版社,2005,第 232 页。
③ 伊東研祐:《構成要件要素としての因果関係ないし客観的帰属関係——その1(刑法総論で考える〔2〕)(ロー・クラス)》,《法学セミナー》2005 年第 605 期。

选。这一筛选,必不可少地需要以刑法解释方法进行一定的价值判断。详言之,在筛选的过程中,需要以文义解释划定构成要件可能存在的范围,以体系解释实现对法秩序的统一性的遵循,以历史解释进行辅证,以目的解释得出具有确定性的答案,最后与文义解释的结论进行对照。① 因果关系作为经过价值判断而确定的实行行为与危害结果之间的逻辑关系,显然也是价值判断的产物,绝非一种纯粹的事实关系。

其次,即使按照纯粹事实归因说的立场以"若无前者,则无后者"条件说经典公式对因果关系进行判断,也不可避免地需要借助经验法则,这便不可能彻底摆脱价值判断。英国哲学家休谟(David Hume)多次强调经验对于判断因果关系的重要作用,认为"如果单凭观察,不求助于经验,那么我们便不能确定任何对象为其他对象的原因;我们也不能在同样方式下确实地断定某些对象不是原因",并且在论及原因与结果的恒常重复原则时,亦指出这一作为大部分哲学推理根源的原则是由经验得来的。② 具体到刑法领域的因果关系,就运用条件说判断因果关系时是否需要借助包含经验法则的相当规则的问题,许玉秀教授指出,"条件理论当中原本包含相当规则,没有相当规则,条件理论根本不可能运作。而相当规则,依德国逻辑学家和医学家、相当因果关系说的创始人冯·克里斯(von Kries)的看法,不过是数学上概率的运用,不可能找到具体的规则判断相当性,那么相当规则事实上是一个空洞的规则",在这个意义上,条件说的反证规则因相当规则缺乏具体的判断依据而空洞无用。③ 这一论述,旨在说明以数学上的概率为直观表现的经验法则在以条件说判断因果关系的过程中,一方面是不可或缺的,另一方面又是难以寻找到具体而具有可操作性的标准的。由于判断者以生活经历、价值观念和专业素养等为主要形成基础的前理解的差异,对于行为导致结果发生的可能性的判断则完全可能有所不同。这种经验法则适用结果的差异,便体现了价值判断的存在。

有学者在阐述因果关系的判断问题时,认为应该将因果关系区分为"经验上的因果"和"评价上的因果":前者属于感官经验的范畴,指的是自然现象层面上的前因后果,因而在对其进行认识时必须保持价值中立;后者属于以对特定举动的意义和价值加以判断为特征的评价的范畴,指的是结果的发生能否归咎于行为人的问题,需要依赖于对行为人主观恶意的判断。这

---

① 马路瑶:《"国家工作人员"认定的刑法解释学研究》,《江西警察学院学报》2019 年第 2 期。
② 休谟:《人性论》,关文运译,商务印书馆,2016,第 194—197 页。
③ 许玉秀:《主观与客观之间》,法律出版社,2008,第 270 页。

一观点将归因与归责共同作为因果关系的功能，与客观归责理论倡导者将因果关系与客观归责视为递进关系而非包含关系的立场存在本质差异，一定程度上体现了对具有刑法意义的因果关系功能的回归。但是，将经验上的因果以完全价值中立的态度去看待，显然是过于理想化而不现实的；将以归责为目的的评价上的因果，用判断有无主观恶意的方式进行判断，则不再单纯属于客观构成要件要素之间的一种逻辑关系，而转向了主观归责，因而判断思路上存在偏误。概言之，上述观点并未合理把握经验法则与价值判断之间的关系，这种将价值判断从经验法则中剥离的做法，以及将主观判断作为客观层面责任归属中的价值判断方式，均有所偏颇。即使是对客观构成要件中行为与结果之间因果关系的判断，也不具有完全剥离价值判断的可能性，因而所谓的纯粹事实归因在刑法因果关系的探讨上并不现实。

最后，将因果关系的功能定位为纯粹事实归因，不具有经济性。伊东研祐教授指出，为了消除条件说所导致的处罚范围具有不特定性和过度广泛性的弊病，各种解决方案已经被尝试过，即不等同地对待影响 E 发生的 T 至 T_n，而是根据一些标准选择最具影响力的条件之一，并将结果归因于这一条件。从平等的条件中选择一个的标准只能是外在的，但是这一标准具有任意性，选择一个令人信服的差异化标准并没有取得成功，因而这些理论被统称为"原因说"。[1] 原因说又称个别化说，认为在引起结果发生的数个条件行为中，应当按照一定规则，区分原因条件与单纯条件，只有原因条件与结果之间才存在刑法上的因果关系。该说内部又存在最有力条件说、最终条件说、优势条件说、动力条件说和异常行为原因说等不同的主张。[2] 然而，大陆法系国家刑法理论中的条件说和原因说所探讨的因果关系，均将因果关系定位为事实问题，都属于存在论意义上的因果关系。因此，上述学说的支持者均将原因问题与责任问题进行严格区分，认为因果判断只是一种事实上的归因性判断而不涉及客观上的归责问题。由此可见，这些学说的共同特点是对原因与责任进行二元区分。[3] 这种二元论的判断方法使得判断步骤显得繁冗，显然存在不具有经济性的弊端。如果依照罗克辛教授对条件说的理解，在以事实归因为目的的因果关系判断中，无法对构成要件行为和构成要件结果以外的原因和结果进行有效筛选，那么在后续归责的步

---

[1] 伊東研祐：《構成要件要素としての因果関係ないし客観的帰属関係——その1(刑法総論で考える〔2〕)(ロー・クラス)》，《法学セミナー》2005 年第 605 期。

[2] 叶良芳：《刑法总论》，法律出版社，2019，第 119 页。

[3] 陈兴良：《从归因到归责：客观归责理论研究》，《法学研究》2006 年第 2 期。

骤中,必定要重新对构成要件行为与构成要件结果进行判断,并在此基础上依据一定的规则予以筛选。这样的判断,将导致一部分事实上的因果关系的判断缺乏刑法上的意义,从而不具有经济性。

由上分析不难看出,将因果关系的功能定位为剥离规范判断、价值判断的纯粹事实归因功能不可行、不经济,因而这一立场并不值得提倡。我们需要在对此立场进行批判的基础上,对因果关系的准确功能定位进一步予以探索。

第三节　结果归责功能之提倡

将因果关系的功能定位为结果归责的立场，相比条件说将因果关系定位为事实归因的立场，以及通过条件公式加客观归责理论的两个步骤的判断分别完成事实归因和结果归责的立场，更值得提倡。

一、结果归责功能的合理性

如前所述，在刑法领域讨论因果关系问题，如果仅将其功能定位为解决纯粹事实层面的问题，将在可行性和经济性方面存在多重弊病。相比之下，将其功能定位为结果归责，即判断危害结果能否被当作实行行为的"作品"，从而判断行为人在客观层面是否具有对此承担责任的基础，具有合理性。究其原因，笔者认为主要有以下两方面。

一方面，将以刑法为标尺的价值判断融入判断因果关系的过程中，是使因果关系认定具有刑法意义的终极表现。刑法中的因果关系是作为构成要件的实行行为与作为构成要件的危害结果之间的一种逻辑关系，而不是任意原因与构成要件结果之间、构成要件行为与任意结果之间或者任意原因与任意结果之间的逻辑关系。这意味着在判断刑法中的因果关系时，不可避免地需要以刑法为标尺，对一些可能成为因和果的事实进行寻找和筛选，在此基础上对两者之间是否存在引起与被引起的关系，以及引起与被引起的判断结果是否符合刑法规范的类型设定等问题再进行判断。一旦行为与结果之间被认定为存在刑法意义上的因果关系，那么就应当认为危害结果属于行为人的作品，即在刑法上就必须将危害结果评价为行为人通过实行行为对社会所作出的负面贡献，因此在对实行行为进行评价时应当叠加上刑法对结果的否定性评价。① 在这种意义上，刑法上的因果关系必定是经过价值判断而得出的。

另一方面，将因果关系的功能定位为结果归责，并选择适当的因果关系判断方式，可以有效地避免将因果关系的功能定位为事实归因而出现的逻

---

① 董玉庭：《从客观因果流程到刑法因果关系》，《中国法学》2019 年第 5 期。

辑困境。从前文对刑法因果关系纯粹事实归因功能的批判可知,即使先以对因果关系的判断解决归因问题,再以其他路径解决归责问题,也不可避免地要在归因阶段借助经验法则对结果发生的偶然与否进行价值判断。这样的判断方式,其本意是将事实判断与价值判断分离开来,但是这一设想却因为价值判断贯穿始终而并不能实现。将因果关系的功能定位为结果归责,并且选择一种归责导向的因果关系判断方式,将事实归因与结果归责不再完全割裂开而做一元化的判断,方可避免前述逻辑困境。

二、结果归责功能的实质内涵

将因果关系的功能定位为结果归责,通过因果关系的认定来解决定罪中的问题,是遵循罪责刑相适应原则的体现,应当成为因果关系结果归责功能的实质内涵。然而,对于因果关系何以实现结果归责的功能,尚存在一些认识上的偏差。例如,前田雅英教授指出,作为刑法上概念的因果关系,与自然科学中的因果关系、民法中的因果关系相比,其特色在于"包含着是否值得作为既遂来处罚这一价值判断"[①]。这一表述,意味着因果关系的判断仅限于在既遂形态的结果犯中进行,或者说因果关系的功能限于为犯罪既遂的认定提供依据。但是,这样的因果关系归责功能之定位,并不能解决在产生了一定损害结果的行为犯、未遂犯、中止犯中能否认定实行行为与损害结果之间存在因果关系,以及在产生了加重结果的结果犯中能否认定实行行为与加重结果之间的因果关系,以及上述因果关系如果能够认定将有何种意义等问题。笔者认为,虽然刑法分则的条文所规定的犯罪都是以既遂犯作为基本模型的,且构成犯罪不以存在加重结果为必要,但是如果对实行行为与满足入罪标准的构成要件结果以外的其他存在形态的危害结果之间的因果关系不加考量,则显然不能满足因果关系结果归责功能的需求。换言之,实行行为与行为犯中的实际损害结果、未遂犯和中止犯中的实际损害结果以及超出构成要件结果基本要求的加重结果之间的因果关系,也应当属于刑法意义上的因果关系的讨论范畴。这些危害结果与实行行为亦存在刑法意义上的因果关系,而非仅存在事实层面的关联,因为只有将这部分危害结果作为实行行为的"作品",才能为行为人对这一部分结果承担刑事责任提供客观基础。

认定行为犯的实行行为与实际损害结果之间的因果关系,以及认定未

---

① 前田雅英:《刑法总论讲义》,曾文科译,北京大学出版社,2017,第 111 页。

完成形态犯罪的实行行为与实际损害结果之间的因果关系时,在判断方法上与判断既遂形态的结果犯的实行行为与构成要件结果之间因果关系具有一致性,因为在这几种情形下需要判断的对象均是行为与结果之间因果关系有无的问题。对于存在一定实际损害结果的行为犯和未完成形态犯罪而言,如果能够认定前述因果关系的存在,即应认为行为人相比未造成实际损害结果者而言应当承担更大的刑事责任,从而应当接受更重的刑罚处罚。在这种情况下,对量刑结果具有决定作用的是非构成要件性的实际损害结果的严重性程度,但是如果不认定因果关系的存在,那么该结果对行为人刑事责任大小则不存在产生影响的客观基础。因此,尽管上述情形下的实际损害结果并不具有构成要件意义,但是结果的发生如果并未偏离刑法规范对实行行为的类型预设方向而在量刑时将要产生影响,那么实行行为与该结果之间也应被认定为存在刑法意义上的因果关系。

认定实行行为与加重结果之间存在刑法意义上的因果关系,同样是因果关系结果归责功能实现的必然要求。对一些犯罪规定不同的量刑幅度是各个国家和地区刑法中的常见现象,实行行为与基本犯所要求的结果之间是否存在因果关系,关系定罪与否;实行行为与结果加重犯或者情节加重犯所要求的结果是否存在因果关系,除了关系罪与非罪的问题之外,还关系是否应当适用加重刑。事实上,大陆法系国家和地区刑法理论中对于结果加重犯在客观层面的责任归属问题,已经展开过深入讨论,占据主导地位的观点是"危险性说",即结果加重犯客观上得以加重处罚的依据在于基本犯罪的特有危险性。详言之,基本犯罪构成要件中必须蕴藏惹起加重结果类型化的危险性,且该特有危险在因果历程中直接实现了所预期的加重结果,结果加重犯的客观要件才能够符合。[①] 这一理论与因果关系判断中的危险的现实化说,是特殊与普通、个别与一般的关系,前者所判断的是实行行为及其基本结果与加重结果之间的因果关系,后者判断的则是实行行为与更广泛意义上的危害结果之间的因果关系。在认定因果关系时,对于其中的结果不应作出基本构成要件结果和加重结果的区分,而是在特定规范保护目的范围内的实际发生的损害结果都应划入结果的范畴。如果将因果关系中的结果定位为满足入罪门槛的基本构成要件结果,在认定因果关系存在的情况下则应肯定行为人具有对这一基本构成要件结果承担刑事责任的客观基础,那么对于加重结果,行为人是否同样具有承担刑事责任的客观基础

---

① 黄博彦:《重新检视加重结果犯之归责基础》,《月旦法学杂志》2017 年第 262 期。

呢？依照这一假定,答案是否定的,那么对行为人适用加重刑就不具备前提。这样的结论显然不具有合理性。由上分析可知,在实际损害结果超出了基本构成要件结果的案件中,包括加重结果在内的实际损害结果也应属于危害结果的范畴,如果实行行为与该实际损害结果之间的刑法意义上的因果关系被认定,那么行为人就有对该实际损害结果承担刑事责任的客观基础,从而具有适用加重刑的前提。

需要注意的是,刑法意义上的因果关系中的"因"指的是实行行为,"果"指的是危害结果,这意味着因果关系只能在定罪和确定责任刑层面产生影响,而不能对确定预防刑产生影响。有论者认为我国刑法学界在研究刑法中的因果关系时,只将研究范围限于危害行为与危害结果之间,而将自首、立功等危害行为与危害结果之外但又影响量刑的因素排除在外,这样的研究有量刑的因果关系排除在因果关系范畴外的嫌疑。① 笔者认为,这一批评存在混淆责任刑与预防刑的谬误:自首、立功等均属于犯罪行为实施之后行为人向办案机关作出的体现其人身危险性减小或者有利于其他案件侦破的行为,对其所实施的犯罪行为及其造成的危害结果的社会危害性大小并无影响,因为行为人有自首、立功等情节而按照刑法规定对其从宽处罚是基于犯罪预防的考虑,而不是对其责任本身的评价。诚然,报应性和预防性都是刑罚设置和宣告时要考虑的因素,但是如果将刑法中因果关系的存在范围扩展到与犯罪预防有关而与犯罪行为本身无关的情节,无疑会使其因缺乏共性而丧失整合在一起研究的意义。因此,依照笔者的立场,不应将刑法意义上的因果关系扩展到对实行行为与危害结果之外的犯罪发生前、发生时和发生后的各种事实之间的引起与被引起关系。

由上分析可知,因果关系结果归责功能的实质内涵,并不仅在于为判断行为人的罪与非罪提供客观方面的依据,还在于为确定以行为的社会危害性为基础的基准刑②提供客观方面的依据。

---

① 胡胜:《定罪与量刑应采用不同的因果关系判断标准》,《人民司法·案例》2015 年第 16 期。

② 最高人民法院、最高人民检察院 2021 年 6 月 16 日印发《关于常见犯罪的量刑指导意见(试行)》,对量刑的指导原则、量刑的基本方法、常见量刑情节的适用、常见犯罪的量刑等作了原则性规定,对我国司法机关刑罚裁量权的行使具有规范作用。该文件所规定的量刑步骤为:1. 根据基本犯罪构成事实在相应的法定刑幅度内确定量刑起点。2. 根据其他影响犯罪构成的犯罪数额、犯罪次数、犯罪后果等犯罪事实,在量刑起点的基础上增加刑罚量、确定基准刑。3. 根据量刑情节调节基准刑,并综合考虑全案情况,依法确定宣告刑。由上述规定可知,只有认定与犯罪数额、犯罪次数、犯罪后果等犯罪事实有关的危害结果之间存在刑法意义上的因果关系,才能为由于这部分危害结果的存在而在量刑起点的基础上增加刑罚确定基准刑提供结果归责上的依据。

第四节　危险的现实化说:因果关系功能实现的优化方案

因果关系归责功能的实现,在前述诸多理论框架之下,均存在着多种逻辑上难以克服的困境。相比之下,危险的现实化说是一个具有逻辑自洽性并能够很好地实现因果关系结果归责功能的理论。

一、危险的现实化说的基本内容

危险的现实化说以 1931 年德国学者卡尔·恩吉斯(Karl Engisch)所写的因果关系相关的论文《作为刑法构成要件要素的因果关系》(Kausalität als Merkmal strafrechtlicher Tatbestände)为开端被人们所认知,后来经过日本学者的介绍和引入,被日本最高裁判所在柔道整复师事件(最决昭和六十三年 5 月 11 日刑集 42 卷 5 号第 807 页)中引用,该学说开始为日本司法实务所接受。[1] 在这一案件中,被告人是柔道整复师,其在接受感冒的被害人的委托对被害人进行诊察治疗时,对被害人发出了提高热量、控制水分饮食、在封闭的房间里盖好被子出汗等错误的指示,即使被害人的病情随之逐渐恶化,其也再三出诊,反复进行同样的指示。被害人由于忠实地遵从被告人的指示,病情一直在恶化,在接受诊察后的第五天陷入脱水症状而死亡。日本最高裁判所认为,"被告人的行为本身就会使被害人的病情恶化,进而也有可能引起死亡结果的危险性",因此,本案中即使存在被害人过错,也可以做出指示行为与死亡结果之间存在因果关系的判断。[2] 而自日本的大阪南港事件后的"相当因果关系说的危机"以来,危险的现实化说更多地受到日本判例和学说的关注,并发展成为"现在的权威说法"。大阪南港事件是日本最高裁判所判例中的案件(最决平成二年 11 月 20 日刑集第 44 卷 8 号第 837 页)。本案中,被告人甲以脸盆或皮带多次殴打被害人 A 头部等处。施加暴行导致 A 脑出血、陷于意识消失状态之后,甲用汽车载送 A 并将 A 放置在深夜的资材仓库而离开。以俯卧姿势倒卧在地的 A 一息尚存时,又

---

[1]　安达光治:《日本刑法中客观归属论的意义》,孙文译,《国家检察官学院学报》2017 年第 1 期。

[2]　桥爪隆:《危険の現実化としての因果関係(2)》,《法学教室》2014 年第 404 期。

被某人以角材数次殴打头顶部。A 在次日清晨死亡,死因是脑出血。该死因是甲一开始的暴行所形成的,A 在资材仓库被某人施加的暴行则扩大了原已发生的脑出血。后者施加的暴行稍微提早了 A 的死期。就这一案件,日本最高裁判所认为,被害人死因的伤害系因被告人甲的暴行而形成,即使其后因第三人所施加的暴行而提早了死期,仍能肯定被告人甲的暴行与被害人死亡之间的因果关系,在本案中肯定伤害致死罪成立的原判断,系属正当。① 本案的判决结果表明,在日本司法实务中,作为相当因果关系说判断标准的经验性、通常性受到了怀疑,相当因果关系说遭遇危机。在此之后,危险的现实化说逐渐在判例和学说中成为有力的分析工具。

危险的现实化说以全部情况为基础,根据行为所具有的危险性作为结果是否现实化来判断因果关系。在日本刑事司法中,日本最高裁判所的立场通常则是"某行为成为原因而产生了某结果时,不仅是在只因该行为产生结果的情形中,在该行为与其他原因相互结合产生结果的情形中,该行为也为结果的发生提供了原因","相互结合"则主要通过以下标准进行判断:(1)实行行为本身的危险性(即行为时结果发生的盖然性),(2)行为时的并发情况或行为后的介入因素的异常性(即预见可能性的高低),(3)实行行为与并发、介入因素对最终结果的贡献程度。② 日本最高裁判所对于因果关系的主流判断方法,采取了条件说的表述方式,但是存在多个条件共同引起结果发生时,则采取了既不同于条件说也不同于相当因果关系说的一种全新的判断思路。理论上来看,以该理论判断因果关系有两个步骤,第一步是讨论发生结果的危险是否存在于实行行为(创造危险),第二步是讨论该危险是否实现(结果实现过程),但实际上同时进行判断。结果实现过程包括两种类型,一是直接实现危险类型,即"行为人设定与结果直接联系的物理性危险,现在产生的结果可以作为这种危险的直接实现进行评价的情况";二是间接实现危险类型,即"实行行为的危险性经由介入因素间接地实现结果的情况"。③ 危险的现实化说的支持者山口厚教授亦指出,要肯定因果关系,必须能够认定具有引起结果的现实性危险的实行行为与构成要件结果之间存在以下关系:(1)构成要件结果发生的基础是行为人违反结果避免义务;

---

① 井田良:《日本因果关系的现状——从相当因果关系说到危险现实化说》,林琬珊译,《月旦法学杂志》2018 年第 276 期。

② 前田雅英:《刑法总论讲义》,曾文科译,北京大学出版社,2017,第 117—119 页。

③ 今井麻绚:《法的因果关系:シネ・クワ・ノンと相当性を中心に》,《立命館法政論集》2016 年第 14 期。

(2)实行行为的危险性现实地转化为构成要件结果。其中,第(2)点属于狭义的因果关系的认定要件,在其基础上加上第(1)点则属于广义上的因果关系的认定要件,使因果关系能够实现结果归属功能。① 以上便是危险的现实化说的基本内涵,其判断因果关系的思路与相当因果关系说、双层次因果关系说以及客观归责理论等学说试图严格区分事实归因与结果归责的思路存在较大差异,与我国传统因果关系理论以哲学判断取代规范判断的思路亦有所不同,具有鲜明的理论特色。

二、危险的现实化说在因果关系归责功能实现上的逻辑优势

危险的现实化说在实现因果关系的结果归责功能方面具有独特的逻辑优势,是解决因果关系认定问题的一个较好选择。

(一)事实判断与价值判断一体进行

危险的现实化说所具有的第一个逻辑优势,是事实判断与价值判断一体进行。危险的现实化说没有将事实判断与价值判断进行二元化判断,而是事实判断与价值判断一同进行,符合人们认知事物和解决刑法问题的规律。山口厚教授指出,在判断刑法上的因果关系时,即使将结果予以具体把握(例如虽然人终有一死,但不能由此否定枪击行为与被害人死亡之间的因果关系),但根据"若无行为则无结果"的条件公式对被理解为事实关系的条件关系进行判断时,存在"代替的原因"的场合下就会产生问题:在择一的竞合事例的场合下,需要将条件关系修正的判断公式为"如果同时拿掉 A 的行为和 B 的行为不会发生结果,则认为两者的行为都和结果之间存在条件关系";在假定的因果经过事例的场合下,则不能附加现实中没有的事态(如死刑犯尚未被执行死刑时被行为人杀死,行刑官按下死刑按钮的行为便是附加的事态),若没有附加的事态则可以肯定条件关系。山口厚教授认为上述判断条件关系的方法已经不再是对条件公式的修正,而是用完全有别于条件公式的方法对事实关系进行的判断,因而与其这样,不如直接用其他的公式对条件公式取而代之。因此,山口厚教授对"根据'若无行为则无后果'对事实关系进行判断"和"所判断的是行为与结果之间的事实关系"这两个基于"实行行为引起了构成要件的结果"的理由而肯定构成要件该当性的要点进行了修正,将前者修正为"构成要件的结果是给予结果避免义务违反而发生这一要件",将后者修正为"实行行为的危险性现实地转化为构成要件

---

① 山口厚:《刑法总论》,付立庆译,中国人民大学出版社,2018,第 50 页。

的结果这一要件"。① 由上可知,危险的现实化说是建立在对条件公式的合理性和周延性进行质疑的基础之上的。危险的现实化说对因果关系的判断方法开辟了一条新的路径,不再明确区分事实因果关系的判断和法律因果关系的判断,而是一体化地进行判断。从这一意义上来看,危险的现实化说与以条件关系为判断基础的因果关系理论具有本质上的区别。

大塚裕史教授则认为,对于危险的现实化的判断,不应该把"创造危险"和"危险实现过程"两个步骤分开来研究,而应该把两者作为一个整体来研究。具体来说,首先关注介入因素对结果发生做出的贡献,如果贡献度小则相当于直接实现危险类型,相应结果的造成是对实行行为存在的危险的确认,此时可以判断出危险已经现实化。与此相反,如果介入因素对结果的贡献度较大,则应区分原则(否定危险现实化的情况)和例外(相当于间接实现危险类型的情况)。在间接实现危险类型的情况下,需要确认实行行为和介入因素之间存在直接或者间接的关联性。关联性有无的确认,需要通过以下内容来判断:(1)实行行为中是否包含诱发介入因素的危险(诱发型)或结果扩大的危险(危险状况设定型);(2)介入因素有无异常。在关联性被认可的情况下,经由介入因素引起结果的危险则包含在实行行为中,可以认为危险已经现实化。与此相对,当这种关联性得不到承认时,就应当回到原则,确认对结果贡献度较大的介入因素是阻止危险实现的原因,从而否定危险的现实化。② 从上述分析思路同样可以看出,危险的现实化说并不严格区分纯粹的价值中立的事实判断和带有规范评价色彩的价值判断,而是将两种判断方法紧密地结合在一起。

危险的现实化说这种事实判断与价值判断一体进行的因果关系认定思路,对于相当因果关系说危机的克服而言,具有显著意义。相当因果关系说作为日本刑法理论中的通说,向来将因果关系归责功能的实现作为目标。按照相当因果关系说的观点,在条件关系被认可的结果范围之内,依据一般社会观念将可以归属于行为人的结果挑选出,并将该结果归于行为人自身,进而对行为人追究责任,便是刑法中因果关系的功能。③ 因此,张明楷教授认为在相当因果关系说层面使用因果关系这一概念时,因果关系概念同时

---

① 山口厚:《刑法总论》,付立庆译,中国人民大学出版社,2018,第 52—55 页。
② 大塚裕史:《法的因果関系(2)——危険の现实化说の判断构造》,《法学セミナー》2015 年第 730 期。
③ 大谷实:《刑法讲义总论》,黎宏译,中国人民大学出版社,2008,第 197 页。

包含了事实的因果关系和相当性评价的因果关系,后者则属于一种规范判断。① 由此可见,运用相当因果关系说对因果关系进行判断的思路,是在以条件说为标准对事实层面的因果关系进行判断的基础上,对结果的发生能否归责于行为人这一归责问题进行讨论。然而,相当因果关系说的运用也会产生逻辑上的混乱,使其在完成预设的归责使命时显得乏力。

一方面,因果关系中断的判断究竟属于运用条件说进行事实判断的范畴,还是属于相当性评价的范畴,是存在模糊性的。按照日本学者大谷实教授的观点,因果关系的中断也被称为条件关系的中断,是指向同一结果的先行条件在发挥效果以前,结果实际由与其无关的后行条件引发的场合。在这种情况下,真正导致结果发生的是后行条件,这意味着即便不存在先行条件,结果也会发生,那么先行条件和结果之间没有条件关系。② 然而,判断先行条件与后行条件之间有无引起与被引起的关系、先行条件对结果的发生是否存在影响力,不可避免地需要运用经验法则,而这一判断过程与相当性的判断,事实上具有相通性。从日本理论界判断因果关系的方法可以看出,在判断因果关系中断时,难以厘清条件关系和相当性之间的界限,那么归因与归责的划分也就成为不可能实现的任务。

另一方面,以经验法则对行为与结果之间具有相当因果关系的判断,本质上还是以一种行为人或者社会一般人主观认知为依据的结果发生概率的事实判断,以此作为归责的依据,则缺少对于因果关系的刑法意义上的规范判断。从数学上的概率原理推导而来的可能性理论,是冯·克里斯赖以建构相当因果关系理论的根基。"客观上有效的比率关系"是其相当因果关系理论中关注的核心问题,"规律性"(Regelmäßigkeit)和"相当性"(adäquat)是解决这一问题的两个关键概念。按照冯·克里斯的观点,刑事归责的前提要件是侵害的结果是由一个违法而有责的行为"相当地"造成的;如果违法行为根据人类社会一般关系不足以导致特定的侵害事实发生,即不相当的。③ 从相当因果关系说的判断方法来看,其仍然强调一个具有社会共识性或者行为人特殊认知下的行为导致结果发生的概率,并以此概率作为刑事责任归属的依据,但忽略了对于刑法保护目的的考量,存在手段与目的不相匹配的问题。

但是,在危险的现实化说理论框架之下,介入因素的存在导致因果关系

① 张明楷:《也谈客观归责理论——兼与周光权、刘艳红教授商榷》,《中外法学》2012 年第 2 期。
② 大谷实:《刑法讲义总论》,黎宏译,中国人民大学出版社,2008,第 203 页。
③ 许玉秀:《主观与客观之间》,法律出版社,2008,第 231—233 页。

中断,是属于条件关系的中断还是相当性缺失的疑问将不再存在,也即是属于纯粹事实层面因果关系的中断还是属于价值层面的结果归责关系的中断,不会再产生逻辑上的"死循环"。根据危险的现实化说之主张,对于介入因素存在时因果关系的判断会考虑结果的发生对于行为人或者社会一般人而言是否具有经验主义层面的通常性,更会考虑实行行为本身所蕴含的风险对于结果发生的作用力,后者的判断所依赖的则是刑法规范。由此可见,依据危险的现实化说进行刑法上的因果关系判断时,综合运用经验法则和刑法规范等价值判断依据,将事实判断与价值判断紧密结合并最终落脚到解决结果能否归属于实行行为这一问题的判断上,相比相当因果关系说而言更加符合人们认知事物和解决刑法问题的规律。

(二)判断标准具有明确性

危险的现实化说的第二个逻辑优势,是判断标准具有明确性。危险的现实化说通过对创设危险的行为、危险实现过程的分析来对刑法意义上因果关系认定的问题加以解决,相比以纯粹哲学的方法对该问题进行解决而言,更加具有针对性和明确性。依照危险的现实化说的立场,对于引起现实中已经发生的具体结果的危险性,是否能够认定其内含于实行行为之中的判断,在刑法意义上的因果关系的判断上具有决定意义。[①] 因此,运用危险的现实化说对刑法中的因果关系进行判断时,其逻辑起点在于对实行行为本身所蕴含的类型化的危险性之考察,其具体判断过程中需要将目光不断地在刑法规范与客观事实之间进行往返流转,实行行为的"犯罪的类型化机能"在这一过程中得到充分体现。前田雅英教授将结果犯中的实行行为定位为"具有发生各犯罪类型中所规定的结果的危险性的行为",举例来说,只有类型性地导致他人死亡的行为,才能被评价为日本刑法中杀人罪的实行行为,也即"把人杀死的行为"。[②] 危险的现实化说判断因果关系的思路,与上述对实行行为定位的思路完全契合。这意味着危险的现实化说在判断结果犯中因果关系存在与否时,核心标准便是具有犯罪的类型化机能的实行行为中所包含的危险性,而其背后的依据正是刑法规范。

反观我国刑法学界在广泛引入大陆法系国家和英美法系国家的因果关系理论之前的传统因果关系理论,便存在以哲学判断取代规范判断和判断

---

① 桥爪隆:《当前的日本因果关系理论》,高翔译,载陈兴良主编《刑事法评论(第40卷)》,北京大学出版社,2017。

② 前田雅英:《刑法总论讲义》,曾文科译,北京大学出版社,2017,第66—67页。

标准缺乏明确性的严重不足。依照我国传统的刑法理论,如果实行行为与危害结果之间不存在引起与被引起的关系,危害结果就不能归责于行为人。也即当危害结果发生时,如果要确定行为人是否应该对该结果负责任,就必须查明其所实施的危害行为与危害结果之间是否存在因果关系。[①] 在这一立场下,有论者指出因果关系通常被视为刑事责任的客观基础,在耦合式的犯罪构成模式之下,我国刑法因果关系在功能上具有归因与归责的双重性,事实层面的归因是起点,规范层面的归责则是目的。[②] 由此可见,我国传统刑法理论中,尽管有观点主张事实判断和规范判断的区分,但是仍将因果关系的终极功能定位为归责,也就是将因果关系作为判断危害结果是否应该被当作实行行为的"作品"从而由行为人对此承担责任的客观依据。我国传统刑法理论中对复杂因果关系的判断过多地依赖辩证唯物主义哲学的相关理论,以主要原因和次要原因、主观原因和客观原因、主要结果和次要结果、直接结果和间接结果、必然联系和偶然联系等的区分作为判断刑事责任有无和大小的依据。但是,这种纯粹哲学上的判断或者难以充分评价危害行为对于危害结果发生而言是否具有刑法上的意义,或者本身较为抽象而不具有实际上的可操作性,因而依靠这种判断方法,难以有效完成该理论所预设的因果关系的结果归责使命。

危险的现实化说以刑法规范为依据,解决刑法中的结果归责问题,相比于以哲学的方法而言,更能够体现刑法中因果关系与哲学意义上的因果关系相比的特殊性,在判断方法上也更具有可操作性,能够有效避免陷入缺乏规范意义和明确性的困境,从而更好地实现刑法中因果关系的结果归责功能。

(三)避免混淆刑事责任的主客观基础

尽管有论者将危险的现实化置于过失犯的项下进行讨论,但这并不意味着危险的现实化说仅适用于过失犯的因果关系认定。高桥则夫教授等在讨论新过失论对于过失犯成立的判断方法时,曾将新过失论等同于危险的现实化论,认为根据新过失论的立场,违法是指违反指令,其体现就是创造危险(行为无价值);但既然认定了结果犯,那么结果发生的事实(结果无价值)也是必要的,其存在与否要经过法官在审判中回顾案件时的事后判断才

---

① 刘艳红主编:《刑法学(上)》,北京大学出版社,2017,第 121 页。

② 熊明明:《刑法中因果关系判断标准之重构》,西南政法大学 2010 年硕士学位论文,第 26—42 页。

能见分晓。从审判时的视角来看,通过结果发生再次确认对行为时的评价的正确性,需要两个判断具有一致性。从行为时的视角来看,从"因为担心这种结果发生,所以禁止这种义务违反的行为"来判断"这种结果发生"的一个例子,就是行为人进行了"一种违反义务的行为"而实际上发生了该结果的情况下,其行为时的危险得以"确证"。由此可知,如果无论行为人的义务违反行为存在与否都会发生同样的结果,那么行为违反的义务和评价的正确性则不能确认该结果的发生。新过失论所说的结果回避可能性,是指在事后判断的视角下行为的义务违反性和危险性通过结果的发生再次得到确认的要件。依照论者的思路,新过失论与危险的现实化说在本质上具有同一性:如果从事前判断的角度,行为人在客观上具有履行结果回避措施的必要性和可能性,并且在主观上具有对履行必要性的预见可能性,那么在客观上的实行行为就是一种对结果回避义务的违反;从事后判断的角度,如果义务违反所创造的危险在结果中得以现实化,实行行为与结果之间的因果关系即可认定。① 但需要注意的是,新过失论在判断过失犯成立的思路与危险的现实化说判断因果关系成立的思路存在相通之处,并不意味着危险的现实化说不能用于故意犯的因果关系认定。事实上,无论是过失犯还是故意犯,其实行行为都需要体现为一种对刑法规范所确定的义务的违反。正如山口厚教授所言,正是由于刑法所具有的犯罪预防作用是通过要求行为人不实施实行行为,或者即使实施了行为也要求其通过消除结果发生的现实危险性的结果回避义务来实现,所以结果回避义务并不仅限于在过失犯中存在,而在故意犯中同样是存在的。相应地,肯定结果回避可能性的存在,是肯定行为人具有结果回避义务的前提。② 虽然过失犯的构成是否以结果回避可能性的存在和结果回避义务的违反为前提,尚需结合不同国家刑法对过失犯的具体规定的差异来作进一步的探讨,但是上述立足于日本刑法现状的论述,仍可以表明依照危险的现实化说的立场,判断因果关系是否成立并不以主观罪过形态的差异为标准而区别对待。换言之,无论是在过失犯中还是在故意犯中,因果关系的成立,都以行为人实施违反刑法规范所设置的义务的行为且该行为所创造的危险在结果中实现为判断依据,而不会因为主观罪过形态的不同而存在不同的判断标准。

双层次因果关系说在英美法系国家占据主流地位,其核心要义在于将

① 高橋則夫、杉本一敏:《過失の二つの問い方——「危険の現実化」か「原因において自由な行為」か》,《法学セミナー》2014 年第 687 期。

② 山口厚:《刑法总论》,付立庆译,中国人民大学出版社,2018,第 52 页。

因果关系分为事实因果关系和法律因果关系两个层次进行判断。《美国模范刑法典》第 2.03 条所讨论的是因果关系的问题,其条旨为"行为与结果的因果关系:计划或者预期的结果与实际结果的不一致;可能发生的结果与实际结果的不一致"。本条分项阐述了因果关系的具体判断方式,分别包括因果关系判断的总体规则、蓄意或明知情形下因果关系的判断方法、轻率或疏忽情形下因果关系的判断方法以及法律规定的绝对责任犯罪情形下因果关系的判断方法。① 由上述规定可知,《美国模范刑法典》提供的因果关系判断方法即体现了双层次因果关系说的立场:先以"若无前者,则无后者"的条件公式判断行为与结果之间的事实因果关系,再根据法律规定判断法律因果关系。该法典提供的判断法律因果关系的分类依据,则是行为人的主观罪过形式。

在美国法哲学家赫伯特·L.A.哈特(Herbert Lionel Adolphus Hart)等看来,这些规定的要旨在于,"尽管一个行为是如果没有它就有可能会发生的任何危害的原因,如果它的发生方式与所设想的不同,或者是因为轻率或者过失造成了它,就不能认为行为是故意造成这一结果,因为它并非出于他所意识到的或者应当意识到的或者应当意识到那种危险范围之内,除非(除了具备所有其他要求外)另外一个条件也已具备,这就是实际发生的方式与行为者的责任或犯罪的严重程度的关系尚未达到足以使彼此间丧失正当关联程度的间接性或偶然性"②。换言之,双层次因果关系说中法律因果

---

① 《美国模范刑法典》第 2.03 条第(1)项是因果关系判断的总体规则,即"存在下列情形时,行为是结果的原因:(a)行为先于结果,没有该行为不会发生该涉案结果;以及(b)行为与结果的关系符合本法或者规定犯罪的法律所附加的因果关系要求"。第(2)项是蓄意或明知情形下因果关系的判断方法,即"以蓄意或者明知引起特定结果作为犯罪要件时,如果实际结果不在行为人计划或者预期的范围内,除存在下列情形外,该要件不成立:(a)根据具体情况,实际结果与计划或者预期的结果的区别仅在于受伤害或者损害的人或者财产不同,或者计划或者预期的对人或者财产的伤害或者损害比实际发生的伤害或损害更严重或者更广泛;或者(b)实际结果中包括有计划或者预期的种类相同的伤害或者损害,并且实际结果的发生并不是过于间接或者过于偶然,以至于与行为人的责任或者犯罪的轻重无适当关系"。第(3)项是轻率或疏忽情形下因果关系的判断方法,即"以轻率或者疏忽引起特定结果作为犯罪要件时,如果实际结果不在行为人认识的危险或者在疏忽的情况下应当认识的危险范围内,除存在下列情形外,该要件不成立:(a)实际结果与可能发生的结果的区别仅在于受伤害或者损害的人或财产不同,或者可能发生的伤害或者损害比实际发生的侵害或损害更严重或者更广泛;或者(b)实际结果包括可能发生的种类相同的伤害或者损害,并且实际结果的发生并不是过于间接或者偶然,以至于与行为人的责任或者犯罪的轻重无适当关系"。第(4)项是法律规定的绝对责任犯罪情形下因果关系的判断方法,即"对于法律规定的绝对责任犯罪,如果以发生特定结果为该犯罪的本体要件,当实际结果不是行为人的行为所可能发生的结果时,该要件不成立"。美国法学会编:《美国模范刑法典及其评注》,刘仁文等译,法律出版社,2005,第 27—28 页。

② 哈特、奥诺尔:《法律中的因果关系》,张绍谦、孙战国译,中国政法大学出版社,2005,第 357 页。

关系的判断过程中,行为人对于实际结果的意识这一主观层面的状态,以及结果的发生相对于行为而言是否具有符合经验法则的适当性,是主要的判断依据。这一判断方法与作为日本刑法理论通说的相当因果关系说具有相通之处,以罪责归属的判断为目的,以主客观判断相结合的相当性为依据。但是,这样的判断方法在逻辑上仍然存在严重的漏洞。

一方面,以主观罪过形态作为类型化标准来判断作为客观构成要件要素的行为与结果之间的因果关系,是否具有合理性有待商榷。该法典以"蓄意或明知"的犯罪(即故意犯罪)、"轻率或疏忽"的犯罪(即过失犯罪)和"绝对责任犯罪"作为划分因果关系判断方法的依据,但是因果关系是所连结的行为与结果都属于客观构成要件,如果以主观罪过形态的差异作为区分其判断方法的依据,有混淆客观层面的责任归属与主观层面的责任归属之嫌。

另一方面,行为人主观上实际意识到实际结果的发生,或者应当意识到实际结果的发生,与代表不具备适当关联程度的间接性、偶然性之间,存在着交叉缠绕和不合理之处。就偶然性的判断而言,需要借助经验法则来进行,其表述方式既可以体现为一种数学上的概率,也可以体现为依据行为人的特殊认识和社会一般人的普遍认识是否能够预见到结果的发生。即便以数学上的概率来判断结果的发生对于行为而言是否具有超出适当关联程度的偶然性,也不能否认这种客观上存在的概率仍然要转换为一种需要人类发挥主观能动性的统计、归纳和认知,才能在具体判断时真正使用。从这一角度来看,行为人主观上意识到或者应当意识到实际结果的发生,与代表不具备适当关联程度的要素之一偶然性,在判断方法上必然存在交叉缠绕,如何在否定前者存在时再以行为与结果之间不存在超出适当关联程度的偶然性来作为肯定法律因果关系存在的条件之一,将是一个难以解答的问题。

与上述双层次因果关系说相比,危险的现实化说的判断方法存在明显的优势。危险的现实化说不以主观罪过形态为划分因果关系判断标准的依据,不会将对行为人主观层面的认识情况的判断,与对客观层面的行为和结果之间关联程度的判断交织在一起,从而不会出现判断刑事责任客观基础问题时混入主观判断。

第三章　渎职罪因果关系认定的理论选择

第一节　渎职罪与自然犯因果关系的共通之处

国内外阐述因果关系理论和判例的著述,通常以杀人、伤害等自然犯、刑事犯相关的案例作为归纳争议焦点或者解释理论的对象,而法定犯、行政犯有关的案例则较少作为典例在因果关系部分进行讨论。实质意义的刑法可以分为刑事刑法和行政刑法。具体而言,刑事刑法涉及处罚的是被认为反社会的、值得处罚的行为,这类行为被称为自然犯或刑事犯。刑事刑法以传统刑法的保护范围为法益保护范围,其所保护的生命、身体、自由、财产等基本法益受到侵害或者具有受到侵害的危险时,都或多或少地具有可视性特征。与之相对,行政刑法则是为了达到行政上的目的,对违反法规的行为进行处罚,这类行为被称为法定犯或行政犯。行政刑法领域的保护法益则变得稀薄,法益受到侵害时具有不可视性、观念性特征。[1] 有论者指出,渎职罪行为与结果之间的因果性与自然犯中的因果性并不相似:前者是在社会意义层面进行讨论,后者体现的则是自然性或伦理性;除此之外,对前者的判断并不像对后者的判断那样具有直观性,因为渎职罪这类法定犯中的原因属性大多属于条件或者外因,而自然犯中的原因属性大多属于根据或者内因。[2] 上述观点明显地体现了论者主张以哲学方法对渎职罪中因果关系进行认定的立场,存在方法论上的严重不足。但是,论者的上述观点对于以下问题的解决具有启发意义:将既有的以解决自然犯中因果关系问题为主的因果关系理论,直接应用于以行政违法为前提的渎职罪因果关系认定,是否具有合理性? 笔者认为,只有找到渎职罪因果关系认定与自然犯因果关系认定的共通之处,才能使因果关系理论适用于渎职罪因果关系认定。

---

[1]　井田良:《基础から学ぶ刑事法》,有斐阁,2013,第 149 页。
[2]　储槐植、魏颖华:《渎职罪因果关系的判断》,《江苏警官学院学报》2008 年第 1 期。

　　从法益侵害性的角度来看,需要研究因果关系认定问题的渎职罪均属于结果犯,这意味着这类渎职罪所侵害的法益与自然犯具有重合的部分,都包含了个人、集体或者国家的人身法益、财产法益等具有可视性、非观念性特征的法益。全国人民代表大会常务委员会法制工作委员会对《刑法》第三百九十七条进行释义时指出,本条是第九章渎职罪中关于国家机关工作人员滥用职权、玩忽职守罪的一般性规定,本章其他关于特定国家机关工作人员滥用职权、玩忽职守的专门规定,与本条之间是特殊规定与一般规定的关系。释义以我国传统的四要件理论确定滥用职权罪和玩忽职守罪的共同特征,认为两罪侵犯的客体均是国家机关的正常管理活动,尽管从其引起的后果看可能侵犯公民的人身权利,引起人身伤亡,或者使公共财产、国家和人民财产遭受重大损失,但这些仅属于两罪的社会危害性的客观表现。[①] 从这一立场出发,可以认为渎职罪的立法目的,在于"保护国家机关公务的合法、公正、有效执行以及国民对此的信赖"[②]。渎职罪以行为人行使职权时违反法律规定为前提,但是仅满足行政违法性这一条件尚不足以构成刑事犯罪,法益侵害程度达到一定的严重性时,渎职行为方可构成刑事犯罪。结合最高人民检察院于 2006 年 7 月 26 日公布的《最高人民检察院关于渎职侵权犯罪案件立案标准的规定》(以下简称《渎职侵权立案标准》)以及最高人民法院、最高人民检察院于 2012 年 12 月 7 日公布的《最高人民法院、最高人民检察院关于办理渎职刑事案件适用法律若干问题的解释(一)》(以下简称《渎职刑事案件解释》)的相关规定可知,渎职罪法益侵害程度的严重性有多种具体的表现形式,主要可以归纳为以下几类:一是导致生命、身体、健康、财产等物理性危害结果出现;二是造成恶劣的社会影响、个人精神失常等具有一定抽象性但仍容易被直接感知的危害结果;三是行为本身性质恶劣一经实施就必然严重损害个人或集体的合法权益,或者导致某种危险状态的存在,而不需要对实害结果或者危险状态再进行单独判断。前两种情况属于结果犯,且均为实害犯,第三种情况则属于行为犯。其中,需要对因果关系认定问题进行研究的,便是属于结果犯的两种情况。对于结果犯来说,客观构成要件要素须包含行为在外界引起变动的行为结果。至于何种变动属于行为结果,则取决于具体的犯罪类型。在实害犯中,行为结果体现为实害结果;在具体危险犯中,行为结果体现为具体危险结果。因此,刑法

---

① 全国人大常委会法制工作委员会:《中华人民共和国刑法释义》,法律出版社,2015,第 680—681 页。

② 张明楷:《刑法学》,法律出版社,2016,第 1238 页。

意义上的因果关系事实上包含了两种形式：在实害犯中，它表现为实行行为与实害结果之间具有刑法意义的因果关系；在具体危险犯中，它表现为实行行为与具体危险之间具有刑法意义上的因果关系。但是，对于渎职罪而言，由《渎职侵权立案标准》和《渎职刑事案件解释》所确定的判断标准来看，渎职罪并不存在具体危险犯这种形式，因而本书所讨论的渎职罪因果关系事实上是渎职行为与实害结果之间具有刑法意义的因果关系。

由前述分析可知，对渎职罪因果关系进行判断时，判断的对象应当是渎职行为与具体的能够被直接感知到的危害结果之间的因果关系，而不是渎职行为与国家机关的正常管理活动受到破坏这一抽象结果之间的因果关系。究其原因，是如果能够认定渎职行为与那些包括人身法益、财产法益等在内具有可观性的危害结果之间存在因果关系，必然意味着国家机关的正常管理活动以及国民对此的信赖业已受到破坏，渎职行为与这些具有不可观性、观念性的法益侵害结果之间的因果关系并不需要再重新检视。因此，渎职罪因果关系所连结的"因"和"果"，与自然犯因果关系所连结的"因"和"果"相比，在内容上具有相似性。这便为将因果关系理论在渎职罪因果关系认定问题上进行具体化运用提供了合理基础。

第二节　渎职罪因果关系的特殊性

渎职罪作为刑法分则中的一类犯罪,相比刑法分则其他各章规定的犯罪而言,有其特殊之处。如松宫孝明教授所指出的,被个别化的犯罪的成立或者特殊情形下的不成立,正是刑法各论所研究的规则的重要组成部分。[①]司法实践在渎职罪因果关系认定方面存在诸多争议,正是因为渎职罪因果关系相比自然犯而言具有特殊之处。因此,对渎职罪因果关系的特殊性进行全面梳理,找到司法实践在这类犯罪因果关系认定方面的痛点所在,是选择合适的因果关系理论框架和进行认定规则重构的前提。只有这样,才能够真正做到"对症下药",避免因果关系理论发展无法有效应对渎职罪因果关系认定司法实践的现象出现。

一、前置性法规范作用显著

(一)前置性法规范在认定职权行为中的作用

渎职罪属于法定犯,因此在渎职罪认定的过程中应当坚持二次违法性原则,不能突破前置性法规范的限制。坚持法定犯的二次违法性原则,就要在法秩序的统一性下审慎地进行刑事立法和刑事司法,避免一个行为在民法和行政法领域不违法却构成刑事犯罪的现象发生。具体到在渎职罪因果关系的司法认定而言,坚持这一原则,意味着在认定一个国家机关工作人员的行为构成渎职罪时,要以其行为对行政法领域的前置性法规范有所违反为前提。

根据《布莱克法律词典》(Black's Law Dictionary)的解释,自然犯(Malum in se)是指自然不法行为,行为违法的实质在于自然生存的、道德的以及公法(public law,即影响所有公民或公众秩序的法律)的准则;法定犯(Malum in prohibitum)则是指法律禁止的不规行为,不规的非难性基础在于法律的禁止行为本身并非传统固有的非道德性,而是因为制定法(positive law)所禁止而成为不规。[②] 概言之,自然犯的应受刑罚处罚性的

---

① 松宫孝明:《刑法各论讲义》,王昭武、张小宁译,中国人民大学出版社,2018,第 6 页。
② 孙万怀:《法定犯拓展与刑法理论取代》,《政治与法律》2008 年第 12 期。

根源在于对社会伦理秩序的破坏,具有较强的背德性;而法定犯的应受刑罚处罚性的根源则在于对以效率、稳定等为导向的行政法的严重违反,背德性程度相较自然犯低。尽管从长远的角度看,行政法规范也可能转化为社会所普遍认同的伦理道德的内容,但是因行政法规范具有易变性、专业性等特性,以违反行政法规范为前提的法定犯与传统的自然犯在入罪条件的限定上不应完全等同。非法剥夺他人生命、非法伤害他人身体和非法占有他人财物等行为,自古以来便是为社会伦理道德所不允许,具有强烈的背德性。在传统社会中,能够有效保护民众的生命权、身体权、健康权和财产权的政权及其法律,便具有民意支持的基础;即使在当今社会,非法侵害他人的生命权、身体权、健康权和财产权的行为,仍然是一种对社会伦理道德秩序的挑衅,当然属于自然犯的范畴。然而,随着生产力的发展,社会生活中的新生事物不断出现,国家如果仍然停留在保护原始形态的公民权利和自由,则很难满足社会发展的需求。工业社会以来,尤其是人类进入风险社会后,国家越来越积极地介入社会生活,体系庞杂的行政法规范应运而生。行政作为一种国家权力的基本职责是整合社会秩序,使紊乱的社会秩序得以恢复,而此意义上的"整合"既包含了修复已经失衡的社会秩序,也包含有目的的塑造形成一种有利于个人全面发展的新的社会秩序。[①] 这一对社会秩序进行修复和塑造的过程中,行政法必然会对需要社会主体遵守的行为规范不断地进行"破"和"立",其所创设的社会生活各个领域的行为准则,会随着新生事物的出现和发展以及国家公共政策的调整而不断变更,不再能够依据朴素的法感情进行捕捉,而更多地体现为一种在特定背景下追求效率和秩序的管理性行为规范。因此,具有行政违法性的行为,并不一定违背社会伦理道德。其中因社会危害性最为严重而为刑法所禁止的部分,即法定犯,也不一定具有严重的背德性。

如果一种行为既不严重违反社会伦理道德,在行政法中又缺少禁止性规定,在以意思自治为原则的民法领域亦属于合法有效的行为,那么刑法跳过前置性法规范而对其积极干预,则有违反法秩序的统一性之虞。"法秩序的统一性,是指在由宪法、刑法、行政法、民法等多个法域所构成的整体法秩序中不存在矛盾,法域之间也不应做出相互矛盾、冲突的解释。"[②] 在法规范体系之下,刑法所扮演的角色是后盾之法、保障之法,因此,与宪法保持共识、与民法保持

---

① 章剑生:《现代行政法总论》,法律出版社,2014,第 9 页。

② 王昭武:《法秩序统一性视野下违法判断的相对性》,《中外法学》2015 年第 1 期。

共识、与行政法保持共识以及与刑事诉讼法保持共识的共识刑法观应当得到树立。① 因此,从法秩序的统一性角度出发,如果一个行为不具有行政违法性或民事违法性,那么该行为是不可能构成刑法中的法定犯。

具体到渎职罪,在判断适格主体的行为是否可能属于渎职罪的实行行为时,前置性法规范发挥着重要作用。渎职罪因果关系具有明显的职权性特征,无论是不作为还是乱作为,若要评价为渎职罪因果关系中的"因",都要与国家机关工作人员的职权紧密相关。② 换言之,渎职罪以违反行政法领域的前置性法规范所设置的义务为构成要件要素,因而只有存在违反由前置性法规范所设置的义务的行为时,作为因果关系判断的逻辑起点的危险创造才可能存在。③ 如果国家机关工作人员所实施的行为与职权无关,或者与职权有关但没有违反由前置性法规范所规定的职权行使要求,那么即使其行为依照经验法则作出判断能够被评价为危害结果发生的原因,也不能被评价为渎职罪的实行行为,刑法意义上的因果关系更不可能存在于该行为与危害结果之间。然而,根据前置性法规范判断行为是否可能被评价为渎职罪的实行行为时,存在多重困境。一方面,根据前置性法规范判断国家机关工作人员的职权时,如果作为职权行使依据的若干个前置性法规范存在冲突,那么对职权范围的界定将存在争议。另一方面,国家机关工作人员所实施的与危害结果的发生有所关联的行为,与其职权是存在法律上的关联还是仅存在事实上的关联,亦会影响该行为是否具有实行行为性的判断,但这种关联程度的区分存在疑难之处。

(二)前置性法规范在判断实行行为创造危险中的作用

罪刑法定原则的贯彻,意味着"超越法律限度的刑罚就不再是一种正义的刑罚"④。依照罪刑法定原则的要求,认定刑法意义上的因果关系时应当遵循规范性标准。申言之,如果按照经验法则判断得出的因果关系,突破了规范预设的因果关系之边界,那么应当将其排除在刑法意义上的因果关系之外。在审判实践中,实行行为或危害结果定型性的缺乏,容易导致刑法意义上的因果关系的范围具有不确定性,从而导致有的损害结果能否被认定

---

① 马荣春:《共识刑法观:刑法公众认同的基础》,《东方法学》2014 年第 5 期。
② 李忠诚:《渎职罪实体认定与程序适用问题研究》,中国检察出版社,2017,第 82—85 页。
③ 李峰:《渎职罪因果关系新论》,《社科纵横》2014 年第 11 期。
④ 贝卡里亚:《论犯罪与刑罚》,黄风译,商务印书馆,2018,第 10 页。

为实行行为的"作品"存在争议。① 换言之,在认定刑法意义上的因果关系时,仅对实行行为和危害结果各自以刑法规范为依据进行形式上的"裁剪"是远远不够的,还需对两者之间的关联方式以刑法规范为依据进行判断。若实际损害结果并非刑法通过设置特定的禁止性规范所意图避免的,则于实行行为与该实际损害结果之间不可能存在刑法意义上的因果关系。

上述判断规则在因果关系的认定中具有普适性,但是对于渎职罪而言,其特殊之处在于仅依据刑法规范并不能充分判断实行行为与实际损害结果之间的关联方式,还需借助前置性法规范来进行判断。申言之,由于渎职罪属于行政犯,在渎职罪因果关系认定中,前置性法规范不仅在判断渎职罪的适格主体所实施的行为是否可能属于渎职罪的实行行为时发挥作用,还在认定过程中将目光流转往返于实行行为与危害结果之间时作为判断标尺而发挥作用。如果在判断实行行为与危害结果之间的关联时不考虑前置性法规范的保护目的和保护范围,将在事实层面成为具有构成要件符合性的危害结果发生原因的违反职权要求的行为全部评价为实行行为,进而一概地认定上述具有行政违法性的行为与危害结果之间存在刑法意义上的因果关系,显然容易导致因果关系认定的扩大化。因果关系扩大化的结果,便是难以真正发挥刑法规范的犯罪预防功能和前置性法规范的行为规范功能。

二、个体职权行为因果关系受职权行使方式影响巨大

国家公权力行使的核心主体是国家机关,但不可忽视的是,国家机关是由人组成的,这意味着在权力运行过程中必定存在异化的倾向,即公权力的行使者偏离权力的目的,而对服从政府权威者的权利造成损害。这是由权力的本质属性与人的自然属性所共同决定的。② 国家机关内部进行一定的权力分工,是降低权力异化发生的可能性的有效途径。通过上级对下级的领导或指导来避免国家机关及其工作人员肆意行使权力,以及通过集体研究的方式来避免个人由于认识局限或谋求私利而作出错误决策,是国家机关内部权力分工的重要途径。正是由于权力分工的存在,作为个体的国家机关工作人员的职权行为与危害结果之间刑法意义上因果关系的认定面临重重困难。质言之,基于权力分工而形成的职权行使方式,导致在很多情形下个人实施的对危害结果发生具有作用力的职权行为,难以被评价为渎职

---

① 马秋生:《渎职犯罪因果关系的认定——以赖恒远滥用职权案为视角》,《法律适用》2017 年第 20 期。

② 杨连专:《权力运行异化的法律防范机制研究》,《宁夏社会科学》2017 年第 6 期。

罪的实行行为,从而排除个人职权行为与危害结果之间的刑法意义上的因果关系。但是,何种情形下应当排除,却是存在争议的。

(一)个体职权行为因果关系受上级行为的影响

对于刑法意义上的因果关系是否存在于个体职权行为与危害结果之间的判断,在上级行为对该行为的作出产生一定程度的影响时,会出现争议。2018 年 12 月 29 日修订后公布的《中华人民共和国公务员法》(以下简称《公务员法》)第十四条第一项规定了公务员"忠于宪法,模范遵守、自觉维护宪法和法律"的义务,该条第四项则规定了公务员"服从和执行上级依法作出的决定和命令"的义务。与此相对应,该法第五十九条规定了公务员"应当遵纪守法",其中第五项则规定了公务员不得"拒绝执行上级依法作出的决定和命令"。由此可见,作为渎职罪适格主体主要组成部分的公务员,具有遵守宪法和法律以及服从上级决定和命令的双重义务,但是上级决定和命令被服从的前提条件是其系依法作出。换言之,当上级的决定或者命令的内容或作出程序违反宪法和法律规定时,下级公务员并无服从和执行的义务;这种情形下,下级公务员应当优先履行的义务是遵守宪法和法律。与上述公务员义务履行的优先顺序相配套,《公务员法》第六十条对公务员抵抗权作出了相应的规定。[①] 然而,公务员抵抗权条款却未对哪些主体属于上级、何种情况属于明显违法、何为法的范围边界等概念进行明确,导致公务员抵抗权的行使缺乏保障机制。[②] 这样的规定,一方面会导致公务员在客观上难以对上级决定或命令的性质作出正确判断,从而因为担心违反义务而不敢贸然行使对上级的抵抗权;另一方面又会在公务员因执行上级的决定或命令而导致危害结果发生时,难以判断应当由哪一主体承担包括刑事责任在内的相应责任。

正是公务员抵抗权的规定缺乏明确性,导致在判断上级行为影响型渎职案件的因果关系时,容易出现认定范围划定不清的问题。例如,对于下级职权行为为上级职权行为所引起和支配并最终导致危害结果发生的案件,有论者将上级行为和下级行为均定位为渎职行为,从而同时肯定两个行为

[①] 《公务员法》第六十条规定:"公务员执行公务时,认为上级的决定或者命令有错误的,可以向上级提出改正或者撤销该决定或者命令的意见;上级不改变该决定或者命令,或者要求立即执行的,公务员应当执行该决定或者命令,执行的后果由上级负责;但是,公务员执行明显违法的决定或者命令的,应当依法承担相应的责任。"

[②] 金伟峰、姜裕富:《公务员忠诚义务的若干问题研究——对〈公务员法〉第 12 条的解读》,《行政法学研究》2008 年第 1 期。

与危害结果之间均存在刑法意义上的因果关系，只是作用力大小有区别。[1]然而，这样的理解具有片面性。首先，如果下级公务员认为上级决定或命令有错误，而未向上级提出改正或撤销的建议，能否认定其违反法律规定进而追究其刑事责任，不无疑问。究其原因，是《公务员法》第六十条对这种情况下下级公务员向上级提出改正或撤销建议所作的要求为"可以"，而非"应当"。即使下级公务员未向上级提出改正或撤销的建议，也难以将其行为评价为严重违反该规定。其次，如果下级公务员认为上级决定或命令有错误，并向上级提出改正或者撤销建议，但上级拒绝作出改变或者要求下级公务员立即执行，那么此时应当承担责任的主体系上级而非下级公务员。再次，如果上级决定或命令本身在内容和作出程序上都是合法的，而具体执行的下级公务员认为其存在错误，最终上级未作出改变而决定或命令被执行，此时上级和下级公务员的职权行为是否属于渎职行为，是否有主体应当承担刑事责任，不无疑问。最后，只有上级决定或命令系明显违法而下级公务员未拒绝执行时，上级和下级公务员的职权行为才均具有严重的违法性。然而，何种情形属于明显违法、何种情形属于一般违法，《公务员法》第六十条却未进行明确规定，导致难以判断何种情形下应当同时认定上级和下级公务员的职权行为与危害结果之间存在刑法意义上的因果关系。

（二）个体职权行为因果关系受集体研究的影响

提倡通过集体研究的方式作出决策，是为了使决策的作出更加科学、更加民主和更加慎重，但一旦决策的执行导致严重损害危害结果发生而需要追究有关责任人员的刑事责任时，却容易出现以集体研究之名行个人决策之实者以及集体研究的主导者退到幕后，而具体执行者成为被追究刑事责任的主要对象。[2] 在集体研究型渎职案件中，作出决定的集体中成员个体的行为与结果之间有无因果关系，以及具体执行集体决定的人员的行为与结果之间有无因果关系，存在认定疑难。详言之，在集体研究作出决定的环节，渎职行为以集体的名义实施，但集体研究是由多个国家机关工作人员各自实施职权行为而作出的。不同的个体在集体研究中所起的作用不同，对决定所持的态度可能存在差异，那么个体的职权行为能否也被评价为渎职行为，刑法意义上的因果关系是否存在于个体的行为与危害结果之间，则需

① 任剑炜、张兴斌、胡建国：《复杂因果关系下渎职侵权犯罪归责问题研究》，《中国检察官》2014 年第 2 期。

② 倪寿明：《"集体研究"不再是渎职决策的"免责牌"》，《中国党政干部论坛》2013 年第 2 期。

要具体判断。在集体研究具体执行的环节,具体执行人员面对具有严重不当性的集体研究决定时,是否有向作出决定的集体提出改正或撤销的建议,是否存在利用决定存在的漏洞而以违法程度高于决定的方式执行,是否在发现决定具有严重不当性之后径行以合法的方式变通执行,都会影响到对具体执行人员职权行为是否具有严重不当性的判断,进而影响到对其职权行为与危害结果之间是否存在刑法意义上的因果关系的判断。换言之,在以集体研究形式实施的渎职犯罪中,无论在决定作出环节还是在具体执行环节,对参与其中的个体的职权行为与危害结果之间刑法意义上因果关系的认定,不能简单地和集体行为与危害结果之间因果关系认定的结论等同视之,而应该具体分析判断个人在其中的参与情况,从而得出结论。

司法实践中,如何认定集体研究型渎职案件中个人的职权行为与危害结果之间的刑法意义上的因果关系,如何合理划定集体研究决定作出和具体执行的参与者罪与非罪的界限,成为一个充满争议的问题。例如,在"齐光文等滥用职权案"中,第一部分事实即"被告人齐光文、周爱华、黄健、何志荣、唐卫红滥用职权,从国家土地治理项目中套取国家农业综合开发专项资金,用于单位各项开支,导致国家专项资金 5705656.08 元人民币流失",便存在集体研究形式实施滥用职权行为,参与决定作出者、具体执行者等相关人员的职权行为与危害结果之间是否具有刑法上的因果关系的争议。本案中,齐光文系冷水滩区农开办的主任、党组书记,周爱华系分管项目工作的副主任,黄健先后为分管专项资金工作和项目工作的副主任,何志荣系分管资金工作的党组成员,唐卫红先后担任该办协管资金管理股领导兼任资金管理股股长、协管资金工作的该办工会主席。由相关供述与辩解可知,冷水滩区农开办以虚增工程标段的工作量的形式套取土地治理项目的方式是集体研究决定:先由农开办领导班子根据办公室每年的开支情况确定虚报工程量套取土地治理项目资金的数额,其后就由农开办主任及分管项目股的副主任、分管资金的副主任、项目股股长、资金股股长召开会议传达领导班子会议关于套取土地治理项目资金的内容,在会上分管项目的副主任会将具体的套取资金数额根据实施方案分配到各个标段内。之后会进行工程招标,在招标前,农开办会告诉竞标人员在各标段中部分工程是虚报的,其资金是要用于新农村建设或有些项目内容之前已建成。在以后项目完工后,中标者要将这部分资金返还给农开办。每年农开办的主任会组织单位的班子成员、小金库管理人参加小金库收支结算,对一年来从土地治理项目中套取的资金收入和开支进行结算,除主任外,其他参加人员都在结算单上签字。① 然而,从判决书中记载的证据可知,冷水滩区农开办的领导班子成员、参与会议的股长以及实际执行领导班子集体研究的错误决议的农开办工作人员并未全部被以滥用职权罪追究刑事责任,只有前述五人因国家土地治理项目中套取国家农业综合开发专项资金而被以滥用职权罪追究刑事责任。如何判断集体研究型渎职案件中每个参与其中的国家机关工作人员的职权行为与危害结果之间的因果关系,成为厘清参与集体研究决定作出和具体执行的国家机关工作人员罪与非罪的关键。

三、因果关系逻辑起点判断受不作为型行为方式影响突出

因果关系认定的逻辑起点是对实行行为予以准确判断。然而在以不作为的方式实施的犯罪中,何种情形属于不作为、不作为是否应当被认定为实行行为,却存在争议。在判断不作为犯的因果关系时,以几乎确定的可能性而认定,如果法所期待的行为被实施,构成要件结果就不至于发生,那么不作为与结果之间就有评价上的因果关系。由此可知,不作为构成犯罪以行为人负有某种作为义务为前提。这种作为义务,即为通过积极实施某种行为而避免法益侵害结果发生的义务。那么不作为如果构成犯罪,通常需要与某种客观上存在的情况相结合而发生作用,这种客观上的情况可能是法益本身处于容易受到侵害的状态,也可能是介入的他人实施的某种行为。就渎职罪而言,不作为型渎职犯罪案件的因果关系存在认定困难。例如,在"刘宝杰玩忽职守案"中,上诉人刘宝杰系江都××街道办事处社区工作科科长,负责该部门的全面工作;该科科员李某1具体负责低保相关工作。刘宝杰担任科长职务期间,李某1利用最低生活保障金发放工作中存在的向街道财务科报送的《江都××街最低生活保障金领发签字簿》及向银行报送的低保金发放明细无需领导审批签字、区民政局财务科与社救科之间不互相核对低保人员信息等漏洞,采用虚构低保人员姓名及发放金额,并向银行提供虚假的发放明细的方式,骗取最低生活保障金共计人民币 723391.4元。一审法院认为刘宝杰作为科长,对最低生活保障金的发放严重不负责任,在长达六七年的时间内未进行监管,造成该科室最低生活保障金发放工作管理混乱,最终导致李某1利用管理漏洞贪污公款,致使公共财产遭受重大损失,其行为已经构成玩忽职守罪。但是,二审法院指出构成玩忽职守

---

① 湖南省宁远县人民法院(2017)湘 1126 刑初 693 号刑事判决书。

罪,需要存在违反工作纪律或者规章制度的行为,且该行为与重大损失的损害后果之间应当具有刑法上的因果关系。李某 1 案发前,河北区低保金发放工作长期缺乏明确的制度规范,而导致本案损害后果的直接原因系李某 1 利用该制度漏洞故意实施的贪污犯罪。刘宝杰在低保发放工作上满足于沿袭前任的工作惯例,应承担工作管理上没有积极主动制定相关管理规范或者提出建议完善相关工作的领导责任,但其行为并未违反相关工作纪律或法律法规,故不属于刑法意义上的渎职行为,其行为与本案的危害结果之间也不存在刑法意义上的因果关系,故不应认定其构成玩忽职守罪。① 从两级法院对于刘宝杰行为定性的争议可以看出,不作为型渎职犯罪案件的因果关系认定问题,往往会因为渎职行为的认定存在争议以及导致危害结果发生的其他直接原因的存在而陷入困境。

四、因果流程普遍存在介入因素

在我国刑法体系中,国家机关工作人员实施的以违反职权要求为前提的破坏国家机关正常管理活动的犯罪,并未全部规定在刑法分则第九章渎职罪中。国家机关工作人员滥用职权实施的刑讯逼供、暴力取证、虐待被监管人、报复陷害以及打击报复会计、统计人员等犯罪,以直接侵犯公民的人身权利或民主权利为特征,规定在刑法分则第四章侵犯公民人身权利、民主权利罪中;国家工作人员利用职务上的便利非法占有公共财产和挪用公款的犯罪,以及有关单位主体私分国有资产和罚没财物的犯罪,以直接侵犯国家的财产权利为特征,规定在刑法分则第八章贪污贿赂罪中。因此,作为本书研究对象的规定在刑法分则第九章的渎职罪,实际上可以称为狭义的渎职罪。部分以直接侵犯公民的人身权利、民主权利以及国家的财产权利为特征的滥用职权行为,已经被划入狭义渎职罪以外的范畴;渎职罪中规定的犯罪行为类型,则存在很多以间接侵犯公共财产、国家和人民利益为特征的情形。这便意味着,对于渎职罪而言,因果流程中存在介入因素的现象较为普遍。

有论者指出,只有在结果犯中,行为与后来发生的结果之间存在时空间隔时,在此间隔内的因果关系才有可能发生异常,从而才有对行为与结果之间的因果关系进行判断的必要性。这一论断积极意义,在于其指出了因果关系认定问题的一个难点,即如果实行行为实施后、危害结果发生前存在介入因素,那么因果关系的认定将可能因为这一特定时空条件内出现的介入

---

① 天津市第一中级人民法院(2018)津 01 刑终 686 号刑事判决书。

因素而存在疑难。但是论者将介入因素限定于实行行为后、危害结果前,而将与实行行为同时发生并对危害结果的发生具有影响的诸多情况排除在外,存在严重的局限性。在危险的现实化说的语境下,判断行为所具有的危险是否变成现实的判断资料则是客观存在的全部情况。① 相比较之下,危险的现实化说对于判断基底的界定较为明确而全面。具体而言,依照危险的现实化说,行为时与行为后的情况不作明确区分,而是进行统一判断,用"相互结合"产生结果还是"以并存(介入)因素为原因"产生结果作为标准,来对因果关系的有无进行判断。② 这样的因果关系判断基底界定方法,可以避免实行行为以外的对危害结果发生具有作用力的事实被忽略,对于解决因果流程具有复杂性的渎职罪的因果关系认定问题具有积极意义。笔者认为,依照危险的现实化说的判断基底的范围,渎职罪因果关系中主要存在以下几类介入因素。

(一)介入被监管对象违法犯罪行为

渎职罪的因果流程中最具典型性的介入因素,是由被监管对象实施的违法犯罪行为。被监管对象的违法犯罪行为,在一部分渎职罪中扮演着构成要件要素的角色;而在另一部分不以其为构成要件要素的渎职罪中,同样可能在因果流程中介入被监管对象的违法犯罪行为。

履行监管职责时,国家机关工作人员故意放弃职权,或者严重不负责任未履行职责,或者未正确履行职责,为被监管对象实施违法犯罪行为创造了条件,并且被监管对象的违法犯罪行为直接造成了严重危害结果,是部分渎职罪的犯罪构成的基本形态。③ 对于这些渎职罪而言,如果被监管对象在

① 大塚裕史:《法的因果関係(2)—危険の現実化説の判断構造》,《法学セミナー》2015年第730期。
② 前田雅英:《刑法総论讲义》,曾文科译,北京大学出版社,2017,第119页。
③ 例如,在《刑法》第四百条规定的私放在押人员罪、失职致使在押人员脱逃罪,第四百零二条规定的徇私舞弊不移交刑事案件罪,第四百零三条规定的滥用管理公司、证券职权罪,第四百零六条规定的徇私舞弊不征、少征税款罪,第四百零五条规定的徇私舞弊发售发票、抵扣税款罪和违法提供出口退税证罪,第四百零七条规定的违法发放林木采伐许可证罪,第四百零八条规定的环境监管失职罪,第四百零八条之一规定的食品、药品监管渎职罪,第四百一十一条规定的放纵走私罪,第四百一十二条规定的商检徇私舞弊罪和商检失职罪,第四百一十三条规定的动植物检疫徇私舞弊罪和动植物检疫失职罪,第四百一十四条规定的放纵制售伪劣商品犯罪行为罪,第四百一十五条规定的办理偷越国(边)境人员出入境证件罪和放行偷越国(边)境人员罪,第四百一十六条规定的不解救被拐卖、绑架妇女、儿童罪和阻碍解救被拐卖、绑架妇女、儿童罪,第四百一十七条规定的帮助犯罪分子逃避处罚罪,第四百一十八条规定的招收公务员、学生徇私舞弊罪等渎职罪中,国家机关工作人员构成犯罪客观层面的前提,是包括被监管对象在其监管范围内实施违法行为或者犯罪行为的。

行为人监管范围内未故意或者过失实施特定的违法行为或者犯罪行为,即使行为人在行使监督管理职权时实施了玩忽职守或者滥用职权的渎职行为,也不能构成犯罪,只属于一般违法行为。以我国《刑法》第四百零八条规定的环境监管失职罪为例,①这一犯罪的基本发展流程如下:(1)负有环境保护监督管理职责的国家机关工作人员在履行职责的过程中存在严重失职;(2)环境监管失职行为为被监管对象提供实施污染环境的犯罪行为创造条件;(3)被监管对象实际实施了污染环境犯罪行为;(4)污染环境犯罪行为直接导致重大环境污染事故发生并致使公私财产遭受重大损失或者造成人身伤亡的严重后果。由此可见,在环境监管失职罪的犯罪发展流程中,被监管对象故意或者过失地实施污染环境犯罪行为是必不可少的一个环节,该环节由环境监管失职行为创造发生的条件,又直接导致了危害结果的发生,因而被监管对象的污染环境犯罪行为在环境监管失职罪中属于构成要件要素。

作为介入因素的被监管者的违法犯罪行为,除了可以作为一些渎职罪的构成要件要素而存在之外,在一些不以之为构成要件要素的渎职罪中,同样可能存在。例如,在"黄映辉玩忽职守案"中,罪犯张敬龙所实施的未请假外出的违反规定行为和将被害人张某砍成重伤的犯罪行为,便是在玩忽职守案中由被监管对象所实施的违法犯罪行为。被告人黄映辉系含山县司法局仙踪镇司法所社区矫正工作人员,具体负责对罪犯张敬龙的监管、矫正工作。在张敬龙没有按照《矫正方案》每周电话汇报自己的生活、工作的情况下,黄映辉在记录簿上登记了张敬龙电话汇报,对张敬龙没有电话汇报的情况未作处理;黄映辉在没有按规定每半个月对张敬龙进行走访一次的情况下,填写了走访登记表;张敬龙在社区矫正人员半月度、月度、季度考察表书写了本人小结后,黄映辉在矫正办意见栏签署表现稳定评为较好的意见,加盖含山县仙踪镇社区矫正工作领导小组办公室公章。张敬龙在社区矫正期间多次未请假外出,该情况未能被发现。此后,张敬龙在北京市朝阳区某酒店与在此打工的前妻张某要求复婚,双方未能谈妥,张敬龙持刀将前妻张某砍成重伤,自己跳楼自杀身亡。② 本案中,在黄映辉未按规定履行对张敬龙的监管、矫正职责的失职行为与被害人张某重伤危害结果之间,介入了作为

---

① 《刑法》第四百零八条规定:"负有环境保护监督管理职责的国家机关工作人员严重不负责任,导致发生重大环境污染事故,致使公私财产遭受重大损失或者造成人身伤亡的严重后果的,处三年以下有期徒刑或者拘役。"
② 安徽省马鞍山市中级人民法院(2019)皖 05 刑再 2 号刑事判决书。

被监管者的张敬龙的未请假外出这一违反规定的行为和故意犯罪行为,能否将被害人张某重伤这一危害结果归责于黄映辉的失职行为,则需要进一步判断。

(二)介入被害人的行为

被害人独立实施、与行为人共同实施或者同意行为人实施有损于被害人法益的行为,是渎职案件中渎职行为与被害人法益受到损害的因果流程中常见的一种介入因素。在这些被害人放弃自身法益或者将自身法益置于风险之中的情形下,应当由行为人对此承担责任还是由被害人自我答责,会决定对行为人违反职权要求的行为是否属于渎职罪的实行行为的判断结果,进而影响到行为人的行为与危害结果之间刑法意义上因果关系的认定。所谓的被害人自我答责,是指基于行为人与被害人之间的"犯罪—被害"互动关系,被害人应当对自己在具有犯罪外观的事件中的作为引发的因果关系流程所导致的结果承担一定的责任。① 换言之,按照被害人自我答责理论,因为风险的最终实现是被害人享受其进入并支配风险的自由的投影,所以将责任归于被害人自己,就是对被害人自我决定的报答,而不宜将责任再分配给其他人。② 被害人的行为选择会对行为人的结果预见义务和结果回避义务的存在与否产生影响,而在渎职罪中,对这种影响的判断会存在疑难:如果行为人依据职权对被害人具有特殊的保护义务,能否适用被害人自我答责有待研究;如果不能适用,那么何种情形下属于行为人依据职权对被害人具有特殊保护义务,亦有待研究。在上文所引述的"黄映辉玩忽职守案"中,作为社区矫正工作对象的张敬龙的自杀行为,便是社区矫正工作人员黄映辉疏于监管失职与张敬龙死亡之间的一个介入因素。能否将张敬龙死亡这一结果归责于黄映辉的监管失职行为,则需要考察在这种情形下是否应当适用被害人自我答责而排除黄映辉的结果预见义务或结果回避义务。

(三)介入其他人的违法犯罪行为

渎职行为与危害结果之间介入被监管对象和被害人以外的其他人的违

---

① 作为被害人自我答责之上位概念的自我答责,源于德国刑法理论,存在 eigenverantwortlichkeitsprinzip、selbstverantwortungsprinzip、verantwortungsprinzip 等多种表现形式,我国文献亦存在"自我负责原则""自我答责"等多种翻译。本书统一使用"自我答责"这一表述。申柳华:《德国刑法被害人信条学研究》,中国人民公安大学出版社,2011,第 278—279 页。

② 车浩:《过失犯中被害人同意与被害人自陷风险》,《政治与法律》2014 年第 5 期。

法犯罪行为,也是渎职案件因果流程中存在介入因素的一种常见表现形式。在这种情况下,行为人具有避免渎职罪危害结果发生的义务而未履行或未正确履行,而危害结果发生的直接原因则是由被监管对象和被害人以外的其他人实施的违法犯罪行为。行为人对于介入行为的实施者并无防止其实施违法犯罪行为的监督管理职权,那么这一介入因素难以评价为由行为人的渎职行为所引起,且能否认为行为人具有对介入行为的实施者遵守法律的合理信赖,也有待研究;同时,该实施者并非法益保有者而无权放弃法益或将法益置于危险之中,适用被害人自我答责而排除因果关系亦无根据。因此,介入因素为被监管对象和被害人以外的其他人所实施的违法犯罪行为时,能否认定刑法意义上的因果关系存在于渎职行为与危害结果之间,需要做进一步分析。

例如,在"蔡某某玩忽职守案"中,被告人蔡某某系人民警察,其在肇事者要求帮助时未及时救助因交通肇事处于危难中的被害人、未及时保护事故现场的行为,与被害人死亡的结果之间,介入了另一肇事者驾驶车辆未减速行驶而导致所驾驶的车辆碾压倒在事故现场的被害人并将其拖行的交通肇事犯罪行为。[1] 这一案件中,作为介入因素的其他人的交通肇事犯罪行为,是被害人死亡的直接原因。在这种情况下,能否将被害人死亡的结果归责于蔡某某的玩忽职守行为,需要依据一定的规则进行判断。

(四)介入其他职能部门的渎职行为

多头监管型渎职案件是渎职案件的一种常见形式。在这类渎职案件中,不同国家机关的工作人员在各自职权范围内对同一被监管对象均具有监管职权,然而这些无相互隶属关系的国家机关工作人员在履职过程中均存在渎职行为,导致被监管对象得以有条件实施违法犯罪行为,最终被监管对象的违法犯罪行为直接导致严重危害结果的发生。在这类案件中,各个国家机关的工作人员均具有独立性,并不会像上文中所述的个体职权行为的实施会受到上级或者集体研究的影响,因此笔者并未将多头监管作为个体渎职行为与危害结果之间因果关系判断受到职权行使方式影响的一类案件进行阐述。对于作为实行行为的特定渎职行为而言,其他职能部门的渎职行为事实上是作为一种介入因素而存在的。

多头监管作为一种监管模式,通常由法律、法规、规章或者其他规范性文件作出制度性安排或者特定时期特定行政区域内的执法方式安排。《中

---

[1] 福建省莆田市涵江区人民法院(2014)涵刑初字第 264 号刑事判决书。

华人民共和国食品安全法》（以下简称《食品安全法》）对食品安全监督管理工作作出的规定，便是通过立法对多头监管作出制度性安排的典例。根据2018年12月29日修正的《食品安全法》的相关规定可知，食品安全监督管理工作从纵向来看可以分为中央和地方两个层面，从横向来看则表现为不同职能部门在各自职责范围内负责特定领域的食品安全监督管理工作。在中央层面，国务院设立的食品安全委员会是最高协调部门，具有食品安全监督管理职能的部门包括国务院食品安全监督管理部门、国务院卫生行政部门和国务院其他有关部门；在地方层面，县级以上地方人民政府对本行政区域的食品安全监督管理工作负责，县级以上人民政府食品安全监督管理、卫生行政、农业行政以及公安机关、生态环境等其他有关部门在各自由本级人民政府确定的职责范围内负责本行政区域的食品安全监督管理工作。特定时期在特定行政区域开展多部门联合执法，则是以通知等规范性文件的方式对多头监管作出临时性安排的典例。例如，山东省青岛市崂山区人民政府安全生产委会办公室2019年1月22日发布《关于开展烟花爆竹安全管理联合执法的通知》，要求区安监局、区公安分局、区市场监管局、区综合行政法执法局、街道办事处各派两名工作人员参加全区范围内烟花爆竹安全管理联合执法检查，在2019年1月28日依法检查崂山区2019年春节期间烟花爆竹零售单位经营情况，依法查处非法经营、储存、燃放烟花爆竹等违法行为。① 多头监管的一个显著特征是将本来应当有机连续的监管链条人为割裂，导致有的环节由多个不同部门进行监管，有的环节则存在无人监管的现象，交叉监管、重叠监管和监管盲区等问题极易出现；除此之外，在实际执法过程中，可能不同部门会因为追求自己部门利益的最大化，而互相扯皮推诿、推卸责任。② 在多头监管型渎职案件中，如果其他任何一个职能部门的国家机关工作人员依法履职，都有可能避免危害结果的发生，在这种情况下是否应当认定刑法意义上的因果关系存在于行为人的渎职行为与危害结果之间，则需要审慎判断。

---

① 《关于开展烟花爆竹安全管理联合执法的通知》，http://www.laoshan.gov.cn/n206250/n18207792/n18208200/n18208201/n18208203/190218104844132014.html，访问时间：2023年5月20日。
② 潘宇靖：《论我国食品安全监管法律制度的问题及其完善》，《江西广播电视大学学报》2020年第1期。

第三节　既有理论应用于渎职罪因果关系认定的困境

笔者在探讨因果关系的功能定位时,对将事实归因作为因果关系的终极功能而须运用客观归责理论解决结果归责问题的立场进行批判,亦对部分以解决结果归责问题为功能的几种因果关系学说的困境进行了阐述。除了前面所归纳的具有普遍性的问题之外,具体到渎职罪中因果关系的认定时,我国传统的必然偶然因果关系理论、条件说、客观归责理论和监督过失理论作为分析的理论框架,均存在一些具有特殊性的应用困境。

一、必然偶然因果关系理论的应用困境

运用我国传统的必然偶然因果关系理论来分析渎职罪因果关系,绕不开的问题是对于必然因果关系和偶然因果关系的探讨,进而将一个刑法学问题转化为一个哲学问题。就普遍意义上的因果关系认定而言,我国传统的必然偶然因果关系理论一方面导致判断的结果缺乏刑法规范的支撑,使因果关系判断成为一个完全建立在经验基础上的事实判断,以刑法规范为依据的价值判断有所缺位;另一方面则存在标准模糊不清的问题,发生的概率多大可以称为"必然"、多大可以称为"偶然"难以界定,使因果关系认定的结果很大程度上取决于裁判者的自由心证,而缺乏具有可操作性的统一标准。

就渎职罪的因果关系认定而言,判断危害结果是偶然发生还是必然发生,在一些情形下更是收效甚微。将必然因果关系和偶然因果关系全部纳入渎职罪因果关系的范畴,不具有合理性。有论者认为,如果渎职行为对渎职罪危害结果的发生具有决定性作用,也即渎职行为必然且合乎规律地产生渎职罪的危害结果,则渎职行为与危害结果之间存在必然因果关系;如果渎职行为对渎职罪危害结果的发生不具有决定性作用,不必然导致渎职罪危害结果的发生,但由于其他偶然因素的介入而导致渎职罪危害结果的发生,则渎职行为与危害结果之间存在偶然因果关系。论者进一步指出,在偶然因果关系存在的情况下,只要渎职行为对危害结果的出现具有较大影响,则行为人应当对危害结果承担责任,进而可以以渎职罪对行为人追究刑事

责任。① 然而,这种判断标准实际上会导致渎职罪因果关系的认定完全等同于事实因果关系的认定,且认定范围容易无限扩大。一方面,这一判断方法未涉及渎职行为与危害结果之间在法律上的因果关联,仅以经验法则进行事实因果关系的判断,难以实现因果关系的结果归责功能。另一方面,由于对渎职罪的查处通常都是危害结果实际发生之后才由果溯因地发现国家机关工作人员的渎职行为,这种情况下难以既排除必然因果关系的存在,又排除偶然因果关系的存在。在认定存在偶然因果关系的情况下,何种程度属于渎职行为对危害结果的出现影响较大,并无可操作性的判断标准。这便容易导致无论渎职行为对危害结果的出现具有决定性作用还是非决定性作用,无论是否存在介入因素,刑法意义上的因果关系都将被肯定。由于渎职罪的因果流程中普遍存在介入因素,这样的认定方法显然无法有效解决因果流程具有复杂性的渎职罪的因果关系认定问题。

将偶然因果关系从渎职罪因果关系的范畴内绝对排除,亦不具有合理性。如果将偶然因果关系完全排除,那么对于导论部分所提到的"杨周武玩忽职守、徇私枉法、受贿案"这类存在介入因素的渎职案件而言,因果关系的认定又陷入了另一种困境。在这一案件中,44人死亡、64人受伤的严重后果发生的直接原因是舞王俱乐部舞台上燃放烟火引发火灾,事发时俱乐部内有数百人正在喝酒和观看歌舞表演,起火后现场人员逃出时约10米长的狭窄过道十分拥挤。② 间接一层的原因,是舞王俱乐部没有依照《中华人民共和国消防法》以及公安部于1996年10月16日颁布的《建筑工程消防监督审核管理规定》③等规定要求取得消防验收许可,未通过申报开业前消防安全检查,擅自开业,违法经营,营业期间不落实安全管理制度和措施。更为间接的原因则是被告人杨周武在采集信息建档、日常检查、龙岗区"扫雷"行动和广东省公安厅组织开展"百日信息会战"等过程中,作为对辖区内的娱乐场所负有监督管理职责的派出所所长,明知舞王俱乐部无证无照经营且存在众多消防和治安隐患,却严重不负责任地未采取相应的处理措施,不认真履行职责,导致本应停业整顿或被取缔的舞王俱乐部持续违法经营。杨周武渎职行为的存在并不必然导致百余人死伤这一严重后果的发生,也即两者之间并不存在必然的因果关系,只是前者具有导致后者发生的危险

---

① 缪树权:《渎职、侵权案件重点、难点问题的司法适用》,中国法制出版社,2006,第30—32页。

② 《深圳歌舞厅火灾43死 事发时数百人正喝酒看表演(图)》,http://news.ifeng.com/society/1/200809/0921_343_795524.shtml,访问时间:2023年5月20日。

③ 《建筑工程消防监督审核管理规定》已于2009年5月1日废止,本案发生时该文件尚在施行中。

性。详言之,杨周武不认真履行监督管理职责时,如果被监督管理的对象在营业过程中主动排除消防隐患,避免在室内燃放烟火,是具有避免火灾发生的可能性的;如果被监督管理的对象能够合理设计消防通道,并在火灾发生时能够合理引导现场人员逃生,避免过多的人从过于狭窄的通道逃生,即使火灾发生也可能不会造成如此严重的人员伤亡;如果被监督管理的对象能够合理控制人员的规模,不使过多人员在狭小的空间内聚集,即使发生火灾也可能不会造成大规模的人员伤亡。如果以因果关系存在的必然与偶然作为判断这类案件因果关系有无的标准,无疑会使介入了监管对象行为的渎职案件中渎职行为与危害结果之间的因果关系被全部否定,这显然会不适当地缩小渎职罪的成立范围,有违渎职罪设置的立法初衷,不利于强化国家机关工作人员的责任意识。如果以前述论者所提出的以引入过错、意外事件理论以及引入和参照共同犯罪理论等方式解决因果关系认定的问题,则会造成理论上的极度混乱。引入过错、意外事件理论将导致因果关系成为客观和主观混合判断的产物,完全颠覆因果关系的体系性地位;引入和参照共同犯罪理论,则在我国刑法将共同犯罪的成立限于故意犯罪之中,而未规定共同过失犯罪的前提下,无法解决以主观过失为特征的玩忽职守型渎职罪因果关系认定的问题。

二、条件说的应用困境

以条件说来判断渎职罪中的因果关系,同样存在逻辑上的困境。从导论部分对于不同论者将条件说作为判断渎职罪因果关系的理论依据的观点可以看出,有的论者将因果关系的功能定位为判断责任归属的依据,而有的论者则仅将因果关系的功能定位为事实归因,需要结合客观归责理论才能最终得出客观方面责任归属的结论。由此可见,两种以条件说解决渎职罪中因果关系认定问题的理论存在本质上的差异。本书的第二章已经对因果关系的功能定位进行了较为深入的剖析,初步得出因果关系的应然功能定位为结果归责而非纯粹事实归因的结论。将因果关系的功能定位为结果归责,并以条件说作为判断渎职罪因果关系的理论框架,存在容易导致因果关系认定范围无限扩张,有违刑法的谦抑性原则。谦抑性原则是刑法用以避免过度限制公民自由而应当坚持的铁律①,其本质在于确定如何在国家与

---

① 马路瑶:《风险社会视阈下人类胚胎基因编辑的刑事立法立场》,《湖北社会科学》2019 年第 11 期。

国民之间实现适当分权,即如何确定应当在何种程度上介入社会生活,找到一个恰当的平衡点,使得国家与国民均能从中受益①。从刑法父爱主义的角度出发,只有为了增进公民的自由而且在客观效果上更大范围内增进了公民自由,那么在某个特定场景下以限制自由的方式保护秩序价值,才是具有正义性的。如果仅仅为了某种行政管理效率的提高和秩序的维护而扩大犯罪圈,而不以从根本上保障更大范围内社会公众的根本自由和利益作为出发点,那么这样的强化秩序价值并非真正意义上的强化安全保障机能,因而只会导致刑法成为一种恣意侵犯公民自由的统治工具。渎职罪因果关系认定的一个难点在于"多因一果"的普遍存在。在导致危害结果发生的原因中存在多种形式的职权行为时,以条件说来判断渎职罪中的因果关系,往往容易导致对于危害结果发生具有作用力的一切超越职权、不认真行使职权、放弃职权等形式的失职行为,都成为对于危害结果的具有刑法意义的原因。事实上,一些关联性很小的失职行为,本可以通过行政管理制度、党规党纪等刑法以外的制度予以规范和处罚,如果动辄对行为人定罪处罚,以刑法取代行政管理制度和党规党纪,则与刑法的谦抑性原则相抵牾,不适当地扩大了犯罪圈。

三、客观归责理论的应用困境

运用客观归责理论对渎职罪中的因果关系问题进行分析,则存在概念上含混不清的问题。在该理论的立场下,客观归责的判断前提是以条件说确立的因果关系,其不能包含因果关系的判断,更不能对因果关系的判断予以取代。② 如果将因果关系与客观归责作为不同层面的问题进行看待,在司法实务的操作中极容易出现重复判断的问题,不利于司法的便捷高效。导论部分所举的"王良玩忽职守案"中一审判决的裁判理由便集中暴露了这一问题。该案二审刑事裁定书中记载的一审判决的主要理由,表明司法实践中如果运用因果关系理论和客观归责理论分别对因果关系问题和客观归责问题进行判断,容易导致两者的判断含混不清。法院首先对本案中的客观归责问题进行考查,认为据《海南省查处违法建筑》第一条的规定可知,"查处违法建筑的目的是加强城乡规划管理,这既是该法的立法目的,同时也是城管在查处违法建筑时所需要保护的法的利益,如果城管不履职或者

① 卢建平、刘传稿:《法治语境下犯罪化的未来趋势》,《政治与法律》2017年第4期。
② 陈兴良:《客观归责的体系性地位》,《法学研究》2009年第6期。

不正确履职,可能导致该规范所保护的利益落空,即违法建筑未能得到有效控制。因此,城管的职责是打击违法建筑,建设单位、施工单位的注意义务是按照城乡规划法的要求报建、施工,城管的监督责任和建设单位、施工单位的注意义务在内容上是一致的。如果城管不履行或者不正确履职,从而发生违法建筑,二者便具有了法律上的因果关系。至于违法建筑在施工过程发生坍塌,因为安全施工并不是注意规范(查处违法建筑)的保护目的(加强城乡规划管理)所包含的结果,防止坍塌事故发生属于建设单位、施工单位等其他责任主体的责任范畴。本案中王良不正确履行职责,制造并实现了不被允许的危险,致使城乡规划法所保护的利益落空,此即为王良制造的不被允许的危险所实现的结果,至于建筑物坍塌造成人身伤亡的结果,因为防止该结果发生属于他人的责任领域,不能将结果归责于王良"。接着,法院对因果关系进行了分析,认为"因果关系是实行行为与法益侵害结果之间的关系。行为本身是否具有造成法益侵害结果的危险性,是对实行行为的判断,原则上不应当作为因果关系的判断。如果行为本身不具有法益侵害的危险,就不是实行行为,其与结果之间的关系就不是刑法上的因果关系。本案存在两个行为,即被告人王良不正确履行职责的行为,以及相关人员违法施工的行为;存在两个结果,即涉案仓库违法施工的结果以及发生坍塌造成人员伤亡的结果。王良不正确履行职责的行为与违法施工的结果具有因果关系,但是该行为本身并未具有造成人身伤亡的危险,建筑物发生坍塌造成人员伤亡的实行行为并非王良不正确履行职责的行为,而是建设单位、施工单位等其他责任主体的行为。王良不正确履行职责的行为与造成人身伤亡的结果不具有刑法上的因果关系"。[①] 笔者认为,本案二审刑事裁定书中记载的一审判决理由体现了一审法官对于因果关系理论与客观归责理论之间的关系存在理解偏差:一方面,根据客观归责理论的思路,因果关系与客观归责之间存在递进关系,前者判断事实问题,后者判断规范问题,但是一审法官却将客观归责问题的判断结果落脚到判断法律上因果关系的有无,此处的因果关系显然与客观归责理论语境下的因果关系不具有同一性。另一方面,从一审法官对于客观归责与因果关系的分析可以看出,虽然一审法官将之拆分为两部分进行论述,但实际上解决的都是相同的问题,即实行行为所创设的危险是否在危害结果中实现,或者可以表述为,危害结果所实现的危险是否由实行行为创造。尽管笔者认同一审法官最终得出的王良不认

---

① 海南省海口市中级人民法院(2018)琼01刑终540号刑事裁定书。

真履行职务的行为与人员伤亡的结果之间不存在刑法上的因果关系之结论,但是一审法官将同一问题在形式上拆分为两个问题进行判断,无疑是不经济的,徒劳地增加了一个判断环节。事实上,作为客观归责理论坚定支持者的部分学者同样坦言,将对于条件关系的事实判断与对于客观归责的规范判断结合在一起一并考量,是我国司法实务的一个特色;这与德国法院在对结果原因进行相对明确的经验判断的基础上再对结果归属进行规范判断的方法相比,存在巨大差异。① 那么将这种严格区分事实归因与结果归责的客观归责理论强行引入我国司法实践,能否真正落地生根,不无疑问。

除了体系性上的问题之外,客观归责理论中具体的归责原则能否在以结果归责为目的的渎职罪的因果关系判断中应用,并非没有疑问。客观归责理论以罗克辛教授所建立的理论模型为代表,其理论具有广泛的影响力。罗克辛教授指出,归责于客观行为构成,是根据两个相互依靠的原则来实现:第一原则是,行为人造成的结果,只有行为人的行为通过可容许的风险对行为的客体造成了不可容忍的危险,并在具体的结果中得以实现的情况下,才可以归责于客观的行为。因此,当风险降低时,责任被排除;当风险没有产生时,责任被排除;行为人只是改变了自然因果关系而总体上不使受害人的状态恶化,责任被排除在允许风险中。第二个原则是,当结果表现为行为人所造成的危险的实现时,通常这种结果是有责任的,因此客观行为构成是满足的。例外情况是,当行为的范围不包括这种危险及其影响的阻碍时,影响可以被消除。因此,当危险未实现时,当不允许的风险未实现时,当后果不符合谨慎规范的保护目的时,应排除责任。② 由此可见,客观归责理论对客观责任归属的判断分为两部分,一是行为人创设了法所不允许的风险,二是行为人所创设的风险在结果中实现。然而,客观归责理论两个原则项下的部分具体规则在运用于渎职罪因果关系认定的时候,却存在疑问,笔者认为其症结在于较为简单的规则难以有效解决复杂问题。

一方面,风险升高归责原则适用于不作为型渎职案件中因果关系的认定有所不当。依照罗克辛教授的风险升高归责原则,如果行为人从一开始就采取减小对被害人已经存在的危险,也就是以改变行为客体状况的方式,对因果流程进行修改时,就不能认为行为人创设了风险,进而排除其行为的可归责性;如果行为人虽然没有减少法益损害的风险,但是也没有通过法律

---

① 周光权:《客观归责论与实务上的规范判断》,《国家检察官学院学报》2020年第1期。
② 罗克辛:《德国刑法学总论(第1卷)》,王世洲译,法律出版社,2005,第230—281页。

上值得关注的方式提高这个风险的时候,应当排除其行为的可归责性;如果行为人仅仅对一种自然因果性进行修改,而没有增大损害或者导致损害发生的时间提前,亦应当排除其行为的可归责性。[①] 风险升高归责原则被沃尔夫冈·弗里希(Wolfgang Frisch)教授概括为"于降低风险时未满足要件",其最明显的情形是共同因果性地参与特定结果发生者不但没有使结果发生的风险升高,甚至反而降低了结果发生的风险。与罗克辛教授的立场相类似,弗里希教授也认为对于这类行为人降低风险的案例,最终仍然发生或者以较轻微程度发生的损害不能归责于那个降低风险或者设法减轻利益损害的人。[②] 但是,对于渎职罪而言,作为国家机关工作人员的行为人在很多情形下并不是以积极作为的方式创设风险或者使原本存在的风险升高,而是职责要求其降低风险而未能通过履职的方式将风险降低,进而没有有效阻止危害结果的发生。以玩忽职守罪为代表的渎职罪,便是以未能有效阻止风险升高而导致危害结果发生的。玩忽职守罪是在对刑法典草案第22稿进行修订的过程中,根据当时参加全国政法工作会议的代表所提意见增订的。不少省、市的代表在讨论时提出:粮食、商业、物资保管部门的一些工作人员,由于严重不负责任,使经管的大批粮食和其他市场上比较缺乏的商品霉烂、变质,造成国家很大的损失。对这些责任者应当考虑追究刑事责任。修订中大家认为,不仅上述部门有这个问题,其他部门也有,因而在条文的犯罪主体的规定上不在部门上加以限制。[③] 由此,玩忽职守罪出现在了1979年颁布的刑法典中。在1997年刑法中,玩忽职守罪得以继续保留,并且增加了更多针对特殊主体的玩忽职守型渎职罪。由以上立法背景可以看出在玩忽职守型渎职罪中,行为人并没有积极地以作为的方式使风险升高,并推动风险转化为实害结果,而是由于严重不负责任,应当履行职务阻止危害结果发生而因为主观上的疏忽大意或者过于自信而没有履行职务或者没有认真履行职务,没有阻止原本存在的风险转化为实害结果。在这种情况下,行为人完全有可能有过设法降低风险而未能完全遏制住风险向实害结果的转化,也可能只是任由已经存在的风险转化为了实害结果。这两种情形都难以评价为行为人的渎职行为使得风险升高,那么风险升高归责原则便难以解决玩忽职守型渎职罪中的因果关系问题。

---

① 罗克辛:《德国刑法学总论(第1卷)》,王世洲译,法律出版社,2005,第247—251页。
② 弗里希:《客观结果归责理论的发展、基本路线与悬而未决的问题》,恽纯良译,载赵秉志、宋英辉主编《当代德国刑事法研究》,法律出版社,2017。
③ 高铭暄:《中华人民共和国刑法的孕育诞生和发展完善》,北京大学出版社,2012,第160页。

　　另一方面,他人责任范围排除归责不宜完全适用于介入被监管者行为的渎职案件中因果关系的认定。罗克辛教授认为,行为构成的保护目的,不包括那种处于他人责任范围之内加以防止的结果,并指出这种在他人责任范围内排除对行为人归责的原因,在于确定的职业承担者在自己的职权范围之内负有消除和监督危险的渊源的责任,且在某种程度上外界不应该对此干涉。① 乌尔斯·金德霍伊泽尔教授将风险创设引发责任这一条件下第三人的干预能否排除归责的问题归结为三种情形,一是第三者决定性地操控着风险,二是已经有第一个风险时第三人再进一步创设出风险,三是救助者清除由行为人所创设的风险。就第一种情形,金德霍伊泽尔教授指出回溯禁止学说的前提不符合事理,认为如果某人作出了具有损害性的举止,别人也犯下了不法,在这种情况下,如果允许前者援引后者的犯行来为自己开脱,那么这就破坏了刑法规范对被害人的保护。第二种情形与第一种情形的区别在于第三人系在第一行为人已经引发结果的情况下,再促成进一步的结果。就第二种情形而言,金德霍伊泽尔教授同样认为,第一行为人的责任只是取决于他在多大程度上预见到后来进一步的事实发生(主观罪过形态为故意时),或者在多大程度上能够和必须预见到这种状况(主观罪过形态为过失时)。就第三种情形而言,金德霍伊泽尔教授所赞同的立场是鉴于救助措施必要性的考虑,如果救助者的自危是理智的,那么救助者所遭受的伤害对于行为人而言就是可归属的,理由在于谁创设了一个风险,谁就要为该风险不实现于结果而答责。行为人创设了一个风险领域,在这个风险领域中进行活动的救助者是在履行本来要由行为人履行的义务,因此行为人要为采取了适当而必要措施的救助者所遭受到的结果承担责任。② 由上述客观归责理论提倡者的不同观点可知,对于何种情形属于他人责任领域而应排除对行为人的归责的范围并未达成共识,容易造成适用上标准选择的混乱:金德霍伊泽尔教授所主张的他人责任领域排除行为人客观责任归属的条件相较罗克辛教授更为严格,相应地,排除客观归责的范围更加狭窄。除此之外,上述观点中对于他人责任领域排除行为人客观责任归属情形的考量,并未涉及行为人有对第三人负有监督管理职责的情况,也即未涉及行为人因未有效履行监督管理职责而导致被监管者实施不法行为而致使危害结果发生情况。在这种情况下,能否因为被监管者本身对危害结果具有可

---

① 罗克辛:《德国刑法学总论(第 1 卷)》,王世洲译,法律出版社,2005,第 271 页。
② 金德霍伊泽尔:《刑法总论教科书(第 6 版)》,蔡桂生译,北京大学出版社,2015,第 107—114 页。

归责性,也即能否因为属于被监管者的责任领域而排除对监管者疏于监管行为的归责,则不在这一理论的讨论范围之内。因此,客观归责理论用于解决介入了被监管者行为的渎职案件中的因果关系问题,显然有所不足。

究其原因,笔者认为这与我国刑法与德国刑法在渎职罪的规定上存在差异息息相关。《德国刑法典》中与渎职犯罪有关的条文,出现在分则第三十章涉及公务之犯罪中,主要包括第三百三十九条枉法裁处罪,第三百四十条公务伤害罪,第三百四十三条强胁取供罪,第三百四十四条滥权追诉罪,第三百四十五条违法行刑罪,第三百四十八条公务登载不实罪,第三百五十二条超征费用罪,第三百五十三条超收款项、克扣给付,第三百五十三(a)条外交事务背信罪,第三百五十三(b)条妨害公务秘密与特别保密义务罪,第三百五十三(d)条法院审理公开禁止,第三百五十五条妨害税务秘密罪,第三百五十六条对当事人之背任罪,第三百五十七条诱导下级公务员犯罪。[①]从这些罪名可以看出,德国刑法中的渎职犯罪,多为行为人通过故意不当行使职权直接对公民的合法权益或者国家利益造成损害,只有第三百五十七条第(二)项规定了对于公务员负有监督或控管关于其他公务员职务事项职责,且其他公务员所为之违法行为属于监督或控管事项的情形下的刑法适用问题。而我国刑法中,行为人因监督管理职责未履行或者未认真履行而构成渎职罪的,监督管理对象并不限于其他公务员,同时也包括公民、法人、非法人组织等私权利主体。概言之,立法的差异成为客观归责理论无法直接用于解决我国渎职罪因果关系认定问题的重要原因。

由此可见,将流行于德国和我国台湾地区等国家和地区刑法学界的客观归责理论直接用于解决我国刑法语境下渎职罪因果关系认定的问题,既存在体系上的困境,也存在具体判断规则上的"水土不服",因而客观归责理论并不是解决渎职罪因果关系认定问题的妥善方案。

四、监督过失理论的应用困境

起源于日本的监督过失理论作为一种过失认定的方法,与日本刑法过失理论中的新过失论下的危惧感说在本质上具有相同性,其主要作用在于解决重大灾难事故中领导者的刑事责任问题,避免出现"地位越高,离现场

---

① 《德国刑法典》,何赖杰、林钰雄审译,李圣杰、潘怡宏编译,王士帆等译,台北元照出版有限公司,2017,第427—446页。

越远,越没有责任"这样的极度不合理现象。① 对于结果的发生,数人的过失并存的情况被称为过失竞合。刑法上判断过失时,不承认民法上非法行为中的过失相抵的观念,但在过失竞合的情况下,一方的过失会对另一方的过失产生一定的影响。例如,火灾中酒店经营者的过失和现场员工的过失存在过失的竞合,过失竞合的行为人之间的业务具有其他社会生活上的关系,即监督者—被监督者的上下关系、主从关系。在这种情况下,监督者的过失被定位为对于被监督者的过失行为没有尽到监督义务。这种监督者所存在的过失,通常被称为监督过失或监督责任。监督过失的注意义务的特色在于,其存在以监督者对由于自己的行为引起被监督者的过失行为产生犯罪结果具有可预见性为前提。例如,在宾馆火灾引起的死伤事故的情况下,除了对死伤结果以外,必须能够对与此相关联的火灾的发生以及当时职员的不恰当的行动等结果的因果经过进行预见。监督过失也有信赖原则的适用余地,但是监督者对于被监督者具有高度的注意义务,在这一立场上,信赖原则的适用自然而然存在一定的制约。② 与之相类似的是信赖原则在组织上的过失认定中的适用。信赖原则主要在道路交通事故领域其意义得到认可,但企业活动、医疗等由团队执行危险的职责时,其职责相关人员共同分担工作,相互信赖每个人能够采取适当的措施防止结果发生具有相当性的情况下,这一原则也有适用的可能。但是,出于工作的性质、职责分工的确立程度、职责分工的专业能力等方面的考虑,实际上信赖他人的适当行为通常是不合适的。可以说,信赖原则在其他领域的适用范围并不广泛。③ 由于渎职犯罪的一种重要表现形式是负有监督管理职责的行为人未能履行好职责,导致被监督管理者在缺乏有效监管的情况下实施了某种不法行为,进而导致危害结果出现,与监督过失理论的适用前提具有相似性,我国刑法学界出现了借助监督过失理论解决渎职罪因果关系认定问题的观点。然而,这一借用却存在严重的不足。

第一点不足,在于混淆了因果关系和监督过失在犯罪论体系中的地位。监督过失理论本属于判断具有监督职责者在主观层面是否应当归责的一种理论,但被一些学者借鉴过来作为判断客观层面因果关系的方法,这体现了对因果关系和监督过失体系性地位的混淆,将客观与主观混为一谈。事实

---

① 潘星丞:《论食品安全监管的刑事责任——监督过失理论的借鉴及"本土化"运用》,《华南师范大学学报(社会科学版)》2010 年第 3 期。

② 曾根威彦:《刑法総論》,弘文堂,2008,第 178—179 页。

③ 曾根威彦:《刑法総論》,弘文堂,2008,第 176 页。

上,从实务中的处理来看,法官并不会把国家机关工作人员履行监督职责时主观上存在过失作为判断监督失职行为与危害结果之间因果关系的依据,而是能够将两者区分开来。例如,在"刘明等玩忽职守案"一审判决书的裁判说理中,在客观方面因果关系的判断问题上,法院所强调的是未切实履行监督职责的行为对于结果发生的原因力的有无和大小,而否定了缺乏直接因果关系时排除因果关系的立场,"三被告人违反职责导致的后果是其管辖的华港燃气公司发生了责任事故,并非辩护人辩称的2016年6月3日安兴大街爆燃事故本身,三被告人不是爆燃事故的直接责任主体,其玩忽职守的行为当然和该起事故没有直接的因果关系,但正是三被告人没有切实履行监督检查职责,致使存在安全隐患、本该停业整顿的华港燃气公司正常运营最终发生了该起责任事故,辩护人对三被告人行为导致的后果指向有误,故对辩护人辩称的三被告人的行为与后果没有直接因果关系的意见不予采纳。三被告人负有监管职责而没有认真履行职责,其玩忽职守的行为对危害结果的发生具有原因力,与危害结果具有刑法意义上的因果关系。考虑该起责任事故的原因是多方面的,三被告人应当在其职责范围内承担应有的法律责任"。在主观方面的判断上,法院则指出,"三被告人主观方面表现为监督过失,应当监督直接责任者却马虎草率、粗心大意,并没有实际有效监督,应当确立安全监督制度而未确立,对三被告人及辩护人辩称的严格按照规定进行监督检查的辩护意见不予支持"①。由此可见,实务中即使涉及监督过失问题,也会将客观方面的监督失职行为和主观方面的监督过失区分开来,如果将监督过失这一主观方面的问题引入对客观方面问题的判断中,反而会使本来明确的问题重新陷入混乱。

第二点不足,在于并非所有的渎职罪均存在行为主体的监督过失,因而用监督过失理论来判断渎职行为与危害结果之间的因果关系,并不具有周延性。一方面,渎职罪的主观罪过形态既包括故意,也包括过失,因而对于滥用职权型渎职罪和徇私舞弊型渎职罪等主观方面要求故意的渎职罪而言,并不具有监督过失的存在空间。即使在这些以主观故意为必要的渎职案件中存在行为人行使监督管理职权不当的情形,也不能将之等同于监督过失。例如,在"王勇滥用职权、受贿、陈海英行贿案"中,被告人王勇在担任灵石县公安局交警大队副大队长期间,接受被告人陈海英等人请托,利用审批非现场处罚免记分的职权,违反非现场处罚免记分的规定,办理违章记录

---

① 河北省安国市人民法院(2017)冀0683刑初2号刑事判决书。

2万余条,严重损害了公安机关的形象,造成恶劣社会影响,侵犯了国家机关的正常活动,法院由此认定王勇构成滥用职权罪。① 在这一案件中,王勇依照灵石县公安局交警大队《关于车辆所有(管理)人申请免记分处理的规定》所规定的职权审批非现场处罚免记分申请,其对于提出申请的车辆所有人或管理人具有监督管理职权,职权行使的应然结果是使具备免记分情形的申请者免于接受被记分的行政处罚、不具备免记分情形的申请者接受相应的行政处罚。王勇在接受请托违规行使审批职权时,对于本案所发生的违章记录被错误处理这一直接结果的发生具有直接故意,对于公安机关形象受损和造成恶劣社会影响等间接结果的发生具有间接故意,因而其主观上并非出于过失,以监督过失理论对其滥用职权行为与危害结果之间因果关系的存在与否进行判断,显然不妥。另一方面,对于以过失为主观构成要件要素的渎职罪而言,过失并不必然表现为监督过失。例如,对于《刑法》第四百零六条所规定的国家机关工作人员签订、履行合同失职被骗罪而言,国家机关工作人员构成本罪在主观罪过形态上以过失为必要,但是其所代表的国家机关与实施诈骗行为的合同相对人之间并不存在监督管理关系,两者之间是一种平等民事主体的关系。因此,对于该罪而言,尽管过失是其主观构成要件要素,但是这种过失并非一种监督过失,以监督过失理论判断国家机关工作人员失职被骗的行为与国家因此遭受的经济损失之间是否存在因果关系并不可取。由此可见,监督过失并不能囊括渎职罪的所有情形,以监督过失理论来对渎职罪中的因果关系进行判断,显然不具有普适性。

第三点不足,在于对信赖原则的适用前提把握失当。信赖原则一般适用于公共交通运输领域,在此情境下,当行为人开车遵守规则的时候,其能够合理地相信其他参与公共交通运输的人也在遵守规则,而所有人都遵守规则时,事故则不会发生;此外,信赖原则也适用于其他生活领域,如医生在做手术时有权利假设其他医护人员都会按照医疗规则行事。② 从前文对于监督过失和组织上的过失中信赖原则的适用范围的介绍可知,存在监督者—被监督者关系的案件中,以信赖原则来排除监督者的主观过失的情况罕见,究其原因在于监督者所具有的注意义务,高于普通的团队业务分担模式下业务相关人员对团队其他成员的注意义务。然而,我国的部分研究者却在渎职罪因果关系认定中借用监督过失理论时,片面地强调信赖原则的

① 山西省太原市迎泽区人民法院(2015)迎刑初字第 653 号刑事判决书。
② 贾宇主编:《刑法学(上册·总论)》,高等教育出版社,2019,第 178—179 页。

适用。这显然对监督过失理论中信赖原则的适用前提存在误解,不当地扩大了信赖原则的适用范围。有论者运用监督过失理论分析食品监管渎职罪中的免责事由时,找到了两条切断监督者失职行为与危害结果之间因果关系的路径,一是被监督者实施故意犯罪,二是可信赖的被监督人采取不适当的行动。后者体现了对信赖原则的强调,理由则是危险分担法理,即随着社会的不断发展,危险行为的出现愈发普遍,法律需要对一个行为带来的收益与其给人造成生命、财产等方面损害的现实危险进行比较,从而在对行为与结果之间因果关系进行再划分的基础上,对刑事责任进行再划分。① 然而,该论者片面地强调信赖原则,却忽略了在国家机关工作人员对特定主体具有监督管理职责时,国家机关工作人员本身具有预防和制止被监督者实施特定领域内的违法行为的高度注意义务,信赖原则并不具备适用前提。以行政机关所承担的行政任务为例,众所周知,以维护社会秩序和国家安全、排除对公众和社会的危害为目的的秩序行政,是最为传统和典型的行政类型。② 在我国,秩序行政具有深厚的宪法基础。③ 从《宪法》的相关规定可以看出,《宪法》并未作出个人和组织能够在没有任何国家强制力约束的前提下自觉自愿地遵守法律法规、维护社会经济和公共秩序的前提假设,而是将国家公权力作为预防和制止个人和组织扰乱社会经济和公共秩序的一道重要防线。事实上,正如休谟在谈及政府的起源时所说,“人类在很大程度上是被利益所支配,并且甚至当他们把关切扩展到自身以外时,也不会扩展得很远”;但是,与此同时,“人类若非借着普遍而不变地遵守正义规则,便不能那样有效地达到这种利益,因为他们只有借这些规则才能保存社会,才能不至于堕入人们通常所谓的自然状态的那种可怜的野蛮状态中”。④ 政府或者说国家便是保障正义规则被普遍遵守和监督人们不为了自己的利益而损害他人利益的力量,拥有监督管理职责的国家机关工作人员便是将这种力量具体化的人。如果在渎职案件中,以信赖原则来排除监督失职行为与危害结果之间的因果关系,进而排除国家机关工作人员的刑事责任,显然与《宪法》对个人和组织遵守法律而不扰乱秩序需要国家来保障的前提假设相违背,亦忽视了人的逐利本性,因而这样的结论经不起推敲。

---

① 李腾:《论监督过失理论在食品监管渎职罪中的适用》,《铁道警察学院学报》2016 年第 5 期。

② 宋华琳:《中国行政法学总论的体系化及其改革》,《四川大学学报(哲学社会科学版)》2019 年第 5 期。

③ 《宪法》第十五条第三款规定了“国家依法禁止任何组织或者个人扰乱社会经济秩序”,第二十八条规定了“国家维护社会秩序”,第五十三条则要求公民必须“遵守公共秩序”。

④ 休谟:《人性论》,关文运译,商务印书馆,2016,第 570 页。

　　由上分析可以看出，将监督过失理论用于渎职罪因果关系的认定，存在着体系上的混乱、不具有周延性和对适用前提有所忽视的问题，实非合理选择。

第四节　应然选择:以危险的现实化说为基础的分析路径

指出渎职罪因果关系认定相关的既有理论成果存在的适用困境并非研究的终极目标,找到渎职罪因果关系认定的最优路径,并能够切实解决司法实践中实际存在的问题,是本书研究的应然定位。概言之,"破"只是过程,"立"才是目的。相比之下,危险的现实化说在解决渎职罪因果关系认定的问题时具有比较优势,宜作为分析的基本框架。但是任何理论都不是完美无缺的,在以危险的现实化说为基础搭建的理论框架之下,我们也应该吸收借鉴其他因果关系理论中有价值的部分,以更好地解决渎职罪因果关系认定中复杂多样的问题。

一、危险的现实化说在渎职罪因果关系认定中的应用优势

危险的现实化说是日本判例中关于因果关系问题的主流立场,并为日本刑法学界许多学者所推崇,体现了这一学说具有较高理论和实践价值。笔者之所以主张将这一理论借鉴过来,用于我国的渎职罪因果关系认定,是危险的现实化说具有以下几个应用优势。

第一,危险的现实化说强调刑法规范在因果关系判断中的作用,对于渎职罪这类行政犯中的因果关系判断而言,这一导向具有重要意义。我国刑法将渎职罪规定在《刑法》分则第九章中,其中,第三百九十七条所规定的是普通的滥用职权罪和玩忽职守罪,第三百九十八条至第四百一十九条规定的则是特殊的滥用职权罪和玩忽职守罪。在法律条文的表述上,后者的特殊性或者表现为职权范围和行为方式的特殊性,如第四百零六条规定的国家机关工作人员签订、履行合同失职被骗罪,该罪中行为人所履行的职权被限定在签订、履行合同的范围内,行为方式则限于履职过程中因严重不负责任被诈骗;或者表现为行为主体的特殊性,如第四百零八条规定的环境监管失职罪,该罪的行为主体限于负有环境保护监督管理职责的国家机关工作人员,属于国家机关工作人员中特殊的一类。但笔者认为,这两种表述的不同都有一个相同的本质,那就是其都为特殊的滥用职权罪和玩忽职守罪的职权范围划定了一个较为清晰的界限。无论对于普通的滥用职权罪和玩忽

职守罪,还是对于特殊的滥用职权罪和玩忽职守罪,认定行为人职权行为与危害结果之间因果关系的前提,都是对行为人未能履行好的职权以及法律赋予其特定职权的规范保护目的进行准确判断,而判断的基础则是刑法规范和前置性法规范对于行为人职权的界定。由此可见,在渎职罪因果关系认定的过程中,刑法规范及其背后的前置性法规范应当发挥标尺性的作用。

例如,在"包头居民楼爆炸案"中,对被以玩忽职守罪追究刑事责任的四位民警是否具有追究刑事责任的客观基础进行判断时,判断负有查禁危险爆炸物品工作职责的四位民警未能及时发现并查处违法犯罪分子在其辖区内私藏非法制造的爆炸物品行为与爆炸案发生并造成严重后果之间是否具有刑法意义上的因果关系是解决问题的关键。本案中所涉及的爆炸案系有人在沟门镇北只图村向阳小区5号楼19号车库非法存储硝胺类爆炸物自燃引起,导致5号楼二单元全部垮塌,造成5人死亡、25人受伤。检方肯定了民警作为负有查禁危险爆炸物品工作职责的国家机关工作人员,未能及时发现并查处违法犯罪分子在其辖区内私藏非法制造的爆炸物品行为的不作为与本案的严重危害结果之间存在刑法意义上的因果关系;民警一方则认为公安机关的法定职责和上级文件的指定职责均未规定民警能够随便对辖区内合法居民的车库、住所进行挨家挨户地排查,本案中犯罪分子在他人车库秘密存放炸药的行为只实施了一次,从客观上讲,若无人发现并举报,民警能够主动发现的概率很低。[①] 能否认定四位民警的不作为与爆炸导致的严重危害结果之间存在刑法上的因果关系,应当从刑法规范及其背后的前置性法规范入手进行分析。2014年7月29日修正后的《民用爆炸物品安全管理条例》是现行有效的民用爆炸物品安全管理领域的行为规范。由该条例第四条第二款的规定可知,公安机关确有民用爆炸物公共安全管理职责;由该条例第四条第四款的规定可知,公安机关与国防工业主管部门、工商行政管理部门,负有按照职责分工组织查处非法生产、销售、购买、储存、运输、邮寄、使用民用爆炸物品行为的职责。[②] 不过,该条例并未对公安机关应当以何种方式行使民用爆炸物公共安全管理职权进行具体规定,因而对于本案中四位涉案民警的行为是否属于刑法意义上的玩忽职守行为,还

---

① 梁波:《包头居民楼爆炸案两年后五位公职人员被追刑责 四人辩称无罪系"背锅"?》,http://www.thecover.cn/news/2222623,访问时间:2023年5月20日。

② 《民用爆炸物品安全管理条例》第四条第二款规定:"公安机关负责民用爆炸物品公共安全管理和民用爆炸物品购买、运输、爆破作业的安全监督管理,监控民用爆炸物品流向。"第四条第四款规定:"国防科技工业主管部门、公安机关、工商行政管理部门按照职责分工,负责组织查处非法生产、销售、购买、储存、运输、邮寄、使用民用爆炸物品的行为。"

应结合当地关于民用爆炸物安全管理职权行使的具体要求、警力资源的现实状况以及储存爆炸物的地点在通常情况下进行非法储存的可能性大小等来判断。本案中,当地的相关规范性文件未对民警应当以何种频率、针对何种地点进行民用爆炸物非法储存的排查进行规定,警力资源不足以要求民警对辖区内包括专门仓库、民用住宅和车库等在内的所有可能容纳爆炸物的地点进行排查。民用住宅和车库这类地点在通常情况下不会成为非法储存爆炸物的地点,在警力有限的情况下,出于执法效率的考虑,要求民警主动到这类地点上门排查爆炸物储存并不现实。因此,民警未能及时发现辖区内居民小区的车库中存在非法储存爆炸物情况,并不应该评价为刑法意义上的玩忽职守行为,进而不应认定这一不作为与严重危害结果之间存在刑法意义上的因果关系。从以上认定思路可以看出,对于作为行政犯的渎职罪的因果关系之认定,尤其需要强调刑法规范及其前置性法规范在判断过程中的标尺作用。

将渎职罪因果关系认定中应当以刑法规范为标尺的立场与危险的现实化说以刑法规范为因果关系判断标尺的导向相对照,我们可以看出,将危险的现实化说应用于渎职罪因果关系认定具有合理性。

第二,危险的现实化说将行为的危险实现在结果中,实现的过程分为直接实现危险类型和间接实现危险类型,这种类型化的研究对于渎职罪中因果关系的判断具有指导价值。在直接实现危险类型下,实行行为直接形成了导致结果发生的原因,构成要件结果由实行行为所创造的危险直接转化而成,因此在这一类型中,实行行为对结果的发生所起到的作用是决定性的。在直接实现危险类型的案件中,因果进程是否具有通常性、介入因素是否存在及属于何种性质等,对于因果关系的认定而言,没有特别重要的意义。根据因果流程中是否存在其他的干扰、影响因素,直接实现危险类型可以分为"没有介入因素干扰的直接实现"类型和"存在介入因素干扰的直接实现"类型,后者又可以分为"被害人因素的干扰不影响危险的直接实现"和"第三人因素的干扰不影响危险的直接实现"等情形。在间接实现危险类型下,构成要件结果系实行行为的危险经由其所诱发的介入因素转化而成,因此在这一类型中,实行行为的危险性中是否包含引发介入因素的危险(规范性问题)、介入因素的出现是否具有通常性(事实性问题)是需要被考虑的。由于介入因素存在差异,在介入被害人的行为、介入第三人的行为和介入行为人的行为等不同情形下是否能够评价为实行行为的危险间接地实现,还需依据各自的规则具体判断。① 可见,危险的现实化说将行为中包含的危险在结果中实现的方式进行了分类,分类的依据在于是否以实行行为以外的介入因素为媒介在结果中实现实行行为的危险。

反观渎职罪中渎职行为对危害结果的发生起作用的方式,同样可以分为直接作用和间接作用两种方式。在一些渎职案件特别是滥用职权类渎职案件中,行为人违反职责要求或超越职权的履职行为,对于公共财产、国家和人民利益所遭受的重大损失的发生起到了直接作用,成为具有关键性的原因力。例如,在"龙某某滥用职权案"中,被告人龙某某在任陆丰市人力资源和社会保障局劳动就业促进股股长并负责市职工档案托管中心主任期间,明知没有编制卡留存联不符合规定仍然违规办理,且为规避法律法规篡改时间,违规办理陆丰市财政局、陆丰市住房和城乡规划建设局招录、调入合同制工人审批手续 64 人,违反了国家招工录用制度,侵害了其他公民就业、工作的权利,侵犯了国家机关的威信,共造成国家经济损失 7375082.05元。② 在这一案件中,行为人违规行使招用、调动人员的审批权,在招用合同制工人呈批表中签署审批同意招工的意见并加盖公章,违规开具合同制工人介绍信和拨给职工工资通知,虽然不是拨付工资、发放补贴、代缴社会保障金与住房公积金的直接经办人,但是其违规行使审批权的滥用职权行为对于上述国家经济损失的造成却具有决定性的影响。究其原因,是用工单位的经办人员在收到行为人审批过的呈批表、合同制工人介绍信和拨给职工工资通知后,对公章、签字等进行形式审查后即应当拨款,而无须对审批是否违规进行实质审查。因此在本案中,龙某某的滥用职权行为对于危害结果的发生起到直接作用,故可以理解为滥用职权行为所包含的危险在结果中直接实现。而在一些渎职案件特别是玩忽职守类渎职案件中,渎职行为与危害结果之间因为介入了包括被监管者的行为、被害人的行为、其他人的行为以及其他职能部门的渎职行为等在内的情况,而更具有复杂性,此时渎职行为对于危害结果的发生起到间接作用。前文所引述的"黄映辉玩忽职守案"便是介入因素对于危害结果的发生具有重大影响的典例,在这类案件中,是否应当肯定渎职行为与由介入因素直接导致的危害结果之间的因果关系,则需要依靠具有可操作性的判断规则。

从这一对照可以看出,以危险的现实化说建立的直接实现危险类型与

① 孙运梁:《危险的现实化理论在我国的司法运用》,《国家检察官学院学报》2020 年第 1 期。
② 广东省汕尾市陆河县人民法院(2015)汕河法刑初字第 46 号刑事判决书。

间接实现危险类型的二分框架,能够与渎职罪中渎职行为对于危害结果发生的作用方式分类相对应。危险的现实化说所搭建的因果关系认定分类框架运用于渎职罪因果关系,能够将渎职罪中行为与结果之间因果关系的不同表现形式都容纳进来,具有体系上的周延性。

第三,危险的现实化说主张因果关系的判断过程中事实判断与规范判断一体进行,可以有效避免裁判者在认定因果关系时漫无边际地寻找作为客观事实的行为与结果,具有经济性。法律适用活动是一个复杂的思维过程,在这一过程中,为了体现司法思维具有正确性,需要发展一些理论模型,作为正确适用法律的必要工具。在刑法学中,德国学者所创造的刑法教义学,是一个以构成要件为中心的犯罪论体系。这便是一个产生了重大影响的理论模型。[①] 换言之,刑法教义学存在的终极意义并不在于实现刑法学界的知识增量,而在于能够为司法实践提供一种具有工具理性的理论模型,使裁判者能够更加合理而高效地进行法律适用。如果一个理论模型既不能让裁判者得出关于刑事案件定罪量刑问题的正确结论,也不能让其较容易地掌握判断要领并在运用的过程中少做"无用功",那么这样的理论模型显然不是最优选择。危险的现实化说主张在判断因果关系时事实判断与规范判断一体进行,以刑法规范对构成要件行为和构成要件结果先行裁剪,再将危险的创设结合从刑法规范中抽取出的结果回避义务等进行判断,最后再类型化地综合运用事实判断和规范判断的方法判断行为所包含的危险是否直接或者间接地在结果中实现。可见,危险的现实化说能够在判断的过程中将事实判断与规范判断紧密地结合在一起,最后得出一个能否对行为人在客观层面进行归责的结论,而不是如其他理论一般,先以一定的方式对事实层面的因果关系进行判断,再以此为基础对具有刑法意义的因果关系,或者以对事实发生的可能性大小的判断直接取代规范判断。相比之下,危险的现实化说的判断方法更加逻辑清晰而便捷高效,更能够体现助力司法的工具理性。

二、其他理论合理部分的吸收借鉴

危险的现实化说为我们研究渎职罪因果关系认定问题搭建了一个具有优越性的理论框架,但这并不意味着我们绝对拒绝其他理论合理部分的吸收;相反地,在危险的现实化说的理论框架之下,对其他理论有益成分的借

---

① 陈兴良:《教义刑法学》,中国人民大学出版社,2014,第 11 页。

鉴,可以更好地解决如何判断渎职行为所创造的危险、不同类型渎职案件中渎职行为的危险如何在结果中实现等问题。

一方面,客观归责理论中所强调的规范保护目的,可以为实行行为创造危险的判断提供借鉴。依照客观归责理论,如果某种举止方式按照其本质而不具备对由构成要件所保护的法益造成损坏的可能性,那么这种举止方式就不是适格的构成要件行为。也就是说,这种举止方式处于规范保护目的之外,而属于规范上没有危险的举止方式。^① 如果能将对规范保护目的的讨论引入危险的现实化说中,那么在判断一个行为是否蕴含着造成危害结果的危险时将有更加充分的依据。对实行行为与危害结果之间是否存在刑法意义上的因果关系的判断,应当在刑法规范范畴之内,而不应当在构成要件之外寻找实行行为或者危害结果。因此,构成要件以外的危害结果不应当作为因果关系评判中的"果"进行考量,如果发生了构成要件结果以外的其他类型的甚至更为严重的危害结果,显然应当排除行为人的危害行为与其之间的因果关系。换言之,某一危害结果可以被实行行为的规范风险和事实风险所涵盖时,才有可能成为犯罪构成要件意义上的危害结果,与实行行为之间才可能具有刑法上的因果关系。^② 将上述以规范保护目的为出发点的判断思路引入对实行行为创造危险这一步骤的判断,可以与山口厚教授在这一步骤中所强调的与刑法的犯罪预防作用紧密相关的结果回避义务相得益彰,成为方法论上的有益补充——结果回避义务的来源,须从规范保护目的上来寻找。

另一方面,对实行行为基于其本身的特点而对因果关系认定产生的影响,需要借助其他理论而实现。危险的现实化说缺少对实行行为本身所具有的特点的关照,而将阐述重点放在了判断介入因素存在时实行行为的危险在何种情形下可以在结果中实现。例如,如果实行行为属于不作为,危险的现实化说着眼于其特殊性而将其因果关系的认定标准予以特殊对待。作为犯与不作为犯因果关系的差异,正如学者林东茂教授所言:"在作为犯的世界里,有一个实在的因果关系。不作为犯的范畴里,欠缺这个实存的因果关系,没有一个经验上的条件作为归咎的基础。"^③在这种前提下,假设的因果关系说具有一定的参考价值。在德国,条件说作为司法判决中的通常操作,在运用时强调真实的发生过程与具体的结果之间的原因上的联系是唯

① 金德霍伊泽尔:《刑法总论教科书(第6版)》,蔡桂生译,北京大学出版社,2015,第100—101页。
② 叶良芳、马路瑶:《被害人职责行为介入对刑法因果关系的影响》,《人民检察》2017年第9期。
③ 林东茂:《刑法综览》,中国人民大学出版社,2009,第114页。

一的关键;相应地,追加一些其他可能出现的原因,认为它们可能也会具有导致结果出现的作用,进而排除行为人的行为与结果之间的因果关系,是不被允许的。[①] 不作为犯罪中不存在行为人积极造成结果发生的任何条件,行为人在实际过程中对结果没有做任何事。如果行为人确实采取了行动,没有人知道结果会是什么,它发生时的情况会是什么,而可能性是无限的。因此,"如果履行作为义务防止侵害法益的结果发生,结果就不至于发生"只是一个假设。有作为义务的行为人积极履行义务是否能够真正阻止结果的发生,只能在无限的可能性中寻找相对确定的可能性。[②] 从这个意义上讲,不作为犯的因果关系是一种假设的因果关系,与作为犯的因果关系存在差异。具体到渎职罪中,大量的案件是因为作为国家机关工作人员的行为人拥有某项职权而未积极履行,而没有阻止既有的危险转化为结果,具有不作为犯的特征。在运用危险的现实化说判断渎职罪中的因果关系时,应该充分吸收因果关系理论中针对不作为犯的特殊性而创设的特殊判断规则的有益部分,避免实行行为危险的现实化判断的片面性。

---

① 韦塞尔斯:《德国刑法总论》,李昌珂译,法律出版社,2008,第97—98页。
② 许玉秀:《主观与客观之间》,法律出版社,2008,第236页。

第四章　渎职罪因果关系认定的一般规则

危险的现实化说提供了一个具有比较优势的认定渎职罪因果关系的理论框架。但是,渎职罪定罪因果关系认定一般规则的建构,还应结合渎职罪的具体特征,吸收其他理论成果的有益成分,在危险的现实化说的"骨骼"之上填充"血肉",以更好地应对司法实践中更为具体化的现实需求。

第一节　逻辑起点:创造危险的实行行为的范围的划定

刑法意义上的因果关系,是存在于构成要件行为与危害结果之间的一种逻辑关系,因此进行因果关系认定不能剥离开作为构成要件的行为而孤立地进行。从案件查办过程来看,渎职案件大多从结果开始倒查责任。[①] 危害结果确定之后,刑事侦查工作的继续推进方向应当是朝着造成危害结果的原因方面进行,即先把造成危害结果的条件全部找出来,再结合刑法学中的因果关系理论,对作为原因的实行行为依法进行审查和确认。[②] 换言之,责任倒查的依据在于渎职行为与危害结果之间存在刑法意义上的因果关系,划定渎职罪实行行为可能成立的范围,这关系到责任倒查方向是否正确的问题。只有把不可能评价为渎职罪中实行行为的举动排除在外,才有可能正确地对因果关系和刑事责任的问题做出判断。从这个意义上来看,渎职罪中因果关系认定的逻辑起点是实行行为可能成立的范围的划定。

一、实行行为具有职权相关性

渎职罪适格主体的本质在于拥有和实际行使国家公务职权,也即其应当依法或者受委托行使国家管理的职能,因而其工作具有国家代表性和管

---

① 郭哲:《渎职侵权犯罪查办之困境及化解——基于中南某地区的实证研究》,《政法论丛》2017年第8期。

① 郭哲:《渎职侵权犯罪查办之困境及化解——基于中南某地区的实证研究》,《政法论丛》2017年第8期。

② 秦大苏:《渎职侵权犯罪侦查谋略与技巧》,中国检察出版社,2008,第13页。

理公共事务的法律特征。① 一个渎职罪适格主体所实施的行为如果构成渎职罪,首先这一行为必须具有职权相关性。申言之,无论以作为方式实施渎职行为的犯罪还是以不作为方式实施渎职行为的犯罪,无论渎职行为实施时行为人在主观上存在故意抑或过失,如果要将行为人的行为评价为渎职罪的实行行为,该行为必须与行为人所具有的某项职权具有相关性。

(一)职权的认定

滥用职权罪和玩忽职守罪是渎职罪中最具普遍适用性的两个罪名,其规定的行为方式具有普遍性。由《刑法》第三百九十七条的规定可知,渎职罪的表现形式主要有三类:第一类是滥用职权,第二类是玩忽职守,第三类是以徇私舞弊为动机而滥用职权或者玩忽职守。滥用职权,是指超越职权或者玩弄职权;玩忽职守,是指不履行或者不正确履行应当履行的职责;徇私舞弊,是指出于徇私动机不公正地履行职责。② 这三种表现形式实际上也是由司法工作人员、特定国家机关工作人员实施的渎职罪在内的特殊渎职罪的表现形式。三种渎职行为的表现形式,区分的标准在于主观方面的差异:滥用职权型渎职罪主观方面为故意,玩忽职守型渎职罪主观方面为过失,徇私舞弊型渎职罪主观方面要求具有徇私动机。在客观行为上,三者则共同表现为具有职权相关性,可能以作为的方式不法地行使职权,也可能以不作为的方式不履行或者不正确履行职责。对于国家机关及其工作人员而言,职权与职责具有一致性:拥有特定领域国家管理的权力,应当依法行使权力而不能滥用权力;拥有权力也意味着具有责任,如果不行使权力或者不正确行使权力而导致危害结果发生,也应当对该结果承担责任。

在判断行为人的行为是否属于不法行使职权、不履行职责或者不正确履行职责时,判断的第一步即找准行为人的职权。如果对某种犯罪的部分构成要件要素的描述或界定需要借助刑法之外的法律、行政法规等,那么这种刑法规范就属于空白刑法规范。③《刑法》分则第九章渎职罪下的条文,无疑都属于空白罪状,因为对于行为人“职权”“职守”“职责”的确定,均需要借助前置性法规范而进行。质言之,对于包括渎职罪在内的行政犯,刑法的解释应当在合规范性判断这一阶段回归到前置性法规范之中,在后续的合刑性判断

---

① 陈波、魏文荣:《职务犯罪查处中如何认定“职务、职权、职责”》,《人民检察》2016年第2期。

② 叶良芳:《刑法分论》,法律出版社,2017,第415页。

③ 叶良芳:《法秩序统一性视野下“违反国家有关规定”的应然解释——〈关于办理侵犯公民个人信息刑事案件适用法律若干问题的解释〉第2条评析》,《浙江社会科学》2017年第10期。

的环节再做出独立的考察。① 司法实践中对于渎职案件中被告人所具有的职权，通常依据法律、法规、规章、规范性文件、被告人的干部履历表、任职通知、被告人单位提供的岗位职责等书证和证人证言、被告人的供述和辩解等言词证据来综合判断。在部分论者看来，国家赋予了渎职罪行为人职务范围内的权力，因而权力的限度、范围、程序等均具有客观性和明确性，由此行为人对自己的职权在主观上是明知的，实践中仅可能存在行为人过失地不明确自己的职权限度而超出的情形，而几乎不存在行为人主观上存在过失而不明确自己的职权范围，从而超出范围行使职权的情形。② 然而，这种观点未免过于理想化：即便是以国家机关工作人员为主的渎职罪行为主体的职权在法律、法规、规章以及其他规范性文件中能够找到依据，但是这些规范依据如果有所交错、冲突，那么在认定行为人的职权时容易发生争议。

例如，在"畅某某等玩忽职守案"中，重审一审法院认定，2001 年 3 月至 2005 年 10 月期间，被告人畅某某任万荣县公安局南张派出所所长，被告人赵某某为该所正式干警，被告人王某某、范某某为该所协警。万荣县南张乡王家村、李家村部分村民自 1992 年以来一直非法生产、加工烟花爆竹。四被告人在该所工作期间曾到该村利用喇叭进行过流动宣传教育，对发现的非法生产、加工烟花爆竹的村民采取罚款、拘留和收缴措施。2007 年 11 月 25 日，王家村堆放加工烟花爆竹废弃残留物的"崖上沟"窑洞发生爆炸，造成 5 名学生死亡、1 名学生重伤的重大事故。重审二审法院认为原判认定的事实清楚，同时查明，被告人畅某某作为万荣县公安局南张派出所所长，对辖区内非法生产、加工烟花爆竹的管理负有直接责任，其在安排被告人王某某等人对辖区内安全审查进行检查的过程中，采取罚款的处罚措施较多，其他处罚措施较少，导致王家村、李家村村民非法加工烟花爆竹的行为屡禁不止。法院据以认定四被告人职权的证据主要有以下几个：一是 2004 年 4 月 5 日山西省公安厅印发的晋公通字〔2004〕36 号《山西省公安机关民用爆炸物品安全管理工作规范》文件③，二是 2004 年 11 月 23 日运城市人民政府

---

① 孙万怀：《刑法解释位阶的新表述》，《学术月刊》2020 年第 9 期。

② 董文辉、敦宁：《滥用职权罪与玩忽职守罪司法认定若干疑难问题研究》，载赵秉志主编《刑法论丛（第 27 卷）》，法律出版社，2011。

③ 相关内容包括该文件第六条第（一）项规定的公安派出所职责，即"宣传、贯彻、执行有关爆炸物品管理的法律、法规，负责本地民爆器材、烟花爆竹的安全监督管理工作，掌握辖区涉爆单位、从业人员以及爆炸物品安全管理工作的情况"；以及第二十八条第（三）项的规定，即"违反国家法律规定，非法制造爆炸物品的，公安机关除没收其爆炸物品外，应视情节轻重，依照有关法律、法规，对单位和个人予以警告、罚款、拘留处罚"。

办公厅运政办发〔2004〕106 号《关于调整烟花爆竹和职业卫生安全监督管理职能》文件①，三是与被告人任职情况有关的书证②，四是与被告人在实际工作中的分工相关的证人证言及被告人供述和辩解。被告人畅某某及其辩护人在重审二审中认为，抗诉机关没有指出畅某某的哪些行为属于不履行法定职责、畅某某应承担什么性质的责任，而非法生产烟花爆竹在王家村由来已久，前后长达 50 年左右，2004 年安监部门是主管部门，2005 年畅某某离职，2006 年窑洞内没有物品，2007 年才发生爆炸事故。③ 由此可见，本案的一个重要争议点就是作为公安局派出所的所长、正式干警或协警的职权在规范依据存在冲突时应当如何界定。本案中，对于公安机关在烟花爆竹的安全监督管理工作中的职权，山西省公安厅和运城市人民政府的规范性文件中的规定存在差异：前者赋予公安机关全面地对烟花爆竹进行安全监督管理的权力，并规定了相应的处罚措施；后者则将对烟花爆竹生产经营活动进行监督管理和查处烟花爆竹安全生产事故的权力赋予安全生产监督管理局，公安机关仅被保留了对烟花爆竹的运输和燃放进行监督管理的权力。

对于这类规定职权的前置刑法规范存在冲突的渎职案件，在最终确定行为人的职权时应当遵循合乎法理的判断规则。纯粹法学对规范秩序的理解，以位阶理论为核心，认为所有的法律规范在效力上都具有可回溯性，层层回溯至其终极效力根据的某一规范，这一回溯过程中的全部规范构成一个统一的秩序，包含在其中的便是法律秩序的位阶：理论上来讲，如果下位规范的产生不符合上位规范所确立的程序和内容，则下位规范无法获得效力的基础。④ 具体到对渎职罪中需要借助前置性法规范判断的职权的认定，解决规范冲突带来的问题时可以按照以下步骤进行。

第一步，需要判断对行为人所在单位或者岗位职权作出规定的主体是否具有领导或者指导的权限。前述案件中四被告人担任公安机关干警或者

---

① 相关内容包括"自 2004 年 12 月 1 日开始，运城市安全生产监督管理局负责监督管理烟花爆竹生产经营单位贯彻执行安全生产法律法规，负责烟花爆竹生产经营单位安全生产条件审查和安全生产许可证、销售许可证发放工作，组织查处不具备安全生产基本条件的烟花爆竹生产经营单位，组织查处烟花爆竹安全生产事故"，以及"运城市公安局负责烟花爆竹运输许可证的核发和烟花爆竹运输路线的确定工作，负责管理烟花爆竹禁放和焰火晚会烟花爆竹燃放许可工作"。
② 包括人民警察警衔审批表、协警人员审批表、协警员培训考勤考绩登记簿、劳动合同制工人转移介绍信，证明畅某某、赵某某在万荣县公安局内部调动及履职情况，王某某、范某某系万荣县公安局协警；还包括万荣县公安局出具的情况说明，证明畅某某在 2001 年 3 月至 2005 年 10 月 13 日在南张派出所任所长，赵某某于 2004 年 3 月 24 日由里望派出所调到南张派出所工作。
③ 山西省运城市中级人民法院(2018)晋 08 刑终 22 号刑事判决书。
④ 陈运生：《法律冲突解决的进路与方法》，中国政法大学出版社，2017，第 7—8 页。

协警存在职权规定冲突时,2004 年 10 月 27 日修正后的《中华人民共和国地方各级人民代表大会和地方各级人民政府组织法》(以下简称《地方人大和政府组织法》)具有法律效力。由该法第六十六条第二款的规定可知,地方政府的工作部门受本级政府和上级政府主管部门的双重领导或指导。① 因此,在"畅某某等玩忽职守案"中,四被告人所供职的万荣县公安局受其上级政府主管部门即公安部、山西省公安厅和运城市公安局的业务领导,可以直接得出的结论是四被告人作为万荣县公安局的干警或协警,应遵守山西省公安厅制定的职权范围相关的规范性文件。另外,作为万荣县公安局业务领导部门之一的运城市公安局受运城市政府的统一领导,因此运城市公安局应当遵守运城市政府制定的职权范围相关规范性文件,其下级公安机关应当接受运城市公安局依据该规范性文件进行的业务领导。由此可知,本案中制定规范性文件的山西省公安厅和运城市政府均属于对行为人所属部门具有直接或者间接领导权限的主体,这两个主体制定的规范性文件均对行为人及其所属部门具有约束力。

第二步,需要判断存在冲突的法规范的位阶,并依照"上位法优于下位法"的规则进行选择适用。下位法不能与上位法的基本精神相冲突,因此如果下位法中存在两种以上解释的可能时,应当采取合乎上位法和宪法的解释。② 如果对于行为人职权界定的法规范存在冲突且位阶上存在差异,那么法官在选择法规范进行适用时应当选择上位法;如果属于同一位阶的法规范,则应该寻找可以作为其制定依据的上位法,进而对行为人的职权做出符合上位法精神的解释。在法律秩序统一整体中,宪法作为整合法律客观秩序价值的最终判断标准,在位阶上具有最高性,因而与宪法相抵触的法规范将归于无效。③ 因此,合宪性解释在体系解释中具有终极性,如果下位法中存在与宪法规定冲突的内容,或者缺乏明确的其他法律、法规、规章等形式的上位法依据,则应启动合宪性解释。

在"畅某某等玩忽职守案"中,确定四被告人在烟花爆竹安全监督管理中职权的法规范均为法律、法规、规章以外的行政机关规范性文件,且其制定主体属于同一级别,因而这两个规范性文件属于同一位阶的法规范且位

---

① 2004 年《地方人大和政府组织法》第六十六条第二款规定:"自治州、县、自治县、市、市辖区的人民政府的各工作部门受人民政府统一领导,并且依照法律或者行政法规的规定受上级人民政府主管部门的业务指导或者领导。"这一规定在现行有效的《地方人大和政府组织法》(即 2015 年 8 月 29 日修正后的该法)第六十六条第二款继续保留。

② 杨建崇:《现代法律适用问题研究》,吉林人民出版社,2019,第 19 页。

③ 范进学:《法律原意主义解释方法论》,法律出版社,2018,第 240 页。

阶较低。此时,需要继续寻找与公安机关对烟花爆竹等民用爆炸物品进行安全监督管理相关的上位法依据。四被告人供职于万荣县公安局南张派出所时,民用爆炸物品管理方面具有法律效力的上位法规范是 1984 年 1 月 6 日国务院发布的《中华人民共和国民用爆炸物品管理条例》(以下简称 1984 年《民用爆炸物管理条例》)①。由该条例第七条、第三十四条、第四十条和第四十一条的规定可知②,公安机关对包括烟花爆竹在内的爆炸物品具有安全监督管理职权,负责生产许可申请的安全审查和发放许可证,并有权对违反规定生产包括烟花爆竹在内的爆炸物品者实施责令限期进行整改或停业整顿、吊销许可证、没收爆炸物品以及予以警告、罚款、拘留等处罚。相比较运城市政府办公厅所印发的《关于调整烟花爆竹和职业卫生安全监督管理职能》,山西省公安厅所印发的《山西省公安机关民用爆炸物品安全管理工作规范》更加符合上位法规定,因此从理论上来讲,两者存在冲突的地方,应该选择适用后者的规定。退一步讲,即使运城市政府基于政府机构改革等原因制定了前述规范性文件,公安局和安全生产监督管理局在对烟花爆竹进行安全监督管理时的职权做出了与上位法相抵触的调整,而在实际中这一规范性文件被优先适用,那么这一规定也并未排除公安机关对于违反规定生产烟花爆竹者进行行政处罚的职权。"即使下位阶的实施性规定获得了优先适用,也不会排除上位法的同时适用"③,因而四被告人所在的万荣县公安局仍然可以直接依据作为上位法的 1984 年《民用爆炸物管理条例》第四十条、第四十一条的规定,具有对非法生产烟花爆竹者进行行政处罚的职权。四被告人的职权要求其通过选择合理的行政处罚措施而有效地消除其管辖区域内因非法生产烟花爆竹而造成的安全隐患,故四被告人未

---

① 该条例已于 2006 年 9 月 1 日《民用爆炸物品安全管理条例》施行后失效。
② 1984 年《民用爆炸物管理条例》第七条规定,"各级公安机关依照本条例规定,对管辖地区内爆炸物品的安全管理实施监督检查";第三十四条规定,"生产黑火药、烟火剂、民用信号弹和烟花爆竹的企业,必须按照隶属关系报送省、市、自治区主管部门批准,季节性生产烟花爆竹的作坊,必须经所在地县、市主管部门批准;凭批准文件,向所在地县、市公安局申请许可,经审查,符合国家有关安全规定的,发给《爆炸物品安全生产许可证》;然后向所在地县、市工商行政管理局办理登记手续,领取营业执照,方准生产";第四十条规定,"违反本条例规定,在生产、储存、销售、运输、使用爆炸物品中,存在不安全隐患,经指出仍不改正的,公安机关有权责令限期进行整改或停业整顿。对屡教不改的,县、市公安局有权吊销其许可证,工商行政管理局同时吊销其营业执照";第四十一条规定,"违反本条例规定,非法制造、贩运、销售爆炸物品和私藏、私带、滥用、盗窃爆炸物品的,公安机关除没收其爆炸物品外,应视情节轻重,属于个人的,依照《中华人民共和国治安管理处罚条例》的规定,予以警告、罚款、拘留处罚,或者依法追究刑事责任,属于单位的,追究单位领导人的责任,直至依法追究刑事责任"。
③ 陈运生:《法律冲突解决的进路与方法》,中国政法大学出版社,2017,第 111 页。

能消除安全隐患的不作为与其职权具有相关性。本案中,法院在列举书证时提到了前述两个不同主体制定的规范性文件,但是在裁判理由中只引述了山西省公安厅所制定的规范性文件并将此作为四被告人的不作为具有职权相关性的依据,而完全未阐明为何不依照运城市政府办公厅制定的规范性文件排除职权相关性。虽然最后的结论具有合理性,但不免存在说理不充分的缺憾。

至于本案中四被告人依照运城市政府办公厅制定的与上位法相抵触的规范性文件行使职权,而对上位法有所规定但该规范性文件予以排除的职权不予行使的行为,是否因具有严重不当性而被划入渎职罪实行行为的范围,还需结合下文将要阐述的"严重不当性"的标准进行判断。

(二)违法行为职权相关性的具体判断

当人身伤亡、财产损失或者国家和人民的其他利益遭受重大损失等严重危害结果出现后,如果办案机关由果溯因所找到的国家机关工作人员所实施的违法犯罪行为并不具有职权相关性,那么其所实施的违法犯罪行为则不具有被评价为渎职罪实行行为的可能性。

实践中,不乏办案机关将国家机关工作人员实施的不具有职权相关性的违法行为认定为渎职行为,进而认定职权无关性的违法行为与危害结果之间存在刑法上的因果关系,从而将该行为错误地评价为渎职罪。例如,在"冯某滥用职权案"中,被告人冯某系柳林县公安局交警大队军渡中队的交通协管员,其购得一辆经过改装的无牌、无证蓝色时代金刚 608 拉水车后,将该车租赁给中国葛洲坝集团陕西中南部铁路通道 ZNTJ－4 标项目部二分部使用。2014 年 5 月 18 日,冯某雇用的司机高某按照项目部二分部调度员郑某的安排,驾驶该车在相关工地之间的沿黄公路上拉水,行至柳林县孟门镇小河沟村路段时与晋 JR9818 号小轿车发生碰撞,造成四死一伤的重大交通事故。本案中,双方驾驶员负本起事故的同等责任。检察院在指控中认为,冯某作为军渡中队交通协管员,有协助正式民警查处、打击无牌无证车辆上路的职责,但其明知自己的拉水车无牌、无证,仍越权让该车在其所管辖区内行驶运营半年之久直到这起事故发生,因此检察院指控的罪名为滥用职权罪。冯某对起诉书指控的犯罪事实及罪名无异议,但其在供述与辩解中提到,其所有的洒水车能安排进葛洲坝集团工作,与其在军渡交警中队工作有直接关系,如果其不是军渡中队协管员,其就不可能认识葛洲坝管设备的赵某和徐某,其所有的洒水车也就进不了葛洲坝工地。辩护人以冯某在本案中虽有滥用职权的行为,但本起事故的发生与冯某滥用职权的行为之间不存在刑法上的因果关系为由,为冯某做无罪辩护。法院则认为,冯某虽系受柳林县公安局交警大队委托在军渡中队从事公务的人员,但其雇用高某驾驶前述车辆并按照郑某安排拉水运营的行为充其量是被告人冯某利用自己的职务为自己谋取私利的行为,而不是其滥用职权或违反规定处理公务的行为;且根据本案审理查明的事实,重大交通事故的发生与冯某的职务行为之间并不存在刑法上的因果关系,亦即并不是由于冯某滥用职权的行为才造成本案四死一伤重大交通事故的发生。因此,法院认为冯某的上述行为不符合我国刑法关于滥用职权罪的构成要件,不构成滥用职权罪;但根据相关司法解释的规定,冯某的行为构成交通肇事罪。[①] 另外,从本案的关联案件"高某甲玩忽职守案"相关裁判文书记载可知,柳林县公安局交警大队军渡中队交通协管员高某甲的责任范围为军渡大桥至孟门镇的沿黄公路,具体职责为排查该路段的安全隐患,并将排查出的隐患及时上报。前述重大交通事故系在高某甲负责的辖区内发生。[②] 在这一案件中,检察院以滥用职权罪对作为交通协管员的肇事车辆的车主冯某提起公诉,显然对冯某的违法行为是否具有职权相关性的判断存在偏差。

一方面,结果的发生与行为人担任的职务具有事实上的关联,不必然意味着其行为具有法律意义上的职权相关性。所谓的滥用职权,是指不法地行使职务上的权限,也就是为了不当的目的或者采用不法的方法,对形式上属于一般职务权限的事项,假托职权而实施违反职务本质的行为。[③] 这种职权的滥用,既包括以作为的方式积极地超越或者玩弄职权,也包括以不作为的方式拒绝行使职权。但无论哪种方式,这种违法行为都属于不法地行使职权,而非与职权行使无关的其他行为。在本案中,冯某因为担任交通协管员而与他人结识,进而有机会将自己购买的经过改装且无牌无证的洒水车租赁给他人所在的单位使用。这一违反交通运输管理法规的行为得以实施,与其担任交通协管员存在事实上的关联,但是,因为工作关系结识他人进而将本案肇事车辆租赁给他人所在单位使用的行为,与其行使作为交通协管员在其管辖区域沿黄公路孟门大桥至临县碛口段和吉孟公路孟门至罗家坡大桥段内协助交通警察从事道路交通管理工作的职权并不相关。

另一方面,如果结果的发生并不在行为人职权的管辖范围内,即使行为人在其管辖领域内存在渎职行为,也不能就此认定其渎职行为与该危害结

---

① 山西省吕梁市柳林县人民法院(2014)柳刑初字第 160 号刑事判决书。

② 山西省吕梁市中级人民法院(2015)吕刑终字第 172 号刑事裁定书。

③ 大塚仁:《刑法概说(各论)》,冯军译,中国人民大学出版社,2003,第 672 页。

果之间存在刑法上的因果关系。根据军渡中队会议决定的内容可知,中队分配由交通协管员包片、包区,交通协管员对各自责任范围内的路段负责安全隐患排查,将排查的隐患及时汇报中队。因此,冯某具有监督管理责任的路段仅为中队为其分配的特定路段,而不能因为冯某受柳林县公安局交警大队委托在军渡中队从事公务,就对军渡中队管辖范围内的所有路段负有监督管理责任。另外,冯某所有的经过改装且无牌无证的洒水车是否曾经在冯某管辖的路段内通行,通过在案证据不得而知。即使有证据证明冯某存在明知他人驾驶该车辆进入其管辖的路段而放任其通行的渎职行为,在其管辖路段内该车辆未发生重大交通事故,那么因其管辖领域内构成要件结果不存在,而遑论因果关系的存在与否。

至于具有国家机关工作人员身份的行为人的其他与职权无关的违法行为是否与危害结果具有因果关系,则需要依据其他犯罪的构成要件进行具体判断。本案中,冯某购买经过改装且无牌无证的洒水车租赁给他人使用,该车辆在他人驾驶时导致重大交通事故发生。根据最高人民法院 2000 年 11 月 10 日通过的《最高人民法院关于审理交通肇事刑事案件具体应用法律若干问题的解释》第七条的规定①,冯某作为机动车辆所有人指使违章驾驶造成重大交通事故,并具有该解释第二条规定的情形(造成 4 人死亡,驾驶员高某负事故同等责任),应对冯某以交通事故罪定罪处罚。冯某是否存在滥用职权行为不得而知,而其辩护人以冯某的滥用职权行为与重大交通事故之间不存在刑法上的因果关系为由,为其作无罪辩护,显然忽视了对冯某的行为是否可能构成其他犯罪的判断,具有片面性。

二、职权行为的行使具有严重不当性

刑法是一种"必要的恶",因为"刑法是在法中公开承认对违法者要处以死刑、徒刑、罚金等,并以国家名义剥夺个人重大利益的法律",而基于刑法结果的严重程度,我们必须对刑法存在的合理性和正当性进行推敲。② 法律最根本的价值是公正,这种公正是个人公正与社会公正的统一,因此刑法应当在个人自由与社会秩序的价值选择上划出一条界线,让社会稳定以保障个人最大限度地享有自由为前提,让个人自由的享有以社会秩序不受破

---

① 《最高人民法院关于审理交通肇事刑事案件具体应用法律若干问题的解释》第七条规定:"单位主管人员、机动车辆所有人或者机动车辆承包人指使、强令他人违章驾驶造成重大交通事故,具有本解释第二条规定情形之一的,以交通肇事罪定罪处罚。"

② 西原春夫:《刑法的根基与哲学》,顾肖荣等译,中国法制出版社,2017,第 2—9 页。

坏为基础。① 就渎职罪的认定而言,并非所有的渎职行为都应当认定为渎职罪的实行行为,而其中较为轻微的一部分则属于违法违纪行为。只有在那些行为本身具有不当性、行为的后果达到渎职罪中具体罪名对危害结果的要求的情况下,将不当行使职权的渎职行为认定为渎职罪的实行行为才不违反刑法的谦抑性原则。在第三章中,笔者曾将职权行使方式对于个人职权行为与危害结果之间刑法意义上的因果关系具有重大影响,作为渎职罪因果关系的特殊性之一进行阐述。笔者认为,排除一些受到上级行为影响或者集体研究程序影响的个体职权行为与危害结果之间因果关系的原因,在于这些影响的存在导致个体职权行为不具备严重不当性的特征,进而不能被认定为渎职罪的实行行为。鉴于这种由职权行使方式导致对个人的职权行为是否具有严重不当性的判断较为复杂,笔者拟在本书第五章对这一问题专门进行详细阐述。

就更具普遍性的情况来看,对于渎职罪实行行为所体现的严重不当性特征,可以通过以下两个要点来把握。

(一)严重违反职责行为与一般违反职责行为的区分

区分构成犯罪的严重违反职责行为与一般违反职责行为时,主要的判断依据是渎职行为的实施是否体现了严重不负责任,以及渎职行为是否导致了渎职罪所要求的危害结果的发生。作为渎职罪实行行为的渎职行为,应当体现出行为人的严重不负责任。在"马某某执行判决、裁定失职案"中,马某某的失职行为便不能评价为严重不负责任,从而不应属于执行判决、裁定失职罪的实行行为。本案被告人马某某系赤壁市人民法院执行局协调督办室主任。车埠村七组与马志良签订林地承包协议后,马志良与冯江胤商量,用马志良承包的山林以冯江胤的名义到银行贷款。于是,二人利用伪造的林地流转协议和赤壁市车埠镇人民政府公文等文件,向赤壁市林业局申请林权换证和变更登记。赤壁市林业局工作人员不正确履行职务,向冯江胤颁发林权证。后冯江胤以上述林权证作抵押,与吴江银行签订最高额个人借款及担保合同,同时在赤壁市林业局办理了抵押物登记,该局出具他项权证。吴江银行无法按约定收回贷款本息,遂向赤壁市人民法院起诉冯江胤及其担保人,赤壁市人民法院作出民事判决。判决生效后,冯江胤及其担保人未履行相关义务,吴江银行向赤壁市人民法院申请强制执行。赤壁市人民法院执行局指派马某某执行该案件。马某某接手该案后制作了执行通

---

① 陈兴良:《刑法的价值构造》,《法学研究》1995 年第 6 期。

知书,并对冯江胤公告送达,接着按程序对该林地委托评估,评估结果出来后送达当事人,并对送达公告在车埠村村民委员会及冯江胤经常居住地张贴。到期后,合议庭评议形成"对该林地进行拍卖"的统一意见。买受人任立平竞买成功将竞买款交付给赤壁市人民法院后,马某某将贷款本金和利息及吴江银行垫付的费用执行给吴江银行,扣除执行费、实际支出等,余款退还给冯江胤。任立平在办理林权过户手续过程中发现车埠村七组的林权不属于冯江胤,该林权证系假林权证,不能办理林权过户手续,也不能收回竞买款。赤壁市人民法院通过再审程序撤销前述民事判决。通过执行回转程序,将执行给吴江银行的款项收回并返还给付任立平。赤壁市林业局垫付剩余款项,在赤壁市人民法院账户上待付任立平。法院在裁判理由中指出:"被告人马某某没有执行上述规定,在执行过程中未将评估结果、拍卖公告、结果告诉车埠村七组村民,存在失职行为。但决定对该林权进行拍卖,经过合议庭评议,委托评估、拍卖也按法定程序进行,且拍卖机构对拍卖林权的权属范围在报纸上予以公告,执行款的发放也依照相关规定,并经合议庭评议,主管领导批准,马某某系履行职务行为,并非严重不负责任。"[1]

笔者认为,在上述裁判理由中,法院对行为人的失职行为是否属于渎职罪实行行为的判断精准有力,值得肯定。如果行为人能够对作为其职权行为前置程序的其他国家机关工作人员合法行使职权产生合理信赖,且在行使职权的时候基本上能够按照规定的实体和程序要求进行,失职行为并不能产生具有决定性的影响,那么就不应认为行为人的失职行为具有严重不负责任的特征,从而应当排除其失职行为成为渎职罪中的构成要件行为的可能性。渎职行为能够导致渎职罪的构成要件结果发生,也是渎职行为具有严重不当性的一个表现。有论者指出,应当以渎职行为对危害结果产生的可能性为标准,对严重违反职责行为与一般违反职责行为进行区分,即如果违反职责的严重程度可以导致重大损害结果发生的危险性大增,则应该认定渎职行为与重大损害结果之间存在法律上的因果关系,亦即该渎职行为应评价为渎职罪的实行行为。[2] 然而,这一判断标准看似清晰明确,实际上却缺乏可操作性——论者事实上也未就何为导致严重结果发生的可能性大、何为导致严重结果发生的可能性小进行具体阐述。对以一定严重程度的危害结果发生为入罪前提的渎职罪的查处,通常是这一结果实际发生时

---

[1]　湖北省咸宁市嘉鱼县人民法院(2014)鄂嘉鱼刑初字第 00136 号刑事判决书。

[2]　李忠诚:《渎职罪实体认定与程序适用问题研究》,中国检察出版社,2017,第 98—99 页。

由果溯因去寻找渎职行为,那么就这个已经发生的危害结果而言已经不存在"发生可能性小"的假设。因此,上述以渎职行为导致渎职罪的构成要件结果发生的可能性大小作为区分渎职罪实行行为与一般违反职责行为的依据,往往在司法实践中,都会从实际发生的结果出发,得出渎职行为具有导致结果发生的高度可能性的结论。相比之下,以渎职罪构成要件结果的存在,作为判断渎职行为具有区别于一般违反职责行为的严重不当性的条件之一,更具有可操作性。

(二)不作为渎职行为的判断

以不作为方式实施的渎职行为具有严重不当性,既包含较为典型的行为人完全不履行职责的情形,也包含行为人虽然通过一定方式履行职责但选择的履职方式不当的情形。判断一个举止究竟属于作为还是不作为,关键并不在于外显的动作,而在于举止实施者是否有从事"有效的救援行动"。① 如果行为人通过一定方式行使职权,但没有穷尽一切合法方式尽到职责要求,此时行为人身体外在的动作是"动",但是其行为对于危害结果起作用的方式并不是直接积极地推动其发生,而是消极地没有成功阻止其发生。因此,行为人未正确履职与行为人完全未履职相比,虽然身体上外在的动作分别表现为动和静,但是其具有不当性的根源却是相同的,都是未能有效阻止危害结果的发生,因而两者本质上都属于以不作为的方式实施渎职行为。前文所引述的"畅某某等玩忽职守案"中,重审二审法院认为,畅某某作为派出所所长,对其辖区内非法生产加工烟花爆竹的管理负有直接责任,其在安排王某某等人对辖区安全生产进行检查过程中,采取罚款的处罚较多,其他处罚措施较少,对非法生产加工烟花爆竹的相关设备等没有彻底地予以收缴、销毁,导致王家村、李家村村民非法生产加工烟花爆竹的行为屡禁不止。王家村爆炸案的发生与各原审被告人在职期间对辖区内非法生产加工烟花爆竹行为的管理不当、治理不力有一定的关系,各原审被告人应对该爆炸案的后果承担相应的责任。② 笔者赞同法院对于畅某某等四被告人的玩忽职守行为及其对王家村爆炸案中多名未成年学生死亡和受伤的重大危害结果起作用方式的认定。从中可以看出,四被告人职权行为的严重不当性体现为对监督管理对象的管理不当、治理不力,而不在于其曾采取了一定的方式行使职权,因而本案中以不正确履职的方式实施玩忽职守行为在

---

① 林东茂:《刑法综览》,中国人民大学出版社,2009,第 112 页。
② 山西省运城市中级人民法院(2018)晋 08 刑终 22 号刑事判决书。

本质上属于不作为。

判断完违法行为是否具有职权相关性和严重不当性,如果可以确定行为人以作为或者不作为的方式实施的具有职权相关性的行为具有严重不当性,其行为才具有构成渎职罪实行行为的可能性,进而才可能具备刑法意义上因果关系认定的前提。

第二节　关键步骤：实行行为何以创造危险

在一个可以评价为渎职罪构成要件结果的重大损害出现时，我们需要由果溯因找到导致该结果发生的渎职行为，进而判断哪些行为人应当对此承担刑事责任。经过上一步骤，我们可以将不具有职权相关性、不具有严重不当性的行为排除在渎职罪实行行为的范围之外。然而，如果仅找到了符合渎职罪构成要件的行为和结果，而不能认定两者之间存在刑法意义上的因果关系，仍然不能将结果的发生归属于渎职行为。危险的现实化说的核心要义，是行为所具有的危险变为现实时承认法律因果关系的存在。因此，判断实行行为何以创造危险，便是渎职罪因果关系认定的关键一步。尽管危险的现实化说的理论和实践对于这一步的判断标准欠缺细致的讨论，但是以结果归责为任务的客观归责理论中的部分内容，可以吸收借鉴以补足危险的现实化说在这一步判断中的短板。

一、客观归责理论中规范保护目的的理论借鉴

规范保护目的是客观归责理论中据以判断法所不允许的风险是否实现的标准：只有在危害结果与规范保护目的之间存在关联性时，结果才能被归责于行为人；相应地，在违反注意义务的行为导致危害结果产生时，如果结果不在行为所违反规范的保护范围之内，那么就不能对行为人进行归责。[①]究其原因，是规范对于各个具体的、现实的行为人所提出的要求，是其作为忠诚于法律的公民，应当根据相应的命令规范和禁止规范等行为规范的标准施展其自身的能力，从而避免具有构成要件符合性的危害结果发生；相对地，如果这种危害结果是一名忠诚于法律的公民在抱有最为良好的意愿也不能避免其发生的，那么把具体个人的意愿作为对象的规范也不可能防止该危害结果的发生。[②]基于危害性结果发生的构成要件相当性因果流程，是否正好实现了为法律所反对，由行为人通过实施侵害行为或者通过超越

---

① 周光权：《客观归责理论的方法论意义——兼与刘艳红教授商榷》，《中外法学》2012 年第 2 期。
② 金德霍伊泽尔：《论所谓"不被容许的"风险》，陈璇译，载陈兴良主编《刑事法评论（第 34 卷）》，北京大学出版社，2014。

对风险许可的限度而制造,并且其出现系依照相关规范保护目的而应当被避免的危险,是客观归责理论的一项关键内容。依照客观归责理论,在审查是否构成了危险的时候,从义务违背关联和规范保护目的的角度出发,具有意义的问题首先是就具体的结果而言,行为人的举止是否正好实现了义务违背,也即是否实现了因其危险所以法律禁止该举止的危险。① 由此可见,客观归责理论在解决结果归责的问题时,需要以刑法规范为标尺而对行为与结果之间的逻辑关系及其意义作出价值判断,刑法规范的保护目的在判断结果中实现的危险是否可能为行为所创造时显得尤为重要。从这个意义上讲,客观归责理论在结果归责中对规范保护目的的强调,可以为实行行为何以创造能够转化为危害结果的危险的判断提供借鉴。

在大陆法系国家,规范保护目的理论的最早倡导者是德国学者马克斯·路德维希·米勒(M. L. Müller)。他以规范保护目的为基础提出了规范归责论,认为有责行为所引起的结果并不是都可以归责的,只有因为违反刑法上以防范特定类型的危害结果为目的的注意义务而产生的结果,才是应予归责的。例如,被告人未经允许使用他人的子弹在射击场上练习射击,但射击过程中遵守了一般的注意规则。在他开枪的时候,恰好在射击线范围内有一名射击管理员出现,射击管理员被射中身亡。在这个案件中,被害人死亡结果与被告人违反注意义务的行为之间并不存在规范关联。究其原因,是被告人所违反的注意规范是禁止损害他人的财产权,而不是禁止非法剥夺他人生命。因此,依照规范归责论的立场不应该对开枪行为进行归责。② 这一理论在提出后并未受到学界的重视,因为 19 世纪下半叶以来因果关系认定的思路受自然科学的魅力的深刻影响,上述归责理论很大程度上遭到了毁灭;直到 20 世纪 70 年代前后,这样的结果归责理论才在学界复兴。③ 耶赛克(Jescheck)在其 1969 年出版的《刑法教科书》中把客观归责作为因果关系之外的一个独立内容进行阐述,将客观归责的功能定位为判断一个事件是否能被看作特定人的"犯行",并指出存在对结果足够危险的条件的设置,并且这种已经存在于行为中的特殊危险在结果中实现的时候,客观归责才是正当的。耶塞克在阐述这一理论时,注重对过失行为中注意义务违反的关注,抓住了民法中发展出来的"没有损害规范保护范围"和"非过

---

① 韦塞尔斯:《德国刑法总论》,李昌珂译,法律出版社,2008,第 106—107 页。
② 李波:《规范保护目的理论与过失犯的归责限制》,《中外法学》2017 年第 6 期。
③ 罗克辛:《德国刑法学总论(第 1 卷)》,王世洲译,法律出版社,2005,第 245 页。

失的择一行为中的结果发生"学说。① 从此,米勒所倡导的"行为是违反法律规范的危险实现要素"的命题被重新捡拾起来。

罗克辛教授在其客观归责理论框架下,进一步发展了规范目的理论,将对谨慎规范的保护目的和行为构成的保护目的进行了严格区分:不允许性风险的实现往往与限制允许风险的谨慎规范的保护目的有关,而与刑法的行为构成的保护目的无关;相反,通过行为构成的保护目的排除归责的案件,则是行为构成的规范(如禁止杀人、禁止伤害、禁止毁坏财物等)从一开始就不包含确定的举止方式和影响。质言之,以结果不符合谨慎规范的保护目的为由排除归责,是因为结果中实现的并不是行为人所违反的谨慎规范所要防止的危险,也即谨慎规范的保护目的不包括结果出现的具体方式。② 以结果超出行为构成的保护目的为由排除归责,是因为被损害的利益并不处于刑法中行为构成所要保护的范围之内。③ 陈兴良教授依据罗克辛教授的理论,对通过行为构成的效力范围排除客观归责的情形进行了分类阐述,指出在过失犯罪中,主要依据注意义务的违反性、可预见性、认识可能性以及避免可能性等对过失及其背后的行为构成的效力范围进行判断;在故意犯罪中,参与他人故意的自危、同意他人造成危险等适用被害人自我答责的情形,以及结果实现的危险处于第三人责任范围的情形,亦超出了行为构成的保护范围,从而排除对行为人的归责。④ 概言之,按照罗克辛教授的观点,以谨慎规范保护目的排除客观归责系在"实现不允许的危险"这一阶段进行,而以行为构成保护目的排除客观归责是在"构成要件的效力范围"这一阶段进行。

需要承认的是,罗克辛教授将规范保护目的对于结果的客观责任归属的影响拆分于两个不同阶段进行判断,将谨慎规范保护目的对客观责任归属的影响放在实现危险而非创造危险的阶段进行讨论,并将行为构成保护目的置于创造危险和实现危险之外独立地进行讨论,在逻辑上具有障碍。事实上,两种意义下的规范保护目的对客观责任归属的影响,所立足的都是行为时的状况,所解决的都应该是创造具有刑法意义的危险的问题,而非危险在结果中如何现实化的问题,也非创造危险和实现危险这一过程之外的

---

① 施罗德:《客观归责理论的发展历程》,王华伟译,载赵秉志、宋英辉主编《当代德国刑事法研究》,法律出版社,2017。

② 罗克辛:《德国刑法学总论(第1卷)》,王世洲译,法律出版社,2005,第256页。

③ 罗克辛:《德国刑法学总论(第1卷)》,王世洲译,法律出版社,2005,第262—274页。

④ 陈兴良:《从归因到归责:客观归责理论研究》,《法学研究》2006年第2期。

一个独立环节。因此,罗克辛对于规范保护目的在结果的客观责任归属问题上起作用的环节的定位存在偏差。

但是,从以上梳理亦不难看出,罗克辛教授对于规范保护目的论的探讨相比较客观归责理论中一般意义上对规范保护目的的阐述而言更为精细化,具有积极意义。在客观归责理论中强调规范保护目的,是为了将构成要件行为与社会日常举止相区分:如果某种举止按照其本质原本就不能损坏由构成要件所保护的法益,那么这种举止方式就不是适格的构成要件行为,而处于规范保护目的之外。申言之,当一个具有构成要件意义的危害结果发生时,我们往往可以由果溯因,找寻到对其具有原因力的具有实行行为外观的举动;但是,两者之间是否具有刑法意义上的因果关系,也即是否具有能实现结果的客观责任归属功能的因果关系,还应以刑法规范为标尺,探寻实行行为是否真正创造了能在结果中实现的危险,以及这种危险的创造是否有违刑法规范的保护目的。因此,规范保护目的对于刑法意义上因果关系认定的统摄作用,应当体现在两个维度:第一个维度,是依照刑法规范的保护目的,刑法之所以禁止构成要件行为的实施,是保护特定的法益不被侵害,如果一个案件中的实际损害结果并不能体现该特定法益被侵害,那么应该认为实行行为所创造的危险并不能在结果中实现,也即实行行为所创造的与规范保护目的相违背的危险并不能导致案件中实际损害结果的发生,此时应当排除实行行为与实际损害结果之间具有刑法意义上的因果关系的存在。第二个维度,是如果依照刑法规范的保护目的,刑法基于对行为人和被害人自由意志的全面考量,而不再通过禁止构成要件行为的实施进行保护某种利益时,即使行为人有实施具有构成要件外观的行为,并且该行为对于具有构成要件符合性的实际损害结果的发生具有作用力,也应该排除行为与结果之间刑法意义上因果关系的成立。第一个维度对应着罗克辛教授所称的谨慎规范保护目的在客观归责中的作用,第二个维度则对应着其所称的行为构成保护目的在客观归责中的作用。

借助客观归责理论的判断思路可知,在判断实行行为何以创造危险的步骤中,所要解决的问题是实行行为创造的危险究竟有无在危害结果中实现的可能性,以及行为人有无义务阻止实行行为创造的危险转化为危害结果。如果实行行为创造的危险没有在结果中实现的可能性,或者在应当由被害人自我答责时行为人欠缺结果预见义务或结果回避义务,那么实行行为就没有创造刑法意义上的危险,实行行为与危害结果之间的因果关系则不能成立。

二、职权行为的规范保护目的限定危险的范围

在渎职罪因果关系认定中坚持刑法规范保护目的的统摄作用,对于刑事法治的推动具有重要意义。一方面,法律通常是通过法律规范的表达而向法律适用者传达信息,其中法律责任的表达稳定而准确地传达的是威慑性和警示性的信息,这就向行为者提示了需要谨慎行为,进而在社会生活中得以发挥防患于未然的作用;另一方面,事先的责任预设在实践中具有确定性和说服力,更容易得到社会认同,可以有效克服责任追究的随意性和擅断性。除此之外,责任的法定也将较大的制度空间预留给责任监督者,又能保障监督有据可依。① 判断渎职行为何以创造有可能在渎职犯罪案件实际危害结果中实现的危险的过程中,强调规范保护目的的统摄作用,能够有效避免司法机关在社会舆论、权力阻碍等影响下作出突破罪刑法定原则的裁判。

渎职罪作为以国家机关工作人员为主要适格主体的职务犯罪的重要类型,具有国家权力的相关性,这就导致了司法机关在面对渎职案件时,可能会出现两种极端的方向偏离。一方面,司法机关容易为了缓解社会舆论压力而加大打击力度和扩大打击面积。在特大事件发生之后,特别是事件经过媒体披露、渲染而产生轰动效应之后,舆论得以平息和政府形象得以挽回,很大程度上依赖于让一部分国家机关工作人员承担刑事责任。在这种情形下,哪些国家机关工作人员应当对事件的发生承担刑事责任,司法机关应当谨慎地对待;否则,承担了刑事责任的国家机关工作人员则容易认为自己之所以被定罪,主要不是自己的渎职行为具有严重的法益侵害性,而是自己运气不够好、级别不够高和后台不够硬。② 如果以渎职罪追究国家机关工作人员的刑事责任时,仅以"平民愤"为出发点,而不考虑刑法规范禁止其特定的渎职行为的目的是保护何种利益不受非法的职权行为的侵害,以渎职行为对危害结果发生具有原因力这一建立在经验基础上的事实判断取代规范判断,显然不利于刑事法治的实现。事实上,如果刑事责任的追究偏离了刑法的规范保护目的,那么刑法在规范公民的行为和规范司法者的行为方面能起到的作用将大打折扣——这将导致公民无法依据刑法规范对其违反规范的行为造成的后果以及由此产生的刑事责任产生合理预期,也将滋生司法擅断。

---

① 肖金明、冯威主编:《行政执法过程研究》,山东大学出版社,2008,第 287 页。
② 陈洪兵:《贪污贿赂渎职罪解释论与判例研究》,中国政法大学出版社,2015,第 246 页。

　　另一方面,渎职案件处理过程中容易受到权力的阻碍。有学者在论及打击渎职犯罪应当注意的问题时,认为我国并未真正做到在法律面前人人平等,体现在对渎职犯罪案件的查处方面,便是在一般国家机关工作人员实施渎职行为后对其进行查处时并没有明显的问题,但是在职位较高的国家机关工作人员实施渎职行为后对其进行查处则较为困难,甚至不予查处。① 依笔者之见,这一观点存在颠倒因果之嫌。查处渎职犯罪时未能真正做到法律面前人人平等只是最终的结果,而这一结果之所以出现,是背后有更深层的原因——包括渎职犯罪在内的职务犯罪的查处容易受到权力的阻碍。权力的阻碍首先体现在政治思维对案件查处的影响,"大案讲政治,中案讲影响,小案讲法律"的政治思维的影响仍然根深蒂固,导致国家机关工作人员的渎职行为同样构成犯罪的情况下,有的被追究刑事责任,有的只受到党纪政纪处分,有的却未受到任何的调查和处分,进而导致渎职犯罪存在较大的犯罪黑数。② 其次,权力的阻碍还体现在个案中职务较高的国家机关工作人员利用其职权所产生的影响力,与其下级或其监督管理对象订立"攻守同盟",对抗组织调查,从而可能导致职务较高的国家机关工作人员的渎职行为难以被发现。例如,在"王某某玩忽职守案"中,被告人王某某系辽宁省沈阳造化监狱六监区内勤,其于 2017 年 8 月 22 日晚在沈阳造化监狱六监区值班期间,未认真执行监狱规定的对罪犯管理半小时点名制度、三五联保制度、重点区域巡查制度、收提工制度、库房管理制度等相关监狱监管安全管理制度,致使服刑罪犯初某某脱离监管,在监狱库房缢死,发生监管事故。在检察机关对该监管事故调查过程中,王某某的直管领导王某洋与其订立攻守同盟,王某某在王某洋的授意下将当天的中岗罪犯收提工簿中关于当天收提工人数一项内容进行篡改。③ 在这一案件中,存在渎职行为的不同级别的国家机关工作人员,在级别较高者的主导下相互订立了攻守同盟,对抗组织调查,只是级别较低的国家机关工作人员在接受调查时如实供述了犯罪事实而使攻守同盟败露。但是,从这一案件我们可以发现,级别较高的国家工作人员在其渎职行为导致严重危害结果发生后,确有可能利用自己的职权所产生的影响力,与接受其领导或者监督管理的人订立攻守同盟,以隐瞒自身的渎职行为和逃避法律责任。除此之外,掌握国家权力的高级别国家机关工作人员往往具有较强的活动能力和广泛的接触面,可能利用其

---

① 周振想主编:《权力的异化与遏制——渎职犯罪研究》,中国物资出版社,1994,第 66 页。
② 王登辉:《犯罪黑数的原因与对策研究》,《公安学刊(浙江警察学院学报)》2017 年第 3 期。
③ 辽宁省沈阳市于洪区人民法院(2018)辽 0114 刑初 416 号刑事判决书。

通过自身所拥有的权力构建起的复杂关系网,在案发后四处托人说情,为其开脱罪责。侦查机关在办理具有权力属性的渎职犯罪案件时,极易为权势人物所干涉,这更加大了侦查活动的难度,导致一些渎职案件最后难以一查到底。[①]

渎职犯罪案件查处容易出现上述两种偏离刑事法治方向的情形,这警示我们在查处这类案件时应当强调刑法规范对于案件处理结果的引领作用,尽量避免社会舆论、权力阻碍等因素对案件公正处理的影响,在法治框架内实现不枉不纵。在判断构成要件符合性中强调刑法规范的引领作用,不仅体现在构成要件要素认定时要严格依照刑法规定,也体现在判断结果责任归属时强调刑法规范应作为价值判断的重要依据,也即应以刑法规范为标尺将目光往返流转于实行行为与实际危害结果之间,判断两者之间的引起与被引起的逻辑关系是否存在刑法意义。

探寻渎职罪具有共性的谨慎规范保护目的,应当从刑法设置渎职罪所意图保护的共同法益入手。就我国刑法中的渎职罪而言,这类犯罪共涉及25 个条文、37 个罪名,构成要件行为和构成要件结果的表现形式多种多样,但其同属于渎职罪,意味着这些犯罪所侵害的法益具有一定的共同性。正确把握渎职罪具有共性的法益,是探究渎职罪规范保护目的的前提。如前文所述,渎职罪所共同侵害的法益是国家机关的正常管理活动,进而可以推导出渎职罪的设置旨在保护国家机关公务的合法、公正、有效执行以及国民对此的信赖。不同罪名对于构成要件结果的要求不同,因而不同罪名所保护的特殊法益会有所不同,特殊法益可能会涉及生命权、财产权、国家安全、司法公正等不同的方面,但是这些不同罪名的共同特征便是存在具有严重法益侵害性的渎职行为,也即行为人存在严重的不正确行使职权、履行职责的行为。刑法在渎职罪一章中所设置的行为规范,正是禁止拥有特定国家管理职权的人违反规定行使职权、不履行职责或者不正确履行职责。因此,渎职罪的谨慎规范保护目的,应该是引导拥有特定国家管理职权的人谨慎地依照法律、法规、规章、规范性文件等规定行使其特定的职权,并避免与其特定职权紧密相关的危害结果的发生。换言之,渎职罪的谨慎规范保护目的也就是职权行为的规范保护目的,即"规定国家机关工作人员的行为的行政法本来的宗旨和目的"[②]。

---

① 周标龙:《职务犯罪黑数的控制与检察机关领导体制改革》,《理论月刊》2009 年第 5 期。
② 陈洪兵:《贪污贿赂渎职罪解释论与判例研究》,中国政法大学出版社,2015,第 243 页。

实践中,存在重大的人身伤亡或经济损失等严重危害结果的案件,如果渎职行为对于危害结果的发生具有作用力,在认定渎职行为与危害结果之间刑法意义上的因果关系时,司法机关往往会忽略职权行为规范保护目的的限制作用,从而不当地扩大了追究渎职罪刑事责任的范围。笔者认为,对于本书第一章所引述的"李某玩忽职守案",法院在认定李某作为法院副院长履行签发法律文书职责时未认真审核刑事案件被告人职业信息的失职行为,与该案被告人所在单位为其支付薪酬、社保等而产生的财产损失之间的因果关系的时候,仅片面地认识到后者的发生以前者的存在为前提,却没有认识到后者的发生并不在签发法律文书这一职权行为相关的谨慎规范的保护范围之内,因此该案因果关系的认定结果有待商榷。最高人民法院 2010年 12 月 6 日印发的《法官行为规范》第四十七条第二项规定了对裁判文书负责审核、签发的法官对裁判文书质量责任应如何承担,即应当做到严格审查、认真把关,第四十八条第一项要求准确叙述当事人的名称、案由、立案时间、开庭审理时间、诉讼参加人到庭等情况,因此李某作为负责审核、签发刑事裁判文书的法院副院长,未审核出刑事案件被告人的职业在裁判文书中记载错误,导致最后签发生效的裁判文书没有完全符合《法官行为规范》关于裁判文书质量的要求,属于失职行为。但是,我们不可忽视的是,审判权作为国家权力体系中的重要组成部分,权威性、强制性和最终评判性是其主要特征,因而具有主持公道、匡扶正义、实现公正功能的审判权,对于保障社会公平正义体系的正常运转而言起到决定性作用。① 由《法官行为规范》第二条对于"公正司法"的要求可知②,对于司法权的行使而言,最为核心的要求是在遵守法律程序的前提下,正确地认定案件的法律事实,并依据实体法的规定正确地对案件进行定性和作出具有法律效力的判决或裁定。审判权正确行使对于社会公平正义等社会效果的实现,都建立在对案件事实、定性和法律适用结果作出正确判断的基础之上。对于审理刑事案件而言,法官制作、审核、签发裁判文书的职权行为的谨慎规范保护目的是引导法官在裁判文书中正确地认定事实、定罪和量刑,并确保裁判结果能够被执行。本案中,李某在审核签发刑事判决书时未审核出的错误内容并不可能导致案件的事实认定和定罪量刑出现偏差;案件被告人所在单位亦非判决执行主体,

---

① 韩德强:《正确认识和把握审判权维护社会公平正义的历史使命》,《人民法治》2018 年第 21 期。

② 《法官行为规范》第二条规定:"公正司法。坚持以事实为根据、以法律为准绳,平等对待各方当事人,确保实体公正、程序公正和形象公正,努力实现办案法律效果和社会效果的有机统一,不得滥用职权、枉法裁判。"

即使未将判决书正确送达到该单位,也不会导致判决得不到执行。李某作为法院副院长的职权行为的谨慎规范保护目的,并不能涵盖避免刑事案件被告人所在单位因支付薪酬、社保等而出现的财产损失,李某的失职行为所创造的危险并不可能在本案的危害结果中实现。因此,认定李某的失职行为与该财产损失之间存在刑法意义上的因果关系,进而以玩忽职守罪对其追究刑事责任,显属不当。

概言之,在认定渎职行为与案件实际危害结果之间的因果关系时,判断渎职行为所创造的危险是否具有在结果中实现的可能,强调职权背后的谨慎规范保护目的所应发挥的限制作用,是发挥刑法规范在渎职罪因果关系认定中标尺作用的重要体现。由于渎职罪属于典型的行政犯,探究职权行为的谨慎规范保护目的不仅要从刑法规范出发,也要结合作为前置性法规范的其他法律、法规、规章以及其他规范性文件进行。

三、结果预见义务和结果回避义务划定危险的边界

(一)作为规范保护目的判断依据的结果预见义务和结果回避义务

规范保护目的的第二个维度,是刑法基于对行为人和被害人自由意志的全面考量,只可能对那些应该由行为人依照案件发生时的实际情况有义务遵守刑法规范对其进行保护而未遵守的行为人进行处罚;行为人在实施对结果具有原因力的行为的当下缺乏结果预见或回避能力时,刑法不对行为人设置结果预见或回避义务,结果的发生则超出了刑法规范的保护目的,不应认定行为创造了能在结果中实现的具有刑法意义的危险。

事实上,不仅前面所述的罗克辛教授所强调的行为规范保护目的体现了规范保护目的的第二个维度,危险的现实化说的理论中关于结果回避义务的阐述亦能够体现这一点。高度重视结果回避义务在判断实行行为创造的危险时的作用,是山口厚教授所倡导的危险的现实化说的重要特色。在山口厚教授看来,结果回避义务就是要求行为人原本就不实施实行行为,或者即使实施了行为本身,就要求行为人通过消除结果发生的现实危险性,从而回避构成要件结果的发生。结果回避义务正是刑法的犯罪预防功能的实现途径,因而结果回避义务既存在于过失犯,也存在于故意犯。如果对即使尽了结果回避义务也不能避免结果的行为人进行处罚,刑法的犯罪预防功能便无法通过结果回避义务实现,因为这样会导致造成无法避免之结果的行为人被处罚。因此,要想以产生了构成要件结果作为理由对行为人进行

处罚,就必须要求行为人具有结果回避可能性。① 在这种意义上,认定构成要件结果是基于对结果回避义务的违反而发生的前提,如果行为人履行了结果回避义务,原本能够避免构成要件结果的发生。在判断有无结果回避可能性的时候,应当以实际发生的事情作为判断基底。如果行为人实施了符合结果回避义务的行为,并以此来替代其所实际实施的实行行为,仍会发生相同的结果,那么在这种场合下没有结果回避可能性,进而应当否定构成要件结果是基于结果回避义务之违反而发生的结论,从而否定构成要件该当性。②

由以上梳理可知,山口厚教授在其所主张的因果关系理论中,强调在判断实行行为和实行行为创造能在结果中实现的危险时对结果回避义务的考察,且从刑法的犯罪预防功能出发,认为刑法对行为人是否设置结果回避义务取决于行为人在行为实施的当下有无结果回避能力。这一思路有助于我们厘清哪些利益应当由行为人通过遵守刑法规范予以保护,哪些利益应当由被害人进行自我保护。这些依照行为人自身能力而不应该由行为人进行保护的利益,则属于刑法规范保护目的之外的利益。因此,即使行为人所实施的行为与刑法规范保护目的之外的利益遭受损害的结果之间,在事实层面存在前因后果的关系,也应该排除两者之间刑法意义上的因果关系。

但是,在规范保护目的的第二个维度之下,仅将由于缺乏结果回避可能性而否定其存在的结果回避义务作为排除行为与结果之间刑法上因果关系的依据,而未将因缺乏结果预见可能性而应否定存在结果预见义务考虑在内,讨论范围具有局限性,会使最终因果关系判断的结论不具有周延性。笔者认为,上述问题出现的根源在于山口厚教授在过失论上的立场选择。尽管山口厚教授在对过失犯的构成要件该当性进行讨论时有意对旧过失论与新过失论立场的分歧作模糊化处理,但是其在讨论过失犯的注意义务时,认为除了将结果预见义务定位于构成要件的场合之外,通过肯定结果预见可能性而被肯定的结果预见义务违反,属于责任要素,与故意犯中的故意相对应;通过肯定结果回避可能性而被肯定的结果回避义务违反,则属于构成要件要素;只有同时违反结果预见义务和结果回避义务时,过失犯才能成立。③ 如果将这一观点直接照搬照抄到我国刑法理论中用以解决我国刑事司法实践中的问题,显然存在脱离我国刑法规定实际的问题。

① 山口厚:《刑法总论》,付立庆译,中国人民大学出版社,2018,第 52 页。
② 山口厚:《刑法总论》,付立庆译,中国人民大学出版社,2018,第 55—56 页。
③ 山口厚:《刑法总论》,付立庆译,中国人民大学出版社,2018,第 243 页。

相比日本的刑法而言,我国刑法对于犯罪的主观方面有着更加清晰而明确的规定。由我国《刑法》第十四条第一款①和第十五条第一款②的规定可知,在我国刑法中,罪过形式包括故意和过失两大类,前者可以细分为直接故意和间接故意,后者则可以细分为疏忽过失和轻信过失。在罪过的各种形式中,疏忽过失与罪过的其他形式存在很大的不同,其主要表现便是其他的罪过形式下,行为人对于自己的行为以及由行为所产生的危害社会的结果都有一定程度的认识;而在疏忽过失中,行为人则对自己的行为可能导致的危害社会的结果根本没有预见。换言之,只有在疏忽过失的情形下,行为人行为的危害结果才没有超过行为人的意识阈,未被行为人所意识。③有学者提出,"认识因素是判断犯罪过失心理的唯一根据,有认识的过失并不存在",并进一步指出在轻信过失的情形下,行为人在对具体的环境、条件、个人能力等因素进行综合把握之后,所得出的结论是实行该行为不会导致危害结果的发生,因此对于行为人而言,无论其之前经历了何种心理过程,其最终都是没有认识到危害结果的发生的。④笔者认为这一观点是经不起推敲的,它混淆了危害结果发生的现实性与可能性。即便是故意犯罪,在危害结果实际出现之前,行为人对其认识仍然停留在一种可能性的层面。只是在故意犯罪中,行为人所认识到的行为能够导致危害结果的可能性要大于轻信过失中所认识到的可能性。可能性在转变为现实性之前,本身包含着可能转变为现实性和可能不转换为现实性两种可能性。对这两种可能性的确性程度的差异,就是区分轻信过失和犯罪故意(特别是间接故意)的认识因素的重要依据。⑤

当行为人在实施行为的当下对危害结果发生的可能性没有缺乏认识时,如果行为人系由于被害人的原因而不具有危害结果预见可能性,即使行为人的行为最终导致危害结果发生,这一危害结果也应评价为意外事件,而不应认定行为人构成疏忽过失型的过失犯罪。行为人实施行为的当下对危害结果发生的可能性有所认识,如果行为人由于被害人的原因而实施了危

---

① 《刑法》第十四条第一款规定:"明知自己的行为会发生危害社会的结果,并且希望或者放任这种结果发生,因而构成犯罪的,是故意犯罪。"
② 《刑法》第十四条第一款规定:"应当预见自己的行为可能发生危害社会的结果,因为疏忽大意而没有预见,或者已经预见而轻信能够避免,以致发生这种结果的,是过失犯罪。"
③ 袁彬:《罪过的心理学分析》,《中国刑事法杂志》2008 年第 3 期。
④ 林育青:《论犯罪过失心理的判断标准——以犯罪故意认识内容的双层结构展开》,载刘想树主编《西南法律评论(第 30 卷)》,法律出版社,2018。
⑤ 杨兴培:《论犯罪过失的形式与内容》,《河南公安高等专科学校学报》2003 年第 3 期。

险行为并且不具有避免结果发生的可能性时,若要求行为人对此承担责任,那么这样的刑事责任设置将丧失预防功能,因而不将行为人评价为故意犯罪或者轻信过失型的过失犯罪较为妥当。

由上分析可知,在我国刑法语境之下,因缺乏结果预见可能性而否定行为人的结果预见义务,与因缺乏结果回避可能性而否定行为人的结果回避义务具有相同的意义,两者都可以成为否定构成要件该当性的理由。只不过,两者否定构成要件该当性的适用情境有所区别:否定结果预见义务的存在可以排除疏忽过失型过失犯罪的构成要件该当性,否定结果回避义务的存在可以排除故意犯罪和轻信过失型过失犯罪的构成要件该当性。在刑法规范未对行为人设置结果预见义务或者结果回避义务时,行为所导致的结果即发生在刑法规范保护目的范围之外。在这种情况下,应当否定行为与结果之间存在刑法意义上的因果关系。

(二)结果预见义务和结果回避义务在渎职罪因果关系认定中的意义

渎职罪相比讨论因果关系问题时常见的杀人、伤害等自然犯而言,由于其与国家管理职权紧密相关,行为人作为具有国家管理职权的国家机关工作人员,在很多情形下其所具有的注意义务高于普通人,因此,在讨论通过否定行为人的结果预见义务或结果回避义务而排除渎职行为与危害结果之间的因果关系时,除了从正面去分析何种情形应当由被害人自我答责或由他人负责之外,还需要格外注意那些不能适用被害人自我答责或他人责任而排除行为人注意义务的情形。

在行为人对危害结果的发生没有预见时,如果被害人能够使行为人产生被害人能够对法益进行有效自我保护的合理信赖,则应当否定行为人的结果预见义务。社会成员之间的相互信赖,是维系社会生活秩序和法治环境所必需的。有学者将这种社会成员之间相互依赖、相互照顾的义务称为"团结义务",并进一步指出,"团结是一种社会成员间的相互照顾的结构,其实就是人与人之间的依赖关系。人类社会维护这种依赖关系的德性伦理正是团结义务的正当性基础"。① 在出现危害结果的事件中,这种人与人之间的合理信赖同样有存在的可能。在行为实施当下存在被害人的事件是在行为人和被害人的互动中产生和发展的,其本质便仍然是一种人与人之间的互动,那么人与人之间的依赖关系便不能被完全忽视,尽管这种互动的结果是一方或者双方法益受到损害。行为人对于危害结果没有预见的情形下,

---

① 庄劲:《团结义务视野下的被害人自陷风险》,《月旦刑事法评论》2017 年第 5 期。

更不存在希望或者放任的意志,这种未能预见完全可能是基于对被害人自我保护的合理信赖。诚然,在一些造成了危害结果的事件中否定行为人的结果预见义务,在客观上会使得行为人无须承担刑事责任,减小了法益保护的范围,但是这正是信赖原则在维持社会生活中人与人之间秩序的体现,有利于减少过多因为保护他人而造成的不必要的损耗,进而提高社会生活的效率。至于有学者提出的"行为人的注意义务是刑法对行为人事前的要求,并不能因为被害人对风险的认可而排除"①,则明显未从互动视角对行为人在具体情境下的注意义务进行分析,具有静止性、片面性。因此,当被害人能够使行为人产生对其能够对法益进行有效保护的合理信赖时,应当排除行为人的结果预见义务。

在本书第三章所引述的"黄映辉玩忽职守案"中,就黄映辉的监管、矫正工作对象张敬龙自杀身亡这一结果而言,便可以适用被害人自我答责,排除行为人对这一结果的预见义务,进而排除黄映辉对张敬龙进行社区矫正工作中的渎职行为与张敬龙死亡结果之间刑法上的因果关系。由社区矫正的实施特点可知②,罪犯在接受社区矫正的过程中,只是日常活动受到一定的监督管理,人身自由并未被剥夺。在本案中,即使作为社区矫正工作人员的黄映辉严格按照规定对张敬龙的每周电话汇报情况进行如实登记,严格按照规定对张敬龙每半月进行一次走访并如实填写走访登记表,并依据张敬龙不遵守社区矫正工作的相关要求而在其考察表后如实签署矫正办意见,都无法实现对张敬龙的实时监控。因此,只要在社区工作人员与作为其监管、矫正工作对象的罪犯在阶段性的直接接触过程中未发现其表现出自杀、自残的倾向,那么罪犯在接受社区矫正期间在自由意志的支配下基于各种动机而实施自杀、自残行为,都属于社区矫正人员缺乏结果预见可能性的事件。在这种情况下如果赋予社区矫正工作人员预见监管、矫正工作对象在

---

① 江溯:《过失犯中被害人自陷风险的体系性位置——以德国刑法判例为线索的考察》,载《北大法律评论》编辑委员会编《北大法律评论(第14卷第1辑)》,北京大学出版社,2013。

② 社区矫正是与监禁矫正相对的行刑方式,是指将符合社区矫正条件的罪犯置于社区内,由专门的国家机关在相关社会团体和民间组织以及社会志愿者的协助下,在判决、裁定或决定确定的期限内,矫正其犯罪心理和行为恶习,并促进其顺利回归社会的非监禁刑罚执行活动。以上对于社区矫正的定义,来源于最高人民法院、最高人民检察院、公安部、司法部2003年7月10日联合发布的《最高人民法院、最高人民检察院、公安部、司法部关于开展社区矫正试点工作的通知》。这一行政规范性文件现已失效,但以之作为开端的社区矫正法律制度,已经在《中华人民共和国刑法修正案(八)》规定对判处管制、缓刑、假释罪犯依法实行社区矫正之后正式在全国范围内确立。全国人大常委会于2019年12月28日通过《中华人民共和国社区矫正法》,这标志着社区矫正法律制度的进一步完善。

接受社区矫正期间是否会自愿放弃自己的生命权、健康权、身体权的义务,这样的义务显然是社区矫正工作人员所力不能及的,因而设置这样的义务难以有效发挥刑法的犯罪预防功能。从这个意义上来看,本案黄映辉在对张敬龙进行社区矫正工作中的渎职行为所创造的危险并不包含在张敬龙自杀身亡这一结果之中,因而黄映辉的渎职行为与张敬龙自杀身亡之间刑法意义上的因果关系应当被否定。

在行为人对危害结果有预见的事件中,如果被害人自愿放弃自身法益或者将其置于危险之中,并且对于危害结果的发生与否具有高于行为人的管控力,那么基于对被害人自我决定权的尊重与对行为人避免危害结果发生能力之考量,应该由被害人自我答责,从而排除行为人构成故意犯罪或者轻信过失型过失犯罪的可能性。尤其要强调的是,这一判断标准在故意犯罪和轻信过失型过失犯罪中均是适用的,而不因行为人在意志层面是希望、放任还是反对危害结果发生而有所区别,因为被害人对于危害结果的管控力并不以行为人的主观意愿为转移。无论行为人参与被害人实施的将自己保有的法益置于危险之中的情形,还是被害人自愿参与行为人实施的可能导致自身法益受损行为并最终出现法益侵害结果的情形,此时被害人无论对于危害结果的出现是持同意还是反对态度,其在上述情形下都完全可能在自由意志支配下主导整个事件的因果关系流程。当被害人对整个事件发展的因果关系流程起到主导作用时,行为人则在客观上不具有结果回避的可能性,如果对其设置结果回避义务,则是对"法不强人所难"的违反,即便对行为人进行刑罚处罚,也不能有效发挥刑罚预防犯罪的作用。另外,从对犯罪事件中每个主体自由意志尊重的角度出发,自我决定权被尊重意味着每一个主体应当就其决定自我答责。当被害人主导了整个事件的发展并最终出现了其自身法益受损的结果时,那么由其自身对这一后果答责而排除行为人的刑事责任,是应有之义。相对地,如果对危害结果的出现与否具有管控力的一方系行为人而非被害人,那么即使被害人存在将自身法益置于危险之中的举动,也不应当排除行为人的结果回避义务,进而应当认为此时行为人构成犯罪。

然而,在司法实践中却常有执法人员因追缉涉嫌违法的人员造成涉嫌违法人员伤亡,而被以渎职罪的相关罪名追究刑事责任的现象。例如,在"李某、徐某滥用职权案"中,被告人李某海系利津县公安局交通管理大队五中队工勤人员,按照单位安排从事道路执勤执法工作;被告人徐某系该中队交通管理协管员,配合正式干警从事道路执勤工作。2014 年 5 月 20 日下午,李某带班率领徐某等人驾驶警车在省道 S231 线陈庄路段进行道路巡查。巡查过程中,徐某发现同向行驶的被害人鲍某驾驶的大型货车涉嫌违章,便向李某请示,李某指示到省道 S231 线与 S315 线交汇处对其进行检查。徐某驾驶警车高速超越该大型货车过程中,两车相撞,致使乘坐大型货车的被害人赵某当场死亡,鲍某、冉某受伤,两辆机动车不同程度损毁。经公安机关认定,徐某驾驶警车未按照操作规范安全驾驶、驾驶机动车上路时未保持安全车速的过错行为是导致车辆碰撞事故的原因,负事故的全部责任。[①] 笔者认为,对于这类国家机关工作人员因追缉逃避检查的涉嫌违法人员而在追缉途中导致被追缉对象死伤的案件,认定存在执法不规范的追缉行为与被追缉对象死伤的结果之间存在刑法上的因果关系,显然有悖刑法规范的保护目的。交警对涉嫌违章的机动车进行检查系执法的职务行为,行政相对人驾车逃跑是与交警执法行为的直接对抗,属于拒绝履行义务。在这种情况下,交警有依法按照比例原则采取强制纠正措施的权力,比如在危险性高、危害性大和情况紧急的情形下在现场制止违法车辆继续行驶或者驾驶警车追赶,以防止交通违章行为对公共安全造成严重后果。[②]

从本案裁判文书所记载的证据可知,尽管徐某驾驶警车追赶时存在未开警灯和警笛、未鸣喇叭、未打手势、未保持安全车距等不符合行为规范之处,但涉嫌超载车辆的驾驶员鲍某对于其后方一直有警车在追赶的事实是明知的,然而其并未主动停车接受检查而是继续驾车逃跑。有学者在分析类似的案例时认为,一方面,明知执法人员要求其停车检查而拒不停车的行为,是一种不履行义务的抗法行为,这种行为不应该被纵容;另一方面,对自己驾驶能力的过于自信是涉嫌违章车辆的车主选择逃逸的主要原因,违章车辆车主应该对事故发生的结果承担全部责任。[③] 笔者原则上对这一结论持赞成意见,不过这一观点仍然存在不完善之处:该观点仅讨论到由于驾驶违章车辆者抗拒执法时对于不发生事故过于自信而应该对结果自我负责,但是没有讨论到为什么违规执法作为引发结果的一个重要原因力而实施该行为的执法人员不需要对此承担责任;另外,由于该学者讨论的案件中并无驾驶员以外的其他被害人,涉嫌违章车辆上的其他乘客如果死亡或者受伤能否适用被害人自我答责,无法由此直接推出结论。事实上,涉嫌违章车辆一方没有选择停车检查而是驾车逃走,这个过程中涉嫌违章车辆一方

①　山东省东营市中级人民法院(2015)东刑二终字第 6 号刑事裁定书。
②　刘明洁:《处置交通违章机动车逃跑行为的法律思考》,《政法学刊》2004 年第 2 期。
③　陈洪兵:《贪污贿赂渎职罪解释论与判例研究》,中国政法大学出版社,2015,第 247—248 页。

具有充分的意志自由,存在适用被害人自我答责的前提。涉嫌违章车辆一方对于选择停下接受检查从而排除发生交通事故的危险,还是选择继续驾车逃避检查而放任交通事故发生的危险继续存在,相比执法人员而言具有更强的管控力。在这种情况下,执法人员设置过重的结果回避义务,不利于其执法权的有效行使,容易放纵违法犯罪,亦不符合在这一情境下其对于结果发生与否所具有的实际管控力。因此,对于这一案件,尽管作为从事道路执勤执法工作人员的李某、徐某在驾驶警车追赶涉嫌违章车辆时存在违反公安部制定的《公路巡逻民警队警务工作规范》和《交通警察道路执勤执法工作规范》等工作规范的问题,但是由于逃避检查的涉嫌违章车辆一方自陷风险且对结果发生与否具有更强的管控力,因而应该适用被害人自我答责,而排除李某、徐某渎职行为与违章车辆一方发生死伤结果之间的刑法意义上的因果关系。

但是,如果法规范针对行为人设置了对被害人特定的保护义务,则不能认为行为人对被害人能够进行自我保护具有合理信赖,也不能认为在这种情形下系被害人而非行为人对结果的发生与否具有管控力。文明发达的社会不需要被动地禁止社会危险活动,而应该主动地控制它们。这种控制的具体方式是通过规范的设定,引导行为人危险活动的发展予以关注,增强行为人的责任感。① 法规范正是通过对保护义务的合理分配,来平衡社会生活的正常运行、发展与降低社会风险之间的关系。如果法规范赋予行为人防止风险的特别义务,那么被害人便是能够以法律确定的形式相信自己没有创设出进行自我危殆行动的可能性,此时是不能主张被害人对风险结果自我答责的。② 在这种情况下,应当认为危害结果在规范保护目的范围之内,不能排除危害结果的发生与行为人因未预见结果而实施的行为之间刑法上的因果关系。

在渎职案件中,较为典型的不能适用被害人自我答责而将被害人死伤结果的发生排除在规范保护目的之外的,是公安机关、看守所、监狱等国家机关的工作人员对被害人的人身安全具有特殊保护义务的情形。例如,在"王某甲玩忽职守案"中,被告人王某甲系哈尔滨市公安局道里分局兆麟街派出所民警,2014 年 2 月 8 日早 6 时许接到其管辖片区哈尔滨市田地金属材料有限责任公司保安部长李某某电话称抓到一名偷三轮车的人后,于 7

---

① 张小虎:《犯罪过失心理结构要素探究》,《法学评论》2005 年第 2 期。

② 李兰英、郭浩:《被害人自我答责在刑事责任分配中的运用》,《厦门大学学报(哲学社会科学版)》2015 年第 2 期。

时 25 分许到兆麟街派出所与 2 月 7 日值班民警吴某某出警,在 7 时 55 分将涉嫌盗窃的嫌疑人张某乙带回派出所,并将其关押到候问室内。10 时 8 分,负责笔录的民警刘某甲等人先后离开候问室和兆麟街派出所后,王某甲未对张某乙案继续开展工作,在明知候问室内张某乙无人看管的情况下,未认真履行对张某乙的看管责任,亦未委托他人或向领导汇报委派他人看管张某乙。张某乙于 10 时 50 分至 10 时 53 分使用电线上吊自杀,王某甲于 13 时 45 分发现时其已死亡。① 根据裁判文书所记载的证据,王某甲将涉嫌犯罪的疑似年满七十周岁的老年人张某乙带到派出所后直接将其带入候问室而未先带到讯问室讯问,未在四小时内盘问完毕,未向领导就将其带入候问室这一事宜请示、报告、打招呼,将张某乙单独留在候问室而无人看管,这些行为均违反了相关工作规范。在关押过程中,王某甲对张某乙有自杀倾向是明知的,对其死亡结果的发生是有所预见的。由公安部 2009 年 10 月 10 日发布的《关于加强办案安全防范工作防止涉案人员非正常死亡的通知》②、公安部 2010 年 10 月 25 日印发的《关于〈公安机关执法办案场所设置规范〉的通知》③、公安部 2013 年 10 月 25 日印发的《公安机关执法办案场所办案区使用管理规定》④的相关规定可知,公安机关执法人员对于办案场所内的涉案人员的生命安全具有特殊的保护义务,有义务通过设置安全装备、

①　黑龙江省哈尔滨市道里区人民法院(2014)里刑初字第 1021 号刑事判决书。

②　该文件第一条规定:"规范办案场所设置。……公安机关的办案场所内必须安装安全防范装置和报警、监控设备,不得放置可能被用来行凶、自杀、自伤的物品。相关的过道、窗户、楼梯、卫生间等必须安装防护栏、防护网等防护设施。"第二条规定:"规范讯问、询问工作。……对违法嫌疑人和未被羁押的犯罪嫌疑人,在询问、讯问开始之前,应当先对其人身及随身携带物品进行检查,发现管制刀具、武器、易燃易爆等危险物品或者可能用于自杀、自伤物品的,应当及时依法扣押或者暂时保管。"第四条规定:"规范看押工作。在讯问犯罪嫌疑人过程中,不得将犯罪嫌疑人单独留在讯问场所;在犯罪嫌疑人吃饭、如厕、休息时,必须由办案人员负责看守,不得仅由协勤人员负责看守。"

③　《关于〈公安机关执法办案场所设置规范〉的通知》中要求:"三要规范看管工作流程,有违法犯罪嫌疑人在办案区时,应当有民警无间隙看管。讯问、询问结束后,办案人员应当对被讯(询)问人及时依法处置,严禁将被讯(询)问违法犯罪嫌疑人单独留在讯(询)问室。"《公安机关执法办案场所设置规范》第十一条规定:"办案区应当安装应急报警装置,并配置安全检查设备和违法犯罪嫌疑人随身物品保存袋和存放柜。楼道门窗及区内各功能室、卫生间的窗户等应当安装牢固的防护栏网等防止违法犯罪嫌疑人逃跑和传递物品的设施;区内各功能室、卫生间应当避免有凸出的硬棱角、悬挂支点及可能被直接用来行凶、自杀、自伤的物品。"

④　该文件第十七条规定:"进行讯问、询问时,办案民警不得少于二人;一人因故暂时离开时,应当由其他办案民警接替或者暂停讯问、询问。禁止将违法犯罪嫌疑人单独留在讯问室或者询问室中。"第二十六条规定:"违法犯罪嫌疑人在办案区等候、休息时,应当安排工作人员不间断看管。遇有违法犯罪嫌疑人可能脱逃、行凶、自杀、自伤或者有其他危险行为的,民警可以依法使用约束性警械。"

确保不存在可以用以自杀或自伤的工具、不间断看管等方式,防止涉案人员在办案场所自杀或自伤。在这种前提下,公安机关执法人员对于办案场所中涉案人员的自杀和自伤便具有结果预见义务和结果回避义务,即使涉案人员自愿放弃生命权、身体权、健康权,也不应适用被害人自我答责,而应该肯定公安机关执法人员疏于监管的渎职行为与涉案人员死亡或者受伤之间具有刑法意义上的因果关系。

第三节　核心内容:危险何以现实化

一、危险现实化的路径类型

危险的现实化说在刑法因果关系认定方面,最大的理论贡献有两点:一是事实判断与规范判断一体化进行,彰显了刑法规范在因果关系认定中贯穿始终的重要作用;二是将危险的现实化方式类型化为直接实现危险类型和间接实现危险类型,具有较强的操作性。在上一部分,我们已经借鉴客观归责理论中的规范保护目的理论对实行行为何以创造危险的问题展开了讨论;接下来,我们将充分运用危险的现实化说较为成熟的类型化路径,分析渎职行为创造的危险何以现实化。

归纳起来,运用危险的现实化说来判断实行行为的危险现实化进而判断因果关系,有以下两个类型:第一种是直接实现危险类型,即在实行行为直接成为结果原因的场合,原则上无论之后的介入因素如何,都应该肯定危险在结果中现实化;第二种是间接实现危险型,在这种类型中,结果的直接原因是实行行为之后的介入因素,如果实行行为的危险性对于通过介入因素产生结果而言具有必要性,那么实行行为借助介入要素这一直接原因导致结果发生时,应当肯定因果关系的存在。① 有学者从反向的角度归纳出否定因果关系成立的情形,指出只有在既不符合直接实现危险类型,也不符合间接实现危险类型时,即由介入因素直接引起危害结果,而且这一介入因素的出现本身具有显著的异常性,在其之前的实行行为亦缺乏诱发介入因素的危险性的时候,才能够否定因果关系的成立。②

作为因化解相当因果关系说危机而日本判例和学说所逐渐接受的一种因果关系理论,危险的现实化说在判断存在介入因素时行为与结果之间刑法意义上因果关系是否存在方面,最大的特色在于强调实行行为所创造的危险对于结果发生与否的重要意义,而介入因素在客观上或者主观上是否

---

① 山口厚:《从新判例看刑法》,付立庆、刘隽、陈少青译,中国人民大学出版社,2019,第15页。

② 马春晓:《危险现实化与结果归属》,《国家检察官学院学报》2020年第6期。

处于可预见范围内则不再具有决定性影响。换言之,危险的现实化说的核心立场正是"以实行行为对结果的影响力为标准来判断因果关系之有无",其与相当因果关系说相比,具有决定性区别是"即便因果进程本身异常,仅此尚不能否定因果关系"。① 与之相对,从相当因果关系说的立场出发,判断是否存在相当性之前,需要对作为其判断基底的资料进行甄别。作为判断基底的设定标准,相当因果关系说阵营中存在着折中说和客观说的尖锐对立:折中说将一般人存在认识或预见可能性的情况以及行为人存在特别认识并预见到的情况作为相当性的判断基底,客观说则将行为当时客观存在的所有情况以及行为后发生的具有预见可能性的情况作为判断基底。② 由此可见,折中说与客观说所针锋相对之处在于行为人具有特别认识或预见的情况是否应当作为因果关系相当性的判断基底。

然而,无论折中说还是客观说,在解决司法实务中的疑难问题时,一方面可能因为过度地限缩或者扩大因果关系成立范围,理论与判例的结论存在较大偏差,不免让人产生这些理论是否仅仅是学者的自说自话的疑问;另一方面,更是存在着以混合着法律以外价值评判的事实判断取代法律判断的问题,使得刑法意义上的因果关系认定偏离刑法规范的指引。大谷实教授作为折中说的坚定支持者,仍然承认照折中说的立场,在一些特殊的场合下,相当性的判断会存在争议。一是在被害人所具有的特异体质或所患有的疾病成为死亡结果的条件时,因果关系的判断出现理论与判例立场的严重分离。同样是行为人对具有特异体质的被害人实施轻微伤害的行为导致被害人死亡,且被害人的特异体质属于一般人所不能认识的,此时如果行为人对被害人的特异体质是明知的,则应将被害人特异体质纳入相当性的判断基底中,进而可以肯定轻微伤害行为与死亡结果之间的因果关系;如果行为人对此缺乏认识,则得出相反的结论。然而日本脑梅毒案的判例(最判昭和二十五年3月31日刑集第4卷3号第469页)却从条件说的角度出发肯定了因果关系,而未考虑一般人或者行为人对被害人特异体质的认知与否。二是介入医生的医疗过失行为等通常不能预测的第三者行为的场合,因果关系判断的理论与判例(大判大正十二年5月26日刑集第2卷第458页)立场同样出现分歧。三是介入不可预见的被害人行为的场合,因果关系判断的理论与判例可能出现分歧。例如,被害人原本遭受了治疗两周左右即

① 橋爪隆:《刑法总论之困惑(一)》,王昭武译,《苏州大学学报(法学版)》2015年第1期。
② 橋爪隆:《当前的日本因果关系理论》,高翔译,载陈兴良主编《刑事法评论(第40卷)》,北京大学出版社,2017。

可痊愈的伤害,但被害人基于其特有的宗教信仰而在伤口上涂抹所谓的"神水",导致其因伤口感染而必须接受四周的治疗,被害人涂抹"神水"的情况对于一般人和行为人都是不可预见的,但判例却对伤害行为与感染结果之间存在因果关系予以肯定(大判大正十二年 7 月 14 日刑集第 2 卷第 658 页)。四是行为人的实行行为与危害结果之间介入行为人实施的一般人不能预见的行为,并且第二个行为直接导致危害结果的发生。如在行为人实施误杀行为后不忍心看到被害人陷入痛苦,于是开枪实施第二个射杀行为导致被害人死亡,这时候如何认定第一个行为与危害结果之间的因果关系存在争议,进而会产生罪数的争议(最决昭和五十三年 3 月 22 日刑集第 32 卷 2 号 381 页)。① 某种意义上来看,尽管相当因果关系说中的折中说受到日本学界广泛支持,但是在日本司法实务中解决因果关系认定的疑难问题时,往往并不会将介入因素是否为一般人所能够认识或预见以及行为人是否实际认识或预见作为因果关系认定的决定性因素。在上述与折中说分析结果出现较大差异的判例,均为大谷实教授认为介入因素属于一般人不能认识或者预见进而应排除在相当性的判断基底之外,而判例却肯定了因果关系的存在。其实对于一般人能否认识或者预见的判断,终究还是裁判者基于个人生活经验和价值观念而作出的具有主观性的判断——在一千个裁判者心中,就有一千个"一般人"的假定。这种带有主观性的判断结果永远不可能具有唯一性,我们能做的努力只是通过一定规则的建构和对裁判者的思维训练,使判断结果的差异性减小。高桥则夫教授则指出了客观说所具有的问题:客观说存在着就查明的案件事实而言难以区分行为时和行为后情况的困境,更存在着如果将行为时的情况全部包括在内,那么之后的因果经过就成了必然,从而导致客观说与条件说几乎等同的问题。② 显然,客观说的判断,无异于将刑法因果关系的判断倒退回了以条件说对事实因果关系判断的阶段,容易导致因果关系认定的范围被无限扩张。

事实上,无论依照折中说还是依照客观说,在认定行为与结果之间刑法意义上的因果关系时,关键的判断依据都是介入因素是否实际或者应当被认识或者预见到。如果答案是肯定的,那么因果关系发展流程则是符合经验法则的,也即具有"相当性",进而刑法意义上的因果关系将得以认定。相当因果关系说通过这种经验主义的方式对刑法意义上的因果关系进行判

---

① 大谷实:《刑法讲义总论》,黎宏译,中国人民大学出版社,2008,第 204—207 页。

② 高桥则夫:《刑法総論》,成文堂,2018,第 128—129 页。

断,归根结底是一种混合了法律以外价值评判的事实判断,在这个过程中完全无法看到刑法规范所起到的作用——我们所要判断的是刑法意义上的因果关系是否存在于实行行为与危害结果之间,但是实行行为的类型化作用在这一过程中却完全无所体现,在存在介入因素的情况下构成要件结果能否体现实行行为具有规范意义的类型化的作用的实现,则不得而知。

相比之下,危险的现实化说在处理实行行为与危害结果之间存在介入因素时的因果关系认定问题时,则更加注重实行行为本身对于结果发生而言的作用力以及对于介入因素出现而言的作用力,强调的是被类型化的实行行为所创造的危险能否在结果中得以现实化。相应地,介入因素的存在是否会导致因果流程出现异常,在一定条件下会对刑法意义上因果关系的认定产生影响,但是并非在所有情形下均将介入因素的异常与否考虑在内;即使考虑在内,介入因素的异常与否也非因果关系认定的唯一决定性因素。由此可见,危险的现实化说在认定实行行为与危害结果中间存在介入因素时两者间是否存在刑法意义上的因果关系,刑法规范起着重要作用,使刑法意义上因果关系的判断回归本源。与此同时,危险的现实化说的判断方法,能够使看似考虑周延的相当因果关系说中的折中说对于一般人认识或预见范围的判断主观性过大的弊病得以克服,也能使客观说导致因果关系被肯定几乎成为必然的问题得以解决,在判断方法上更具有科学性。

二、直接实现危险类型案件的因果关系认定标准

在直接实现危险类型的案件中,实行行为形成了结果发生的原因,也即实行行为本身的危险性直接地在结果中实现,因而实行行为与具体的结果之间危险的现实化的关系能够被认定。对于这类案件来说,由于只要求实行行为存在直接引起结果的关系,即使介入因素属于异常情况或者不可预见,这样的介入因素也不会对因果关系是否存在的判断产生影响。[①] 在日本司法实务中最具典型性的案件当属本书第二章所提到的大阪南港事件,而日本最高裁判所就这一案件阐述的因果关系认定方法亦引发了日本刑法学界的广泛讨论。在山口厚教授看来,日本最高裁判所对于这一案件因果关系认定的立场可以这样理解,即被告人对于其行为之后所介入的第三者的行为的预测可能性、预见可能性的程度并不是因果关系认定问题的关键

---

① 橋爪隆:《当前的日本因果关系理论》,高翔译,载陈兴良主编《刑事法评论(第 40 卷)》,北京大学出版社,2017。

（即使从"存疑有利于被告人"的原则出发，假定第三者的行为系出于故意），由于第一现场的成为死因的伤害所具有的暴行的危险性在第二现场现实化为被害者基于上述死因的死亡结果，所以仅具有使死期稍微提前这样程度的影响的第三者的行为在行为之后介入，并不能左右肯定被告人的暴行与被害者的死亡之间具有因果关系的判断。① 橋爪隆教授则以对结果的同一性的判断作为以大阪南港事件为代表的直接实现危险类型案件中因果关系认定的突破口，但对于判例所体现的重视死因的同一性的立场持有保留态度，因为死因所能涵盖的范围过于广泛，且死因的同一性也有从想要得出的结论进行倒推的嫌疑。在其看来，死因和死亡时间同属于重要的判断视角，因为如果死因已经发生很大变化那么很难再说实行行为"引起了"死亡结果，而对于假定的死亡时间的判断，充其量只能算一种假设，即使被害人已经进入没有恢复健康的可能性的境地，也不能武断地据此得出被害人完全不可能创造起死回生的奇迹。因此，橋爪隆教授认为应当通过对实际引起的结果与假定性地舍弃介入因素的假设引起的结果的比较，分别探讨各个构成要件，考察从社会一般观念来看两者之间是否存在具有实质性的差异。② 大塚裕史教授同样以结果的同一性来解释以大阪南港事件为代表的直接实现危险类型案件中的因果关系，指出在判例中被认为介入因素对结果的贡献度小的代表性例子是结果的同一性被认可的情况。将假设介入因素不存在的情况下发生的结果（假定的结果）与介入因素存在的情况下实际上发生的结果（现实的结果）进行比较，如果两者之间的实质性差异不被承认（换句话说，如果认可结果的同一性），且介入因素对结果做出的贡献小，则实行行为对于结果的发生而言是决定性的原因。也就是说，如果被告人的行为对结果的影响力（贡献度）在结果中得到压倒性的巩固，且第三者的介入行为对结果的贡献度小，介入行为不能成为阻止危险的现实化的情况，那么就可以做出这样的评价，即被告人的行为所具有的危险已经变成了该结果（危险实现过程），因此因果关系应当被认定。③

从以上梳理可以看出，在日本刑法学界，即使是在因果关系理论中持危险的现实化说观点的学者，对于直接实现危险类型的具体判断标准的认识

---

① 山口厚：《从新判例看刑法》，付立庆、刘隽、陈少青译，中国人民大学出版社，2019，第10—11页。

② 橋爪隆：《刑法总论之困惑（一）》，王昭武译，《苏州大学学报（法学版）》2015年第1期。

③ 大塚裕史：《法的因果関係（2）—危険の現実化説の判断構造》，《法学セミナー》2015年第730期。

也存在较大的差异。山口厚教授的观点立足于判例,对判例中所体现的因果关系认定立场进行了挖掘、提炼,强调实行行为本身所具有的危险性对于结果的影响,介入因素的异常与否和可预测与否不再具有重要性,但是介入因素对于结果所具有的作用在何种程度时可以在认定因果关系中忽略不计,并不只有死亡时间稍微提前这一种情况;而且死亡时间提前质变与量变的临界点如何确定,哪些情况下可以认为死亡时间提前属于可以忽略不计的影响,哪些属于具有重要性的影响,需要进一步结合社会一般经验进行判断。因此,山口厚教授所归纳的直接实现危险类型的因果关系判断要点,能够较为准确地体现判例的立场,但稍微欠缺周延性和可操作性。本部分开头引述桥爪隆教授所归纳的直接实现危险类型因果关系的判断方法,是符合日本判例的一种精炼的抽象表达,但具体的判断方法是怎样的,这个抽象的表达并不能给我们具有可操作性的指引;而其在就大阪南港事件展开这一类型案件因果关系认定的具体方法时,亦存在普遍适用性不足的问题。事实上,死因可以通过专业的医学鉴定进行判断,而非在事实认定上无解的问题;死因也只是实行行为对于结果具有决定性的影响力的一种具体表现形式,而非全部样态;死亡时间提前的程度在何种情况下对死亡结果产生影响不重要,这个确实需要借助社会一般观念进行判断,但死亡时间提前对于危害结果的发生所具有的影响可以忽略不计,仍然只是介入因素对结果发生影响力小的一种表现形式,而非全部样态。相比之下,大塚裕史教授所归纳的方法具有更强的借鉴意义:该方法既有一般性规则的提炼,即强调对"结果的同一性"的判断;也具有可操作性,即提出了实行行为对结果的贡献度得到压倒性巩固、介入因素对结果的贡献度小的条件被满足时,实行行为所创造的危险就在结果中直接实现。

但需要注意的是,前文所评述的各种观点都存在一个共同的问题,那就是仅着眼于介入因素存在时的危险直接实现,却忽略了对介入因素不存在的情形的讨论。尽管在划定了实行行为可能的边界、以规范保护目的为依据对实行行为何以创造危险进行判断之后,如果实行行为与实际危害结果之间不存在介入因素,那么因果关系的判断并不会产生疑难,但是从体系的完整性角度出发进行考虑,这种情形也应该纳入危险直接实现类型的范畴。

三、间接实现危险类型案件的因果关系认定标准

间接实现危险类型是指实行行为的危险性经由介入因素间接地在结果

中实现的案件类型。① 这类案件与直接实现危险类型案件的显著区别,在于介入因素对于结果的贡献度很大。对于介入因素对结果贡献度很大的案件,原则上应当否定实行行为所创造的危险得以现实化,因为介入因素所创造的危险已经在结果中现实化,实行行为的危险的现实化则被介入因素所阻断。但是,这个原则也有例外,如果实行行为和介入因素之间被认定存在一定的关联性,也就是介入因素并非与实行行为无关而独立发生,是与实行行为有密切的关联,这样就可以说实行行为和介入因素相互作用导致了结果,从而肯定实行行为所创造的危险间接地在结果中实现,进而肯定刑法意义上的因果关系存在于实行行为与结果之间。②

正确判断实行行为与介入因素之间的关联性,是解决间接实现危险类型案件因果关系认定问题的关键。依照前文所引述的大塚裕史教授的观点,关联性的肯定有两个条件,一是实行行为具有诱发介入因素的危险(诱发型)或者具有导致结果扩大的危险(危险状况设定型),二是介入因素的出现不具有异常性。③ 在介入因素对于结果发生贡献度大的情形下,认定因果关系时所要考虑的因素主要包括两个,即实行行为所创造的危险与介入因素是否异常,对于主张危险的现实化说的学者而言已经达成共识,但是这并不意味着在判断标准的确定上真正毫无争议。

对于与实行行为本身所具有的危险相关的条件,争议的焦点在于是否仅包括实行行为具有引发介入因素的危险这一种情况。不乏有学者将间接实现危险类型案件中与实行行为本身所具有的危险限定于实行行为具有引起介入因素发生的可能性,例如在山口厚教授看来,在实行行为之后所介入的第三人的行为是导致结果发生的直接原因时,如果能够肯定行为人所实施的实行行为以及与此具有密切关联的行为具有诱发第三人行为的危险性,那么就可以认为,实行行为的危险性以作为结果发生的直接原因的第三人行为为媒介而实际上在结果中实现。④ 桥爪隆教授亦认为,在间接实现危险类型案件中,作为实行行为的危险性的内容,实行行为是否包含引起介入因素的危险,属于因果关系判断中的重要内容。⑤

诚然,实行行为具有引起介入因素发生的危险,是间接实现危险类型案

---

① 桥爪隆:《刑法总论之困惑(一)》,王昭武译,《苏州大学学报(法学版)》2015年第1期。
②③ 大塚裕史:《法的因果関係(2)—危険の現実化説の判断構造》,《法学セミナー》2015年第730期。
④ 山口厚:《刑法总论》,付立庆译,中国人民大学出版社,2018,第63页。
⑤ 桥爪隆:《刑法总论之困惑(一)》,王昭武译,《苏州大学学报(法学版)》2015年第1期。

件中实行行为危险性内容的一个重要表现形式,就这一点而言并无争议。在这种情况下,实行行为、介入因素和最终危害结果之间的因果链条是环环相扣的:实行行为在符合一般经验法则的前提下具有引起介入因素发生的类型化的危险,这一危险随着介入因素的实际出现而实现;介入因素在符合一般经验法则的前提下具有直接引起最终危害结果发生的危险,这一危险随着最终危害结果的实际发生而实现。在这种情形下,应当认为实行行为所创造的具有类型化的危险间接地在最终危害结果中实现,进而肯定刑法上的因果关系存在于实行行为与最终危害结果之间。申言之,在这种情形下,介入因素的出现因为实现了实行行为具有类型化的危险且其出现本身不具有异常性,最终危害结果的出现也不具有异常性,则可以认为最终危害结果的出现既符合违反刑法规范保护目的的条件又符合经验法则,由此得出的实行行为与结果之间存在刑法上的因果关系的结论是规范判断和事实判断双重判断的结果。

相比之下,笔者认为将间接实现危险类型区分为诱发型和危险状况设定型更具有周延性,相比将间接实现危险类型等同于诱发型的观点而言更具有可取之处。事实上,这两种立场的分歧主要集中在对"后备箱监禁致死事件"的因果关系的认定结论上。在这一案件中,某日凌晨 3 时 30 分左右行为人将被害人塞进汽车的后备箱中,随后拉上后备箱盖,导致被害人无法逃离。开车行驶后行为人将车停在宽约 7.5 米的单侧单车道上。当天 3 时 50 分左右,后车驾驶员因注视前方而未注意到该车,与该车发生了追尾,导致该车后备箱中央凹陷,被害人因被塞在后备箱中头部受到伤害而死亡。针对这一案件,判例认为,"尽管被害人死亡的直接原因是因第三人的显著的过失行为所引起的追尾事故,但行为人将被害人监禁在道路上停驶的普通乘用汽车的后备箱里,能够认为本案这样的监禁行为和被害人的死亡之间存在因果关系"(最决平成十八年 3 月 27 日刑集第 60 卷 3 号第 382 页)。在这一案件中,后车驾驶员行驶过程中因未正确对前方路况作出判断而撞击到该车辆的行为,是被害人死亡的直接原因。假如将后车对前车后备箱撞击变形这一介入因素抽离,那么行为人将被害人塞入后备箱的行为使其失去行动自由并不能在短时间内引起被害人死亡;即使被害人可能因受到惊吓而死亡,可能因为后备箱内空气稀薄窒息而死亡,但这些都不是本案中被害人死亡的原因。相比之下介入因素对于被害人死亡这一结果发生的贡献度更大,将被害人塞入后备箱的行为依照这一案件的具体情况来看并不具有压倒性、决定性的作用力,这便排除了本案属于直接实现危险类型的可能性。如果要认定本案中实行行为与危害结果之间存在因果关系,只能依靠肯定本案属于间接实现危险类型来实现。显然,行为人将被害人塞入自己车辆后备箱的行为在通常意义上与后面车辆的撞击行为之间并无引起与被引起的关系,实行行为诱发介入因素的条件并不能满足。假如将被害人塞入后备箱的实行行为不存在,后面车辆以同样的行驶状态撞击一辆空车或者撞击有人坐在车厢座位上的车,并不会导致人因为头部被变形的后备箱撞击受伤而死亡的结果,因此实行行为对于被害人死亡这一结果的发生也是必不可少的。申言之,如果被害人没有被塞入后备箱,而是根本不在车内,那么后车撞击这辆车根本不可能导致任何人的人身法益受到侵害。如果被害人系正常坐在车厢座位上的乘客,后车撞击时,该车是停稳的而非开动的,被害人完全有下车逃生的机会;即使未来得及逃生,被害人被置于后备箱中受到后车的冲击力也远大于处于车厢的座位上时可能受到的冲击力,受到伤害导致死亡的可能性更大。因此,如果将间接实现危险类型中实行行为所创造的危险仅限定于对介入因素起到诱发作用,将会不合理地缩小因果关系存在的范围,使一些多因一果的案件中因果关系被不合理地排除。相比之下,将危险状况设定型作为间接实现危险类型案件的一种类型,能够使因果关系认定的结论更具有周延性。在危险状况设定型案件中,介入因素的存在对于危害结果的发生具有直接作用和重大的贡献度,但是如果实行行为不存在,如此严重的危害结果不会发生,因此实行行为对于结果的发生而言也具有重要的作用力,实行行为与介入因素结合在一起共同导致了危害结果的发生。由此可以认为,这种情况下,实行行为所创造的危险与介入因素结合在一起间接地在结果中实现了,从而应当肯定实行行为与结果之间的因果关系。

　　介入因素异常性的判断方法,亦存在有待补充完善的空间。有论者分析道,间接实现危险类型中介入因素异常性的判断究竟有无限度与标准存在,是当前危险的现实化说所面临的最为重要和困难的问题;就介入因素异常性的限度而言,如果认为只要实行行为能够诱发介入因素,任何异常程度的介入因素都不能排除因果关系的存在,那么可能会导致因果关系认定过于宽泛的问题,且形成什么样的兼顾事实判断和价值判断的标准仍是未解决的问题;就介入因素异常性的标准而言,由于缺乏具有明确性的标准,与相当因果关系说一样,危险现实化的判断同样需要借助对于介入因素与结果进行适当抽象化方可得到较为妥当的结论,但抽象化的思路仍存在诸多争议。① 笔者认为,上述对于间接实现危险类型中介入因素异常性判断所存在的问题,基本上可以准确概括出诱发型案件中介入因素异常性判断的症结所在,但是限于对间接实现危险类型所涵盖情形理解的片面性,上述评述并未提及就间接实现危险类型中的危险状况设定型案件中介入因素异常性判断是否也存在同样的问题以及存在何种问题,因而前述论者的观点虽有可取之处但具有一定的局限性。

对于不同样态的间接实现危险类型案件,介入因素异常性的判断应采取不同的方法。如前所述,间接实现危险类型案件包含两种具体的样态,一是诱发型案件,即实行行为对于介入因素的发生具有诱发作用,实行行为所具有的危险以介入因素为媒介在最终的结果中间接地实现;二是危险状况设定型案件,即实行行为与介入因素结合在一起,两者结合起来共同创造的危险在结果中实现。基于此,对于介入因素异常与否的判断标准也应该有所差异:在诱发型案件和危险状况设定型案件中,介入因素与实行行为之间相关联的方式是不同的,那么对两种类型案件中介入因素出现异常与否的判断,是否需要结合实行行为以及行为人的认识来判断,则需要有所区别。

对于诱发型案件而言,介入因素异常性的判断内容,应当是实行行为引发介入因素依据实行行为具有类型化的危险、社会生活的一般经验和行为人的特殊认识是否异常。如果不异常,则肯定实行行为与危害结果之间的因果关系;如果异常,则否定实行行为与危害结果之间的因果关系。举例来说,如果实行行为所创造的危险是诱发他人实施侵害财产法益的行为,但实际诱发的介入因素是他人实施侵害生命法益的行为,并且最终发生被害人生命被剥夺的危害结果,那么介入因素的发生对于实行行为而言显然是异常的,实行行为所创造的危险在介入因素发生时就被中断,未在结果中实现。如果实行行为所创造的类型化危险能够将引发介入因素包含在内,且最终危害结果也在规范保护目的范围内,介入因素的发生与否是否异常则应充分考虑社会生活的一般经验和行为人的特殊认识。事实上,对于不同类型的犯罪,在判断介入因素是否异常的时候是存在差异的。行为人对介入行为的实施者是否具有特定的监督管理责任,在判断介入行为的实施是否异常时,所采取的标准有所区别:在最终危害结果在规范保护目的范围内时,如果行为人有避免、阻止介入行为实施者实施某种具有法益侵害性的行为的监督管理责任,那么介入行为实施者即使确实实施了上述违法犯罪行

① 马春晓:《危险现实化与结果归属》,《国家检察官学院学报》2020年第6期。

为,介入行为的出现也不具有异常性;但当行为人与介入行为实施者系不存在监督管理关系的平等主体时,就介入行为的出现对于实行行为和行为人而言是否异常的判断,更多地则要依靠经验法则,结合社会生活中的常识和行为人实际上认识到的特殊情况,对介入因素异常与否进行事实判断。

对于危险状态设定型案件而言,介入因素异常性的判断内容,应当是介入因素是否完全改变因果关系的发展流程,使得危害结果中实现的危险与实行行为毫无关联。在危险状态设定型案件中,实行行为与介入因素对于实际危害结果的发生来说是缺一不可的。如果介入因素单独就能够导致危害结果的发生,那么实行行为存在与否对于结果的发生就毫无意义,即使实行行为本来所创造的危险足以导致危害结果的发生,由于具有异常性的介入因素的出现,使得因果关系发展流程发生彻底改变,也不能认为实行行为所创造的危险在结果中实现。因此,如果介入因素的存在能够使得结果的发生与实行行为所创造的危险毫无关联,则应该认为介入因素具有异常性,从而否定实行行为与危害结果之间存在刑法意义上的因果关系。至于介入因素的发生对于实行行为和行为人而言是否具有异常性,则不属于危险状况设定型案件中介入因素异常性判断的内容。

本节中,笔者将作为危险的现实化理论判断因果关系的核心步骤即判断危险何以现实化的方法进行了详细阐述。从上文可知,无论是直接实现危险类型案件,还是间接实现危险类型案件,导致因果关系认定存在疑难的症结都是介入因素的存在以及实行行为与介入因素之间所存在的关系。对于渎职罪的因果关系而言,因果流程中普遍存在介入因素是一个重要的特征。从本书第三章对渎职罪因果流程中介入因素的梳理可以看出,渎职案件中可能存在的介入因素多种多样,这便为渎职罪因果关系的认定带来了诸多困境。鉴于此,笔者将在本书第六章专门对介入因素存在型渎职案件的因果关系认定问题进行探讨,分析渎职行为与危害结果之间存在介入因素的渎职案件在何种情况下属于直接实现危险类型渎职案件,在何种情况下属于间接实现危险类型渎职案件,力图提出具有可操作性的认定标准。

第五章 权力分工影响型渎职案件
因果关系的认定

第一节 上级行为影响型渎职案件因果关系的认定

一、上级行为影响型渎职案件因果关系的认定难点

渎职行为系执行上级决定、命令或者行为为上级所明知时,是否具有严重不当性,需结合《公务员法》关于国家机关工作人员的权利、义务和责任划分的相关规定进行判断。然而,《公务员法》第六十条所规定的公务员抵抗权在实践中存在诸多适用困境。这便导致以公务员为主要组成部分的国家机关工作人员拒绝执行上级违法命令在实践中具有相当大的难度,进而导致判断其行为是否因为具有严重不当性而属于渎职罪实行行为存在疑难,从而致使判断该行为与危害结果之间是否具有刑法意义上的因果关系陷入困境。

上级行为影响型渎职案件中,行为人的职权行为与危害结果之间因果关系认定存在疑难的根源,主要包括以下几点。

首先,公务员抵抗权的行使,面临着行政伦理规范的激烈冲突。公务员抵抗权所体现的行政伦理要求是对法制的维护和对依法行政理念的遵循,但是对上级领导的决定和命令予以贯彻执行从而保持政令畅通和上令下达,同样也是公务员所应遵守的一项行政伦理要求。一些地方为了保障服从上级命令的行政伦理要求得到贯彻,更是在地方性公务员行为规范中对公务员抵抗权的行使增加了条件限制,因而公务员行使抵抗权时必然要面对两种行政伦理规范的冲突。①

其次,上级的决定或者命令在何种情形下属于"有错误",在何种情形下

---

① 刘福元:《公务员行为规范中抵抗权困境的成因与出路》,《东北财经大学学报》2014 年第 2 期。

属于"明显违法",缺乏明确的区分标准,公务员往往不敢贸然将上级的决定或者命令判断为明显违法而拒绝执行。时任全国人大法律委员会主任委员杨景宇于 2005 年 4 月 26 日在第十届全国人民代表大会常务委员会第十五次会议上作的《全国人大法律委员会关于〈中华人民共和国公务员法(草案二次审议稿)〉修改意见的报告》中,曾对《中华人民共和国公务员法(草案二次审议稿)》首次增设的公务员抵抗权条款进行过说明,说明中以例举的方式解释了何种情形属于"明显违法",所举的示例为"刑讯逼供、做假账、走私等"。① 全国人大常委会法工委编撰的法律释义书中则将公务员抵抗权条款中的"明显违法"以下定义加例举的方式进行了如下解释:"此处所称'明显违法',是指具有普通理智和法律知识的公务员,都可以判断出上级决定或者命令的违法性。例如,如果执行上级的决定或者命令将导致刑事处罚,或者上级的决定或者命令严重违反善良风俗,则构成明显违法。"② 然而,一方面,上述由立法机关常设机构工作部门所作的释义,并不属于有权解释,法官在进行裁判时不能直接适用。因此,在对条款中"明显违法"的含义进行解释时,只能将其作为立法背景资料予以参考。另一方面,大多数公务员并非法律专家,尽管很多时候在事后追究公务员法律责任时能够清楚明了地对上级的决定或者命令是否属于明显违法进行定性,但是公务员在执行该决定或者命令时,由于改革背景下政策法规变动大等客观原因的存在,可能难以作出正确判断。③

最后,下级公务员在晋升、考核、奖惩等方面的权益,可能会受到上级领导意志的重大影响,尽管《公务员法》第十五章规定了公务员申诉与控告的权利及其行使方式,但是这并不能彻底打消公务员对于拒绝执行上级决定或者命令时的顾虑。④ 在公务员抵抗权行使困难重重的背景下,由上级作出的具有违法性的决定或命令被实际执行的可能性较大,被拒绝执行的可能性较小。从刑法谦抑性原则的要求出发,下级因执行上级违法的决定或命令而导致渎职罪危害结果发生的情况下,一概认定下级的职权行为属于渎职罪的实行行为,并由此认定刑法意义上的因果关系存在于下级的职权

---

① 全国人民代表大会宪法和法律委员会:《全国人大法律委员会关于〈中华人民共和国公务员法(草案二次审议稿)〉修改意见的报告》,http:www.npc.gov.cn/zgrdw/npc/xinwen/2018-12/29/content-206q926.htm,访问时间:2023 年 5 月 20 日。
② 杨景宇、李飞主编:《中华人民共和国公务员法释义》,法律出版社,2005,第 145 页。
③ 蓝潮永、刘晓芬:《完善〈公务员法〉"违法命令不执行"条款的思考》,《河南科技大学学报(社会科学版)》2009 年第 5 期。
④ 崔静、李宁:《完善我国公务员抵抗制度的几点思考》,《贵州社会科学》2010 年第 2 期。

行为与危害结果之间,有过度扩大刑法打击范围之嫌。

二、上级行为影响型渎职案件因果关系的认定规则

国家机关工作人员依据法律、法规、规章、规范性文件和任命、指派等对于其岗位权限的规定行使职权,也即履行职责,"权"与"责"对于其岗位职务而言是一体两面,具有统一性。因此,原则上,被赋予了一定职权的国家机关工作人员也要对自己的履职行为承担责任,这是权责一致的体现。《公务员法》第六十条对于下级公务员执行公务时与上级的责任分担方式作出了规定。由该条文的具体规定可知,公务员执行公务时如果同时满足以下几个条件,执行的后果由上级负责而不由具体执行的公务员负责:一是公务员认为上级的决定或者命令有错误;二是该错误未明显违法;三是公务员已向上级提出改正或者撤销该决定或者命令的意见;四是上级不改变该决定或者命令,或者要求立即执行。相对应地,如果上级的决定或者命令明显违法而仍然执行,或者上级仅是明知国家机关工作人员违法行使职权而非命令其违法行使职权,国家机关工作人员违法行使职权的后果应当由自己承担而非由上级承担。换言之,在上述情形下,上级决定或者命令的存在以及上级明知的存在,并不能排除国家机关工作人员违法行使职权行为的不当性。

依照上述判断标准,可知曾引发社会舆论广泛关注的"何耘韬玩忽职守案"中被告人何耘韬的行为是不具有严重不当性的,发回重审后检察院最终撤回起诉的结果相比一审法院作出的有罪判决更为妥当。本案的主人公何耘韬系廉江市国土资源局副局长,负责分管土地登记审核工作。竞买获得廉江市两处房地产受让权的金都公司因未足额缴纳土地出让金,在办理土地使用权变更手续时,何耘韬和地籍股股长罗煊光认为市政府办公室的〔2005〕7 号《市政府常务会议纪要》中关于金都公司缴交土地出让金的规定①,在如何收取金都公司竞得的国有划拨土地出让金标准不明确,不符合划拨土地必须全部缴交土地出让金的有关规定,随即向分管市领导报告情况。之后,市政府办公室发出《要求收回〔2005〕7 号市政府常务会议纪要的通知》,并附重新制作的廉府办〔2005〕7 号《市政府常务会议纪要》,对该问题再次明确意见。但是,何耘韬、罗煊光仍然坚持办理该宗土地变更登记发证的前提是金都公司缴交全部土地出让金。鉴于该宗地属于廉江市房地产

---

① 该文件对于金都公司缴交土地出让金的问题,规定如下:"土地出让金收取问题。按规定收取项目开发时的土地出让金,由市财政负责扣除上缴省和湛江部分,余下部分作政府支持企业经费,拨付给企业使用。"

市场清理整顿范围,根据廉府〔2004〕27 号《印发廉江市清理非法购地建房和买卖房地产专项工作实施方案的通知》的要求①,廉江市国土资源局向市清理整顿房地产交易市场工作领导小组进行请示。该领导小组办公室向市纪委监察局进行了汇报,在经请示市纪委书记同意后,在廉江市土地交易所《土地使用权转让税费测算表》上签批"暂收土地出让金 40%,办证"的意见。随后,罗煊光在其审批表上签字同意拟予注册登记,何耘韬出具"初审合法,结果正确,同意报批登记发证"的意见。金都公司在欠缴国有土地出让金 110 余万元的情况下,领取到土地变更登记的土地证。② 由以上案情梳理可知,何耘韬作为廉江市国土资源局分管土地登记审核工作的副局长,在审批未足额缴纳土地出让金的金都公司的土地变更登记申请时,认为市政府常务会议纪要中关于收取金都公司土地出让金的要求存在错误,曾两次向市政府相关负责领导、市清理整顿房地产交易市场工作领导小组进行请示,提出反对意见,但上级领导仍然要求其违反规定进行审批,并以市纪委书记的同意背书。在这种情况下,依照《公务员法》的相关规定,何耘韬等人在执行上级错误决定时所造成的后果,应当由作出错误决定的上级承担,而不应当认为其行为构成刑法意义上的渎职行为。在这类下级执行上级有错误的决定或者命令导致危害结果发生的案件中,尽管依照条件公式可以得出执行上级决定或者命令的行为与危害结果之间存在事实上的因果关系,但是以危险的现实化说的判断方法,在划定行为是否可能被归入渎职罪中的实行行为的范围时,即可得出否定答案,进而排除执行上级决定或者命令的行为与危害结果之间的刑法意义上的因果关系。

但是,司法实践中,渎职案件的被告人以执行上级决定、命令或者渎职行为为上级所明知为辩解理由,主张自己的违反职责要求的行为不具有严重的不当性,并非全部都有充分的依据。本书第四章在探讨职权的认定问题时所引述的"畅某某等玩忽职守案",便是被告人以其遵守了上级决定为由主张其行为不属于具有严重不当性的渎职行为但主张并不合理的典例。在这一案件中,四被告人行使爆炸物安全监督管理职权时所依据的是运城市政府办公厅制定的规范性文件,但这一规范性文件对上述职权的划分存在与上位法相抵触的问题。然而,四被告人在执行这一错误的上级决定时

① 该文件规定:"清理中发现有特殊情况的,要请示清理领导小组,经研究作出决定后,才按有关规定作出处理。"
② 《广东廉江何耘韬案始末》,http://finance. sina. com. cn/roll/20110601/10509930792. shtml,访问时间:2023 年 5 月 20 日。

却未提出任何反对意见,其依照错误的上级决定而错误地不行使法定职权的行为,是否应当由上级承担法律责任,则需要结合关于国家机关工作人员的权利、义务和责任划分的相关规定进行判断。"甘某某滥用职权、受贿案"则是被告人以上级对其渎职行为明知为由认为自己的渎职行为不具有严重不当性的典例。本案中,桂林市节水办系被桂林市水利局授权以其名义在桂林市行政辖区内依法征收水资源费的参照公务员法管理的单位,被告人甘某某作为市节水办主任,同意市节水办在对中化橡胶桂林有限公司、桂林集琦药业有限公司计征水资源费时不依照相关的规定计征,而擅自采取商议计征方式收取水资源费,损害了国家利益。甘某某及其辩护人在二审中则提出,甘某某通过协商收取水资源费的方法上级领导知道,并得到上级领导的同意,桂林市水利局责改字〔2011〕第 14 号责令改正通知书证明甘某某所在单位及上级领导知道并认可其收费方式,其不存在滥用职权的行为。①事实上,这一追缴水费的责令改正通知书中的水费是直接依据市节水办上报的数据产生的,市水利局明知的内容为相关单位拖欠水费而非水费的计算方式,由此无法推演出市水利局明知且同意甘某某及其领导的市节水办违法履职;即使作为上级单位的市水利局对甘某某作为主任的市节水办违反国务院《取水许可和水资源费征收管理条例》的规定行使职权的行为主观上明知,也并不意味着甘某某及其领导的市节水办的履职行为具有合法性、正当性,更不意味着上级以决定或者命令的方式要求甘某某及其领导的市节水办违反规定滥用职权。在这种情况下,甘某某的上级并没有对甘某某违反规定收取水资源费给国家造成的经济损失承担责任的法律依据;相应地,本案中应当评价为渎职罪的实行行为并且与该经济损失具有刑法意义上的因果关系的,正是甘某某的职权行为。

---

① 广西壮族自治区桂林市中级人民法院(2015)桂市刑二终字第 139 号刑事判决书。

第二节　集体研究决定型渎职案件因果关系的认定

以集体研究的形式实施渎职犯罪,是渎职罪实行行为的一种常见表现形式,但相比由个人单独实施的渎职行为而言具有特殊性。因此,在探讨渎职罪实行行为范围划定问题时,有必要对集体研究型渎职案件中实行行为的认定问题进行单独讨论。

一、集体研究型决策的"有组织的不负责任"

以集体研究的形式行使职权,是行政机关常见的行使决策权的方式。行政权力过分集中存在导致盲目专断、缺乏民主、难以接受监督以及错误行为作出后难以及时纠正并损害行政相对人合法权益等弊端。行政内部分权则可以避免把所有权力集中在一个机关甚至一个人手中,避免专断行为的作出,从而有效地实现对行政权的内部监督和制约。① 决策权作为行政权的核心部分,是指行政权的担当者就一定时期内行政事务管理所要达到的目标、实施方案等作出的选择权,包括行政计划的作出和重大行政事务的决定等内容。② 以集体研究的形式行使决策权,便是行政机关行使决策权时内部分权的一个重要表现形式,避免由某一负责人独立作出决策时由于认识局限、存在权力寻租、缺乏监督机制等原因导致决策出现严重偏差。集体研究型决策的作出通常需要经过提起议题、召集人员、主持召开、讨论议题、集体表决和执行监督等程序,从而为决策的科学性和民主性提供程序保障。③

尽管集体研究型决策在保障决策的科学性和民主性方面存在诸多优势,但是一旦决策基于某种不法原因出现偏差而导致严重危害结果出现,便容易出现决策作出、执行和监督等环节的参与者法律责任承担的疑难,也即风险社会理论中的"有组织的不负责任"。在乌尔里希·贝克的风险社会理

---

① 刘福元:《行政自制:探索政府自我控制的理论与实践》,法律出版社,2011,第184—191页。
② 应松年、薛刚凌:《行政组织法研究》,法律出版社,2002,第141页。
③ 王旭:《论"集体研究"型渎职犯罪的责任认定》,《公安法治研究(贵州警官职业学院学报)》2014年第4期。

论中,"有组织的不负责任"是判断风险社会下新型风险过程中最引人注意的方面之一。在第一次现代化过程中,人们为了明确责任和分摊费用所提出并使用的一切方法和手段,在当今风险全球化的背景下则将导致根本无法查明应当由谁负责的结果——人们可以向不同的主管机构求助并且要求其对危害结果负责,但是这些机构却可以找到本机构的职权行为与危害结果不具有任何关联性、本机构在危害结果发生的过程中并非主要参与者等看起来充分的理由为自己开脱。①

专家系统与以国家机关为代表的决策者之间所结成联盟的特性,是引发"有组织的不负责任"风险的一个重要原因。"已经内化一种制度的专家知识和专家,它的作用的发挥必然会受到其所属政府机构和社会组织的本身的性质、目标、结构的影响,再加之以'智囊团''顾问团''专家小组'等形式存在的专家体制本身就是一个具有科层制结构的组织,有着科层制的一些弊端"②,官僚机构臃肿、对市场信号和公众要求反应缓慢、思想僵化等问题突出。专家系统往往在决策制定过程中,扮演着以行政机关为代表的决策者的幕后智囊团的角色,这便意味着决策制定过程中专家系统与决策者之间存在着联盟关系。在这种情况下,便极有可能导致专家系统为了实现自身利益而迎合决策者的需求,进而站在决策者的立场上,代表社会公众对风险进行承担,与此同时却对社会公众将风险的真实性质予以隐瞒或者歪曲,甚至将风险存在的事实本身对社会公众进行完全隐瞒。③ 即使专家不刻意隐瞒、歪曲全部或者部分风险,而是各自依照公正的立场对于风险的有无和大小进行论证,决策制定者同样可能会选择有助于证成其立场的专家作为自己的智囊团,而与决策者观点、立场相左的专家的研究结论则难以体现在决策中。例如,在环境污染和食品安全风险等领域,政府相关部门与以企业为代表的利益集团为了创造更多的经济收益,会将风险源置之不理,并以相关技术专家制造出的一系列说辞来为决策"背书"。④ 一旦这种有专家系统参与的集体研究型违法决策所具有的风险转化为具有犯罪构成要件意义的实害结果,作为决策者的行政机关可能会以专家已经论证了决策的合

① 贝克、威尔姆斯:《自由与资本主义——与著名社会学家乌尔里希·贝克对话》,路国林译,浙江人民出版社,2001,第143页。
② 张宇:《风险社会"有组织的不负责任"困境形成的原因——从专家体制和大众传媒两个角度》,《东南传播》2012年第4期。
③ 吉登斯:《现代性的后果》,田禾译,黄平校,译林出版社,2011,第114页。
④ 张广利、王伯承:《西方风险社会理论十个基本命题解析及启示》,《华东理工大学学报(社会科学版)》2016年第3期。

理性而造成危害结果纯属意外而推卸责任;作为决策者的行政机关内具有表决权的个体以及具体执行决策的个体则往往将集体研究作为推卸自身责任的"挡箭牌",认为自己作为个体不应该为由集体作出的职权行为承担责任。

除了有专家系统参与的集体研究容易出现责任不清的问题之外,仅有国家机关内部人员参与的集体研究,亦容易发生参与集体研究的国家机关工作人员互相推脱法律责任的问题。司法实践中,不乏有国家机关工作人员在被提起公诉后,以造成严重危害结果的渎职行为系以集体研究的形式作出,自己参与决策或者执行决策的行为与危害结果之间没有刑法上的因果关系为由,为自己作无罪辩护。例如,在"杨某某滥用职权案"中,被告人杨某某先后为中坝乡党委第一副书记、乡长提名人选和乡长,先后分工为"负责主持乡人大全面工作,安排部署全乡政府工作"和"负责主持乡政府全面工作,直管财税金融工作"。2012年中坝乡不能完成县委、县政府下达的烤烟收购任务,为了完成烤烟收购任务获得税收返还奖励,分管烤烟工作的彭某某找到乡党委书记李某和杨某某商量,三人达成决定到外地收购烤烟冲抵中坝乡烤烟收购任务的共识,并在党委班子会上讨论通过,明确由彭某某联系,购烟资金来源为乡干部集资20万元。后因购买烤烟资金缺口较大,中坝乡党委再次召开党委班子会决定到外地购买烤烟,购烟资金先从中坝乡财政预算账户上的资金(当时中坝乡财务账上只有2012年核桃种植产业带退耕还林政策兑现款)中支出。杨某某作为班子成员参与了前述两次以集体研究的形式作出违法决定会议。2012年10月和2012年11月,杨某某和彭某某两次作为带队领导到云南省购买烤烟。杨某某参与的上述违反相关烟草专卖法律法规和县委、县政府关于烟草生产的规定的滥用职权行为致使公共财产遭受损失30.692758万元,包括买卖亏损(购烟款减去售烟款)和杨某某因到云南购买烤烟支出的其他费用。杨某某认为其行为只是严重违纪而不构成滥用职权罪,理由为:"1.起诉书指控的对象不当,根据公诉机关的指控意见,认定被告人擅自购买外烟、擅自挪用吃粮补助款、擅自发放干部红利,根据会议纪要显示,这一系列指控均不是事实,这些事项都是中坝乡党委决定,而造成的损失是源于决策的失误,不是被告人个人的决定;2.被告人在购买外烟中不是主要责任人,决定购买外烟时,是彭某某和李某负责,当时乡党委书记兼乡长是李某,检察院只对当时没有选举为乡长的被告人提起公诉,也没有调查柏某某的证言等,检察院是选择性起诉和选择性侦查,对被告人不公平。"①

然而,被告人杨某某以集体研究作出决定为由为自己作的无罪辩护,从因果关系认定的角度来看并不能成立。被告人杨某某作为中坝乡党委第一副书记、乡长提名人选或乡长,最初在彭某某提议时与李某某、彭某某三人达成违反规定购买外烟的共识,三人共同主导了以购买外烟为开端的乡党委班子集体研究决策。在两次乡党委班子以集体研究的形式作出违法决定时,杨某某作为班子成员均有所参与且未提反对违反规定购买外烟和挪用其他专用款项的意见。在该违法决定作出后,杨某某在赴外地购买烟草和安排资金收支等具体执行环节均发挥着主要作用,未提出任何反对意见。由此可见,尽管违法决定以集体研究的形式作出,但是在决定的动议、作出和执行环节,杨某某均有所参与。如果认为参与国家机关以集体研究的形式作出的滥用职权行为的个体一概可以以集体研究作为豁免自身责任的理由,那么必然会出现"有组织的不负责任",从而为国家机关为了自身的某种利益而滥用职权大开绿灯。这显然偏离了法治的道路,也违背了刑法中的责任原则。

二、集体研究型渎职案件因果关系的认定规则

为了解决集体研究实施渎职行为所导致的"有组织的不负责任",《渎职刑事案件解释》第五条第二款对这类渎职案件的刑事责任承担问题进行了明确。② 最高人民法院相关负责人员对该问题进行说明时指出:"渎职犯罪非但不排斥单位行为,而且还内在地包含着单位行为,只不过对单位行为实行单罚仅追究相关责任人员的刑事责任而已。"③ 由此可知,上述条文阐明了以集体研究形式实施渎职行为的应当追究相关负有责任者刑事责任的规则,即集体研究不能当然地成为参与违法决定的作出和具体执行等各环节的国家机关工作人员刑事责任豁免的依据。司法实践中,负有责任的国家机关工作人员及其辩护人,通常以该渎职行为系政府行为而非国家机关工作人员的个人行为为由,进行无罪辩解和辩护。以律师为主体编写的著述

---

① 贵州省黔南布依族苗族自治州长顺县人民法院(2015)长刑初字第 69 号刑事判决书。
② 《渎职刑事案件解释》第五条第二款规定:"以'集体研究'形式实施的渎职犯罪,应当依照刑法分则第九章的规定追究国家机关负有责任的人员的刑事责任。对于具体执行人员,应当在综合认定其行为性质、是否提出反对意见、危害结果大小等情节的基础上决定是否追究刑事责任和应当判处的刑罚。"
③ 苗有水、刘为波:《〈关于办理渎职刑事案件具体应用法律若干问题的解释(一)〉的理解与适用》,《人民司法·应用》2014 年第 7 期。

中针对司法实践中的个案进行评析时,有过这样的表述:"该案例中,杜某筹建某粮食流域项目是某州政府的行政行为,并非被告人杜某个人决定的,故致使公共财产遭受经济损失 1149.93 万元不能算作杜某个人滥用职权的结果。"[①]笔者认为,律师作为法律职业共同体中的一员,对于集体研究型渎职案件中个体的行为是否具有实行行为性提出这样的立场,有与律师职业伦理相违背之嫌。律师具有商人的属性,不应绝对否定律师以提供法律服务的方式追逐经济利益的合理性,但是律师如果将这种利益追求无限放大,而无视其社会公共责任,便有陷入商业主义泥淖的危险,可能难以守住律师作为法律职业共同体一员所应遵守的基本底线。[②] 律师职业的社会公共责任,最基本的是提出的主张或辩护意见要有法律依据。上述关于集体研究型渎职案件中负有责任者的行为是否具有构成要件行为意义的立场,显然与《渎职刑事案件解释》的相关规定相违背,应当引起警惕。

从《渎职刑事案件解释》第五条第二款的规定出发,笔者认为集体研究型渎职案件的因果关系认定规则应当作出以下理解。

(一)认定前提:集体作出的职权行为属于渎职行为

追究以集体研究形式实施的渎职犯罪中个人的刑事责任时,要以以集体名义作出的职权行为属于渎职行为为前提。上文所述的有专家系统参与的集体研究型决策,如果决策的内容并没有明显违反规定,只是因为决策的内容属于含有风险的新生事物,那么即使这一决策最后导致了严重危害结果的发生,也不应以渎职罪追究参与决策的作出和执行的个人的刑事责任。正如德国法哲学家阿图尔·考夫曼教授所言,"我们现代世界的特征在于高度的社会复杂性",在这样的社会中,"没有人可以既要负责行事却又不冒着错估行动情势的危险"。在这种情形下,要求在遇有风险而无法对行为方式进行明确评估的时候作出不作为的行为选择,是完全不可能的;如果这样要求,"我们的世界将归于沉寂"。正因为如此,宽容原则,也即对于不同的事物、新事物以及研究未知事物在原则上应持开放态度,是现代世界最重要的伦理要求之一。[③] 因此,对于由国家机关工作人员和专家系统共同参与,针对新生事物的研究、发展作出的集体研究决策,最终这一决策导致了严重危害结果的发生,只要在决策过程中没有充分证据证明对于新生事物的研究、

---

① 陈建勇、曾群、彭恋编著:《渎职犯罪案例与实务》,清华大学出版社,2017,第 13—14 页。

② 宋远升:《刑辩律师职业伦理冲突及解决机制》,《山东社会科学》2015 年第 4 期。

③ 考夫曼:《法律哲学》,刘幸义等译,法律出版社,2011,第 327 页。

发展明显违反法律规定,在程序上亦依法进行,就不能将集体研究作出决策的行为评价为具有刑法意义上的渎职行为。

(二)集体研究决定作出环节参与人员的因果关系认定规则

集体研究作出违法决定的过程中,各参与人员所起的作用依决定形成方式的差异而有所不同。集体研究型决策有时以"自上而下"的方式形成,例如在上文所引述的"杨某某滥用职权案"中,中坝乡党委班子开会决定违反法律和上级规定外购烟草和挪用其他专用款项,系由班子中分管烟草的领导以及党政主要领导商议达成共识后,由党委主要领导主持班子会议并在会议上提议,以集体研究的方式通过。集体研究型决策有时则以"自下而上"的方式形成,"徐必新滥用职权、受贿案"则是典例。在这一案件中,时任厦门市国土房产局拆迁处副处长的上诉人徐必新在履职审查安置房拆迁补偿安置协议的过程中,发现难以根据福达公司提交的材料对被拆迁户名单的真实性、合法性进行审查,尽管未同意备案确认,但仍接受请托和贿赂。拆迁处就该改造项目未办理权证集资房的拆迁协议确认问题上报厦门市国土房产局重大业务会,并提出实际上已全部销售给非拆迁安置对象的安置房套数需增至 187 套。徐必新同意以建议按照市长办公会议纪要和市政府办公厅抄告单精神,根据福达公司提供安置名单进行安置,直接给予确认拆迁协议并办理安置房产权的处理意见上会。后厦门市国土房产局重大业务事项会审会听取拆迁处意见,同意在福达公司对目前确定的安置房中所增加的 12 套作出说明、提交名单并对全部安置户名单的合法性和真实性出具书面报告后,执行拆迁处提出的处理意见。会后,徐必新在福达公司未提供说明材料,未对被拆迁户名单的真实性、合法性进行实质审查的情况下,直接对全部拆迁安置协议书予以确认,导致本应由政府收购的 187 套安置房在福达公司违规销售给非安置对象后得以办理产权,造成恶劣的社会影响。① 本案中,重大业务事项会审会以集体研究形式作出的关于安置房协议确认和产权办理的违法决定,是由职能部门相关事项负责人在明知处理方案建议违法的情况下仍然隐瞒实情同意上报重大业务事项会审会,重大业务事项会审会基于对职能部门上报材料和处理意见建议的合理信赖而作出了违法决定,为后续造成安置房清退导致群众上访等恶劣社会影响埋下了隐患。由决策集体的主要负责人动议的集体研究("自上而下")和由职能部门相关事项负责人动议的集体研究("自下而上"),动议对于最终作出的

---

① 福建省高级人民法院(2018)闽刑终 302 号刑事裁定书。

决定的影响是存在区别的。

　　集体研究由决策集体的主要负责人提出动议、主持讨论并主导决定的方向（"自上而下"）时，如果这一决定具有严重不当性，并且决定及其执行与具有特定渎职罪构成要件符合性的结果之间存在刑法意义上的因果关系，那么主要负责人的渎职行为对于结果发生显然作用力是最大的，其渎职行为与危害结果之间的因果关系应当被认定。在集体研究中对主要负责人具有违法性的动议持赞同意见的参与者，虽然其职权行为对危害结果发生的作用力小于主要负责人，但对于具有严重不当性的决定的作出也起到了积极的推动作用，因此其违反职权要求的职权行为与危害结果之间亦存在刑法意义上的因果关系。对违法动议提出反对意见者，尽管其履职行为在集体研究的民主议事机制下并不能独立地避免违法决定的作出，但是其提出反对意见便意味着其职权行为不具有违法性，不能成为渎职罪的实行行为，因而不能认定其职权行为与危害结果之间存在刑法意义上的因果关系。依照这一规则来分析前述"杨某某滥用职权案"中的因果关系，我们可以发现：中坝乡党委书记李某在与杨某某、彭某达成共识后召开乡党委班子会议，主持会议并对违法决定进行提议，主导决定方向，因而李某在以集体研究形式实施的滥用职权犯罪中所起的作用是最主要的；杨某某和彭某在决定作出环节和具体执行环节均发挥了积极作用，作用力次于李某而高于其他仅赞成违法决定通过的班子成员；乡党委班子中的其他赞成违法决定通过的成员，尽管职权行为对于危害结果的作用力小于李某、杨某某和彭某，但这些班子成员并未提出反对意见，同样推动了违法决定的作出。因此，李某、杨某某、彭某以及乡党委班子中其他持赞成意见的成员各自的职权行为与公共财产遭受损失的结果之间，均存在刑法意义上的因果关系。如果杨某某在辩解中所称的检察院只对自己提起公诉而未对李某和彭某提起公诉属实，且从对李某和彭某的证人证言的记载可知并不存在因二人未到案而导致刑事诉讼程序无法正常进行的情况，那么本案确实存在选择性侦查和选择性起诉而对杨某某不公平的问题。在集体研究型渎职案件中，如果因为起主要作用的个体地位高、权势大，不对起主要作用的个体追究刑事责任而只对部分起次要作用的个体追究刑事责任，或者对起主要作用的个体追究轻的刑事责任而对起次要作用的个体追究重的刑事责任，则有违适用刑法人人平等原则和罪责刑相适应原则，不利于对刑法权威的维护。

　　集体研究由职能部门相关事项负责人动议（"自下而上"）时，情况则相比前述"自上而下"的集体研究决定更加复杂。一种情况是动议者直接将具有严重违法性的决策建议提请决策集体讨论,主要负责人在主持讨论过程中明知该建议具有严重违法性,而仍然支持该建议并引导讨论方向,最终促成违法决定作出并导致了严重危害结果发生。另一种情况则是动议者通过隐瞒事实的方式,将具有严重违法性的决策建议包装成具有合法外观的决策建议,利用国家机关内部职能分工而使主要负责人以及其他决策参与者产生的合理信赖,使主要负责人和其他决策参与者误以为决策建议具有合法性,而导致具有严重违法性的决定以集体研究的形式作出。在这两种情况下,动议人与决策集体主要负责人、其他参与者的履职行为对于违法决定作出以及实际危害结果发生所具有的作用力是存在差异的。当动议者直接以明显违法的决定建议提交集体研究时,主要负责人和其他参与者能够对决定建议作出合法纠正的可能性更大,此时如果主要负责人在引导讨论方向时没有纠正而继续推动违法决定的作出,那么动议者和主要负责人的违反职权要求的行为都对违法决定的作出起到了主要的作用,两者的职权行为与危害结果之间存在刑法意义上的因果关系;其他持赞同意见的参与者的职权行为对危害结果亦具有作用力,两者之间刑法意义上的因果关系应当被认定;提出反对意见的参与者的职权行为,则不属于渎职罪实行行为的范畴,应当排除其与危害结果之间刑法意义上的因果关系。当动议者将违法决定建议以合法外观进行包装后提交集体研究时,主要负责人和其他参与者基于对国家机关内部职能分工而对动议者合法履职产生信赖,能够对决定建议作出合法纠正的可能性小,因此动议者的违反职权要求的行为对于违法决定作出所起作用最大,因果关系应当被认定;决策集体的主要负责人和其他持赞成意见的参与者是否具有结果预见义务的判断,应当结合动议者具有合法外观的违法建议的具体情形而进行,因此因果关系的认定,应当以对主要负责人和其他持赞成意见的参与者是否属于严重不负责任进行判断的结果为依据。反观上文所举的"徐必新滥用职权、受贿案",徐必新以隐瞒安置房已非法销售给非安置对象的真相的方式,诱骗重大业务事项会审会以集体研究的形式作出在福达公司补充书面材料并进行形式审查的条件下进行协议确认和产权办理的决定,其提出具有合法外观的非法处理决定建议的职权行为显然对这一决定的作出具有最主要的作用,其渎职行为与恶劣社会影响等危害结果之间存在刑法意义上的因果关系。

至于有论者将单位领导个人作出决定或者为了自身利益而以集体研究的方式实施渎职行为,与按照单位议事规则以集体研究的方式实施渎职行为,在相关参与人员刑事责任承担方面作出明确区分,①是不具有合理性的。究其原因,是无论单位领导以集体研究的形式对个人决定或者谋求个人利益进行包装,还是具有实质意义的集体研究,在形式上都是集体研究,一个决定的作出都需要经过决策集体成员共同参与的议事程序,都需要决策集体成员行使表决权。决策集体中的成员在集体研究中参与讨论和行使表决权,都是其个人在行使职权,其个人职权行为的违法性和对最终危害结果的作用力大小,不以集体研究作出的决定是否体现单位领导个人意志为转移。

(三)集体研究决定具体执行人员的因果关系认定规则

最高人民法院相关负责人员在对《渎职刑事案件解释》中关于集体研究型渎职案件的具体执行人员刑事责任的规定进行说明时认为:"对于执行人员的责任追究应有别于决定人员,实践中可以结合执行中的具体情况适当从宽处罚,对于执行人员判处的刑罚不得高于决定人员,更不允许以追究执行人员的责任取代对决定人员的责任追究。"②这一说明系以《公务员法》第六十条为参照,并考虑到实际情况的复杂性而作出的,在违法决定得以按照集体研究所预设的方式执行时,具有合理性。由此可见,在解决集体研究决定具体执行人员的因果关系认定问题时,所遵循的规则与上级行为影响型渎职案件的认定规则具有同一性。至于决定人员与执行人员应当被判处的刑罚孰轻孰重,则不再属于因果关系所要解决的问题的范畴,应当在量刑环节作进一步判断。

---

① 樊鸽佳:《滥用职权罪共犯责任的认定》,《平顶山学院学报》2014 年第 3 期。
② 苗有水、刘为波:《〈关于办理渎职刑事案件具体应用法律若干问题的解释(一)〉的理解与适用》,《人民司法·应用》2014 年第 7 期。

第六章　介入因素存在型渎职案件因果关系的认定

　　本书第三章对渎职罪因果关系的特殊性进行归纳时,曾将"因果流程普遍存在介入因素"作为一个要点,并将介入因素的主要表现形式进行了梳理,包括介入被监管对象的违法犯罪行为、介入被害人的行为、介入其他人的违法犯罪行为以及介入其他职能部门的渎职行为等。在渎职罪的因果流程中,介入因素普遍存在且形式多样,导致渎职罪因果关系认定疑难重重。本书第四章渎职罪因果关系认定的一般规则中,笔者曾在阐述实行行为何以创造危险的部分,对渎职行为实施时存在何种被害人的行为应适用被害人自我答责而排除行为人的结果预见义务或结果回避义务的问题进行过讨论。事实上,介入因素对渎职罪因果关系认定的影响,更多地体现在判断渎职行为所创造的危险何以现实化的过程中。由于渎职行为实施时被害人的行为对判断行为人是否具有结果预见义务或结果回避义务的影响,已经在本书第四章中详细分析,因而在本章中,笔者所讨论的介入因素存在型渎职案件因果关系的认定问题,将聚焦于危险的现实化判断阶段介入因素对渎职案件因果关系判断所产生的影响。

第一节　存在介入因素的直接实现危险类型渎职案件因果关系的认定

　　尽管我国刑法分则第九章所规定的渎职罪与危险的现实化说提倡者所讨论的直接实现危险类型典型案例在罪名和外观上具有较大差异,但这并不妨碍直接实现危险类型的分析方法在一部分渎职案件中的应用。我国刑法将国家机关工作人员滥用职权直接侵害公民的人身权利或民主权利的犯罪,编排在了刑法分则第四章侵犯公民人身权利、民主权利罪中。① 从广义上来讲,上述犯罪也属于国家机关工作人员违反规定行使职权造成人民利益遭受严重损失的渎职犯罪,但从我国刑法分则的编排体系可以看出,上述犯罪所侵害的首要法益是公民的人身权利或民主权利。基于我国刑法分则编排体系的特点,本书所讨论的渎职罪并不包括这些将公民的人身权利或民主权利作为直接故意侵害对象的犯罪,而只将刑法分则第九章渎职罪所规定的犯罪作为因果关系认定问题研究的对象。从行为的相似度来看,前述国家机关工作人员滥用职权实施的侵权犯罪与据以得出直接实现危险类型案件中因果关系认定方法的日本判例的特点更为接近,实行行为都对被害人的人身法益直接产生了危险,而渎职罪一章中的犯罪的实行行为所针对的法益和起作用的方式更加多样化。事实上,当因果关系认定方法从具体的判例中提炼出来时,这一方法作为刑法总论中的一个重要内容,便应该尽可能成为对不同类型的犯罪具有普遍适用性的一般规则。无论实行行为所直接针对的是人身法益还是财产法益抑或其他类型的法益,实行行为对于实害结果的发生所起的作用都可能是具有决定性的,此时介入因素对于结果发生而言的贡献度远小于实行行为的贡献度,因此不同法益侵害结果的犯罪都有可能存在实行行为的危险直接在结果中现实化,也即直接实现危险类型的存在空间并不局限于典型判例那类针对人身法益的犯罪。

依照直接实现危险类型案件的因果关系认定思路,可知在渎职案件中,如果行为人的渎职行为对于公共财产、国家和人民利益的重大损失或者其他特殊的构成要件结果的发生具有决定性的影响,而且介入因素的存在并没有改变渎职行为对于危害结果起作用的方式,即使介入因素是危害结果发生的直接原因且介入因素具有一定的异常性,也可以认为渎职行为所创造的危险在结果中直接实现了,渎职行为与危害结果之间的因果关系应当被肯定。至于有学者所归纳的原初行为本身引起结果发生的可能性较大、介入因素不异常、介入因素对结果发生的作用力较小等几个判断危险直接实现的条件②,但这个总结不当地放大了介入因素异常与否对因果关系的影响,其实偏离了危险直接实现类型案件中因果关系认定的标准,应当予以纠正。

---

① 主要包含第二百四十五条规定第二款以从重情节的方式规定的司法工作人员滥用职权实施的非法搜查罪、非法侵入住宅罪,第二百四十七条规定的刑讯逼供罪、暴力取证罪,第二百四十八条规定的虐待被监管人罪,第二百五十一条规定的非法剥夺公民宗教信仰自由罪、侵犯少数民族风俗习惯罪,第二百五十四条规定的报复陷害罪,第二百五十五条规定的打击报复会计、统计人员罪(部分犯罪主体属于国家机关工作人员)等罪名。

② 孙运梁:《危险的现实化理论在我国的司法运用》,《国家检察官学院学报》2020年第1期。

"侯某某、范某某滥用职权案"便是典型的存在介入因素的直接实现危险类型渎职案件。在这一案件中,被告人侯某某系绛县公安局大交派出所所长,在侦查陈树仁被伤害一案的过程中,由于陈树仁被初检为轻伤但因陈树仁在案发时未看清是谁实施的伤害行为且派出所干警初查时未查到相关线索,此案在最初未立案。由于陈树仁属于派出所在奥运会前的稳控对象,其为了稳控陈树仁,在侦查这一案件中,实施了一系列违反当时具有法律效力的 1996 年《中华人民共和国刑事诉讼法》(以下简称《刑事诉讼法》)和《公安机关办理刑事案件程序规定》相关规定的滥用职权行为。首先,在该案未立案的情况下,其安排不具有办案资格的协警即本案第二被告人范某某,对被陈树仁怀疑为打伤自己的人的张某某进行讯问,并安排干警向其送达鉴定结论通知书。其次,其在接受陈树仁报案材料和向陈树仁及其妻子做询问笔录的时候,弄虚作假,将时间分别更改为案发次日和案发九日后,相比实际时间提早了近半年。最后,其向证人孔定量、杨某某进行询问的时候,未对证人身份认真核实,未按照法律所规定的在证人所在单位或住处对证人进行询问,必要时可以让证人到公安机关提供证言的要求进行,也未按照询问证人应当个别进行的要求进行,而是将该二证人与另外二人安排到某宾馆的同一房间内,对该二证人作了询问笔录,并将询问地点更改为二证人所在的东杨村。办案期间,侯某某、范某某曾接受过陈树仁的一次宴请,范某某曾接受过陈树仁所送礼品。后侯某某根据二证人的证词对陈树仁被伤害案立案侦查。在前述二证人提供虚假证言的过程中,侯某某未对证言的真伪进行认真核实,致使二证人的虚假证言被之后的补充侦查、审查起诉和审判程序采信,导致本应无罪的张某某被错误地以故意伤害罪追究刑事责任。由此,法院认为侯某某的滥用职权行为与张某某案件错判之间因果关系的存在。[1] 在这一案件中,虽然张某某故意伤害案被错判是绛县人民法院所作的一审有罪判决和运城市中级人民法院所作的维持一审判决的裁定所直接导致的,但是侯某某、范某某在侦查阶段的滥用职权行为对张某某被错误地追究刑事责任这一危害结果的发生而言,具有实质上的决定作用,因而即使两级法院作出有违客观事实的裁判作为介入因素而存在,也应当认为本案属于直接实现危险类型渎职案件。

由法官认定案件事实的规律可知,侦查机关在侦查阶段所收集的证据,对于最终认定的案件事实和以此为主要依据所作出的定罪量刑结果而言,所产

---

[1] 山西省运城市盐湖区人民法院(2013)运盐刑初字第 10 号刑事判决书。

生的作用在实质上具有决定性。详言之,根据"证据之镜"原理可知,由于案件
事实是过去发生在法庭之外的,对于该过去时的事实无亲身经历的事实认定
者来说,证据成为事实认定的唯一"桥梁"。换言之,事实认定者只能通过对证
据的分析、判断,利用经验推论,间接地认定案件事实,因而证据成为"折射"案
件事实的"镜子"。[①] 然而,碎片化的真伪难辨的证据并不一定能够在事实认
定者的内心再现真实的存在。首先,包括被告人、被害人、证人在内的案件事
实亲历者由于记忆短暂易逝、情绪和个人能力与经验等,其供述、陈述、证言具
有偏离案件事实本身的可能性。其次,控辩双方具有强烈的站在自己立场上
筛选有利于自己主张的事实证成的动力。再次,鉴定技术落后和鉴定专家水
平不足,可能会使鉴定意见出现错误。此外,伪造证据以及侦查人员诱供(证)
逼供(证),可能会使进入法庭的证据人为地偏离案件事实本身。[②] 最后,案件
事实本身复杂与侦查技术有限之间的矛盾,可能导致无法发现与案件事实具
有相关性的全部证据。这些都导致进入法官这一事实认定者视线中的证据,
一方面可能掺杂掺假,另一方面可能并不完全。这些证据主要由侦查机关在
侦查阶段进行收集,在审理过程中如果没有充分的证据证明其属于应当排除
的非法证据,其将成为法官认定案件事实的依据。

　　具体到本案,侯某某出于稳控压力而欲尽快侦破案件,导致一系列取得
程序违法却具有合法外观的证据成为法院对张某某作出有罪裁判的依据。
包括安排不具有办案资格的协警对犯罪嫌疑人讯问所得到的犯罪嫌疑人陈
述,更改过时间的被害人陈述、证人证言,未核对证人身份、不符合询问地点
要求和个别询问要求而被更改成为具有合法外观的证人证言等在内的证
据,对法官最终认定的证据事实严重偏离客观事实产生了不同程度的影响。
基于刑事诉讼效率的考虑,法官如果能够对证据的合法性产生合理信赖,不
可能对讯问、询问的同步录音录像进行一一调取并与笔录比对,也不可能对
所有办案人员的办案资格进行核实。因此,本案中侯某某伙同范某某在张
某某故意伤害案侦查过程中的滥用职权行为,虽然不是张某某被错误地追
究刑事责任的直接原因,两者之间介入了两级法院基于对证据合法性的信
赖作出有罪判决和裁定的情况,但是该二人的滥用职权行为对这一危害结
果的发生在实质上具有决定作用。因此,尽管有介入因素存在,该二人滥用
职权行为所创造的风险仍应被评价为在危害结果中直接实现。

[①]　张保生主编:《证据法学》,中国政法大学出版社,2014,第41页。
[②]　熊秋红:《错判的纠正与再审》,《环球法律评论》2006年第5期。

第二节　存在介入因素的间接实现危险类型渎职案件因果关系的认定

一、诱发型案件危险现实化判断方法在渎职案件中的应用

就渎职案件而言,具有监督管理职权的行为人未尽监管职责而导致被监管对象实施违反监管内容的违法行为,进而由被监管对象的违法行为直接导致最终危害结果发生的案件,是典型的诱发型间接实现危险类型的案件。在这类案件中,不能因为渎职行为与危害结果之间的因果关系不具有直接性和必然性,而一概否定两者之间刑法意义上的因果关系的存在。例如,在"马某1、马某2食品监管渎职案"中,2008年10月,安顺开发区金安食品开发有限责任公司(以下简称"金安公司")向安顺市质量技术监督局申请发放食品生产许可证。被告人马某1、马某2受安顺市质量技术监督局指派,组成由马某1任组长、马某2任组员的审查组前往金安公司进行现场核查工作。二人在现场核查工作中,检查出该公司相关指标不合格项和一般合格项大于8项,达不到颁发食品生产许可证所应具备的条件,但仍违背事实,人为将该公司的一般合格项控制在7项之内,从而作出符合(C级)的审查结论,之后该公司经相关部门审查确认后,于2009年1月23日获得贵州省质量技术监督局颁发的食用动物油脂(牛油)《全国工业产品生产许可证》。2012年2月,二人再次进行现场核查过程中,在收受金安公司负责人韦某1给予的500元红包后,再次采取上述方式作出基本符合的审查结论,之后金安公司经相关部门审查确认后,于2012年6月8日获得贵州省质量技术监督局颁发的食用动物油脂(牛油)《全国工业产品生产许可证》。2009年1月至2013年5月期间,该公司使用有毒、有害的非食品原料大量生产有毒、有害牛油脂,向重庆市、成都市等多家食品企业进行销售,对人民群众的生命健康造成极大隐患。经司会鉴定统计,金安公司销售的有毒、有害牛油脂达近2万吨,销售金额达1.73亿余元。在本案的再审中,就因果关系认定问题,马某1的辩护人提出马某1系受邀审查,其行为与市场食品监管渎职行为没有法律上的因果关系;马某2的辩护人亦提出马某2的审查行

为与金安公司使用不符合卫生条件的食品原料生产成品油没有因果关系，无证据证实马某 2 的行为导致发生重大食品安全事故或造成严重后果；但是，法院最终对二辩护人关于因果关系问题的辩护意见均未予采纳，认为二被告人的行为构成食品监管渎职罪。①

依照危险的现实化说的立场，本案属于典型的间接实现危险类型的案件，二被告人滥用食品监管审查职权的行为所创造的危险以介入的被监管对象的生产、销售有毒、有害食品行为为媒介，间接地在结果中实现，从而可以肯定二被告人的职权行为与对人民群众生命健康造成极大隐患之间存在刑法意义上的因果关系。马某 1 辩护人的辩护意见并未对因果关系在刑法理论中的具体所指准确把握。事实上，马某 1 滥用审查职权的行为本身就是市场食品监管渎职行为，判断具有同一性的两个对象之间是否存在法律上的因果关系显然有混淆是非之嫌，在此不作过多分析。马某 2 的辩护人的辩护意见，事实上运用了危险的现实化说关于间接实现危险类型案件因果关系认定的方法，试图否定马某 2 滥用审查职权的行为与大量有毒、有害牛油脂流入市场对人民群众生命健康造成极大隐患的危害结果之间的因果关系。排除这条因果链的关键，在于否定马某 2 滥用审查职权行为与被监管对象使用有毒、有害的非食品原料大量生产有毒、有害牛油脂并销售给其他食品企业这一介入因素之间存在引起与被引起的关系。然而，辩护人的观点却是经不起推敲的。马某 2 作为安顺市质量技术监督局指派的审查组的组员，在行使现场核查的职权时，明知被检查对象存在不符合颁发食用动物油脂（牛油）《全国工业产品生产许可证》条件的情况，却违背事实作出符合条件的审查结论，从而为被检查对象的金安公司顺利取得生产许可证和使用有毒、有害的非食品原料大量生产有毒、有害牛油脂并销售给其他食品企业创造条件。这种具有监管职权的国家机关工作人员明知不合格情况的存在而予以放任并作出通过审查的结论的行为，更会为被监管对象在日后生产过程中继续生产有毒、有害食品提供心理上的支持，会让其认为即使生产这样的食品也可以成功逃避检查，从而在利益的驱动下很容易选择实施这样的违法行为。因此，马某 1 和马某 2 滥用食品监管审查职权的行为具有引发被监管对象生产、销售有毒、有害食品行为的可能性，后者作为介入因素对于大量有毒、有害牛油脂流入市场对人民群众生命健康造成极大隐患的危害结果具有直接作用和重大的贡献度，且其出现并不异常，那么就可

---

① 贵州省安顺市西秀区人民法院（2015）西刑初字第 483 号刑事判决书。

以认为马某1和马某2滥用食品监管审查职权的行为所创造的危险间接地在结果中实现,从而可以肯定行为与结果之间存在刑法意义上的因果关系。

二、危险状况设定型案件危险现实化判断方法在渎职案件中的应用

渎职案件中存在危险状况设定型案件的情形者较为常见,多头监管型渎职案件便是典型的一类。这类案件通常以这种样态出现:多个职权部门对同一对象均有特定领域的监督管理职权但没有合法行使,导致被监管对象在这些监督管理领域内存在多种违法行为,最终被监管对象的违法行为直接导致危害结果的发生。这类案件中,多个职权行为的实施者通常并不构成共同犯罪,而是在各自职权领域内分别存在渎职行为,因此在判断特定主体是否应当承担刑事责任时,客观基础是判断由其所实施的渎职行为与最终危害结果之间是否存在因果关系。对于一个特定的渎职行为而言,其他职能部门的渎职行为和被监管对象的违法行为均属于介入因素。尽管该特定的渎职行为与被监管对象的违法行为之间存在引起与被引起的关系,单独抽取出渎职行为、被监管对象的违法行为和危害结果这三个要素来看,似乎可以归入诱发型的间接实现危险类型案件,但是这样的考量并不全面,忽略了实际存在的其他主体实施的职权行为对介入因素和危害结果发生是否也存在影响。在这类案件中,作为介入因素而存在的其他主体的渎职行为对于结果的发生同样是具有较大的贡献度的,因为假如其他主体依法行使职权则可以有效阻止被监管对象实施违法行为,进而能够避免危害结果的发生。作为实行行为的渎职行为与作为介入因素的渎职行为之间并不存在引起与被引起的关系,其中任何一个不存在都可以有效避免危害结果的发生,因而可以认为这些渎职行为结合在一起才能诱发被监管者的违法行为,进而导致危害结果的发生。因此,这类案件并不属于简单的诱发型案件或者危险状况设定型案件,而是结合了两者的特征,呈现出一种更为复杂的样态。承认危险状态设定型案件属于间接实现危险类型案件的一种形式,可以为肯定这类存在多种职权行为的案件中一个特定的渎职行为与危害结果之间存在因果关系提供理论支撑。但需要注意的是,对于这类案件中某一特定渎职行为与危害结果的因果关系,危险状态设定型案件中危险间接现实化的判断只是因果关系认定的最后一步,对于因果关系存在与否的认定,不可忽视在此之前划定实行行为可能的范围和规范保护目的的判断等两个步骤。

"福建省长乐吴航拉丁酒吧火灾案"便是一个多头监管型渎职案件的典

例,这一案件背后涉及公安、消防、工商、城管、文化等部门执法人员的渎职行为。2009 年 1 月 31 日深夜,涉案酒吧在营业过程中因为消费者燃放烟花引燃酒吧顶棚的易燃材料而发生火灾,造成了 15 人死亡、24 人受伤和直接经济损失 34.65 万元等重大损失。事故发生后,前述不同行政执法部门的 9 名执法人员被追究刑事责任,依照被告人所属部门划分具体如下。第一,长乐市工商局城关工商所所长林某光以犯滥用职权罪,被判处有期徒刑三年。郑某某系涉案酒吧业主,其在事先得到林某光对其进行照顾的承诺的情况下,持场所面积被伪造的场所租赁合同复印件等相关材料,前往工商所办理营业执照。林某光在发现其实际营业面积超标且存在超范围经营的情况后,虽有提出整改要求,但却没有依法取缔继续营业而未按要求整改的该酒吧。第二,长乐市公安局城关派出所航华社区责任民警许某强以犯滥用职权罪,被判处有期徒刑三年。许某强在例行检查的过程中,发现涉案酒吧未取得消防批准文件而先行开业,并且有一系列安全隐患存在,但因收受郑某某 2000 元贿赂而没有依法对该酒吧予以查处。在此后的检查中,许某强提前向郑某某通风报信,对公安机关实施检查行动的信息进行泄露。第三,长乐市消防大队的三位行政执法人员即大队长林某荣、副大队长郑某林和参谋程某江以犯滥用职权罪,分别被判处有期徒刑三年、有期徒刑四年和有期徒刑三年六个月,郑某林、程某江亦被以受贿罪追究刑事责任。在进行消防安全检查的过程中,消防大队曾发现涉案酒吧未取得消防批准文件而擅自开业,遂责令该酒吧停业。林某荣应郑某某的请托而承诺对该酒吧予以照顾,授意郑某林同意该酒吧补办消防手续后恢复营业,郑某林从中收受郑某某 1 万元贿赂。之后,程某江在消防安全检查过程中,发现该酒吧的疏散宽度和距离、安全出口数量不符合国家规定,且存在出口门内开、火灾事故应急照明灯数量不足、个别灭火器过期等严重安全隐患,因收受郑某某 5000 元贿赂而未按照规定对该酒吧处理,反而对郑某某违规补办装修工程消防设计审核进行指导,并委托不具备资质者帮助该酒吧设计图纸。郑某某持上述图纸等材料申请办理装修工程消防设计审核时,林某荣予以受理,并交由郑某林和程某江主办。郑某林审核同意并收受郑某某 3000 元贿赂。此后,林某荣同意受理竣工验收。第四,长乐市城建监察大队市容中队的相关行政执法人员即中队长林某升和监察员林某以犯滥用职权罪,均被判处有期徒刑一年六个月。二人发现涉案酒吧门口的空地上存在违章搭盖,但碍于校友情面而未依法查处,放任郑某某在国庆节期间抢建。该违章搭盖导致酒吧内人员在紧急情况下无法及时得到疏散。第五,长乐市公安局治安大队副大队长林某仕以犯滥用职权罪,被判处有期徒刑三年。其在执法检查任务的过程中,曾发现涉案酒吧有多项安全隐患且未取得娱乐经营许可证和消防等批准文件。因收受郑某某2000元贿赂,其未将检查时发现的问题如实上报或作进一步处理。第六,长乐市科技文体局文化市场稽查队负责人马某峰以犯玩忽职守罪,被判处有期徒刑三年。其曾发现涉案酒吧存在超范围从事娱乐演出活动的问题,但因收受郑某某2000元贿赂而未依法对酒吧予以查处。①

　　该案例是在司法实务部门工作人员的著述的基础上进一步梳理而得,相比针对部分行为人的犯罪作出裁判的裁判文书而言,该案例的呈现方式能够让我们更加全面地看到与火灾发生相关的不同国家机关工作人员的渎职行为的全貌,能够让我们清晰地认知不同的国家机关工作人员渎职行为对危害结果起作用的方式。由前述案情介绍可知,本案中的火灾系酒吧在营业过程中因消费者燃放烟花引燃酒吧顶棚的易燃材料而引发,另外酒吧内部还存在其他诸多严重安全隐患,外部门口空地上违章搭盖导致了火灾发生后人员无法及时疏散。可见,酒吧内部所存在的消防安全隐患是火灾能够发生的原因,外部的消防安全隐患则是导致危害结果扩大的原因。在正确认识火灾及人员伤亡和经济损失发生原因的基础上,我们来对案件中不同职能部门的国家机关工作人员各自的渎职行为与危害结果之间刑法意义上的因果关系进行分析。

　　首先,上述涉及六个职能部门的九名国家机关工作人员均存在违反规定行使职权的行为,并且如果其中任何一个部门依法行使特定领域内的监督管理职权,依法查处酒吧业主郑某某的违法行为,都可以避免酒吧发生火灾造成人员伤亡和财产损失的严重危害结果出现,因此每一个主体所实施的渎职行为都具有职权相关性和严重不当性,具有被评价为渎职罪的实行行为的可能性。然而,对于这种多个部门的渎职行为共同作用导致同一个危害结果发生的案件,如果对所有环节的全部负有监管职责的国家机关工作人员都追究刑事责任,容易导致刑罚的滥用,存在突破刑法谦抑性原则的风险。② 因此,需要通过其他步骤进行审慎判断。

　　接下来,从规范保护目的的角度进行分析,应当排除工商所的执法人员和文化市场稽查队的执法人员的渎职行为与本案中由火灾导致的人员伤

---

① 李忠诚:《渎职罪因果关系认定实践问题分析》,《中国检察官》2017年第4期。

② 陈莹:《风险社会视域下食品监管渎职罪的立法完善》,《湖南警察学院学报》2015年第2期。

亡、财产损失等重大危害结果之间的刑法上的因果关系。工商所的工作任务在于保护合法经营,取缔非法经营,维护正常的经济秩序,所要保证的是管辖范围内经济活动从业主体能够依照法律法规的规定进行登记、接受审查和从事经营活动。① 文化市场稽查队的文化市场行政执法的任务,则在于加强文化市场管理,维护文化市场管理秩序,保护公民、法人和其他组织的合法权益,促进文化市场健康发展。② 由此可以看出,工商所和文化市场稽查队所具有的行政执法职权的规范保护目的都不在于保证被监管对象在经营过程中排除消防安全隐患,避免火灾发生。因此,工商所和文化市场稽查队的行政执法人员在各自领域内的执法过程中的渎职行为,虽然客观上导致本应该因为伪造场所面积、超范围从事娱乐演出活动而不能获准经营、被查处甚至取缔的酒吧继续违法从事经营活动,并在经营过程中导致火灾发生造成重大危害结果,但是重大危害结果的发生并不在工商所和文化市场稽查队职权的规范保护目的范围内,因而应该排除这两个职能部门行政执法人员的渎职行为与本案中因火灾导致的重大危害结果之间刑法意义上因果关系的存在。

最后,从危险何以现实化的角度出发,其余职能部门的相关行政执法人员排查消防安全隐患相关的渎职行为相互之间不存在引起与被引起关系,缺少任何一个渎职行为都可能避免本案中实际危害结果的发生,正是这些渎职行为加上作为被监管对象的酒吧在经营中的违法行为,合力导致了实际危害结果的发生,因而对于上述职能部门的每一个渎职行为而言,其所创造的危险都间接地在结果中实现。详言之,社区责任民警、消防大队的三位行政执法人员、城建监察大队市容中队的两位行政执法人员以及公安局治安大队相关行政执法人员均有排查酒吧安全隐患的职责,但是上述行政执

---

① 原国家工商行政管理总局 1991 年 4 月 22 日发布的《工商行政管理所条例》第三条规定:"工商所的基本任务是:依据法律、法规的规定,对辖区内的企业、个体工商户和市场经济活动进行监督管理,保护合法经营,取缔非法经营,维护正常的经济秩序。"

② 本案发生时具有效力的原文化部 2006 年 3 月 16 日发布的《文化市场行政执法管理办法》第一条规定:"为了规范文化市场行政执法行为,加强文化市场管理,维护文化市场管理秩序,保护公民、法人和其他组织的合法权益,促进文化市场健康发展,根据国家有关法律法规,制定本办法。"现行有效的原文化部 2011 年 12 月 19 日发布的《文化市场综合行政执法管理办法》第一条规定:"为规范文化市场综合行政执法行为,加强文化市场管理,维护文化市场秩序,保护公民、法人和其他组织的合法权益,促进文化市场健康发展,根据《中华人民共和国行政处罚法》《中华人民共和国行政强制法》等国家有关法律、法规,制定本办法。"可见,两者表述的区别在于后者对该部门规章的上位法依据进行了列举,但从后者可以归纳的文化市场行政执法的任务,与前者是一致的。

法人员均因为收受贿赂而在行使职权的过程中未依法对酒吧存在的安全隐患进行排查,从而合力导致存在诸多问题的酒吧得以继续不加整改而营业,最终因安全隐患的存在而出现火灾并造成重大危害结果。对于上述四个职能部门的六位行政执法人员而言,每个人的渎职行为所创造的危险,都与其他五个人的渎职行为结合在一起,共同诱发酒吧经营者明知酒吧存在诸多消防安全隐患而不进行整改继续营业的违法行为,并以该被监管对象的违法行为为媒介,间接地在本案的重大危害结果中实现。因此,上述六人中每个人的渎职行为与本案人员伤亡和财产损失的重大危害结果之间存在刑法意义上的因果关系。

三、间接实现危险类型渎职案件中介入因素异常性的判断

如前文所述,就间接实现危险类型案件中介入因素异常性判断的问题,诱发型案件和危险状况设定型案件的判断内容和判断方法都是有所差异的,不能一概而论。对于危险未在结果中直接实现的渎职案件,判断介入因素是否异常的具体标准,因介入因素所属类型的不同而存在差异。

(一)介入被监管者违法犯罪行为的异常性判断

渎职行为与危害结果之间介入被监管者的违法犯罪行为时,应当根据被监管者所实施的违法犯罪行为是否处于监管范围之内来判断介入因素是否异常,进而判断渎职行为与危害结果之间是否存在刑法意义上的因果关系,而非对因果关系一概肯定或者否定。

司法实践中,对于罪犯在进行社区矫正的过程中实施严重犯罪时是否应当对社区矫正工作人员以玩忽职守罪追究刑事责任,法院裁判结果存在较大的分歧。本书第三章所举的"黄映辉玩忽职守案",是法院肯定社区矫正工作人员履行矫正职责中的玩忽职守行为与被害人死亡结果之间因果关系的典例。但是,在"邓春渠、陈静玩忽职守案"中,法院则对作为社区矫正工作人员的二被告人作出无罪判决。被告人邓春渠系自贡市贡井区司法局五宝司法所所长,被告人陈静系该司法所工作人员。2013年11月14日,自贡市贡井区人民法院作出"兰家能犯放火罪,判处有期徒刑一年,与原犯抢劫罪附加剥夺政治权利五年尚未执行完毕的余刑实行并罚"的刑事判决。2013年12月3日,该法院以兰家能"全身严重烧伤,需进行治疗,不宜收监执行"为由决定将其暂于监外执行。2013年12月6日,自贡市贡井区司法局接受兰家能报到,由五宝镇镇政府工作人员朱某代替生病住院的邓春渠履职。至2014年1月27日共计五十余天期间,包括邓春渠、陈静在内的司

法所工作人员对兰家能进行了社区矫正宣告、建立矫正小组及签订矫正责任书、制作矫正方案、建立矫正执行档案等工作，并具体开展了如下矫正工作：与兰家能两次面对面谈话，了解掌握其犯罪原因等相关情况和矫正教育；保持每周电话联络报到以了解兰家能的活动情况；两次通知兰家能到司法所进行书面思想汇报。在此期间，兰家能两次到司法所完成刑事诉讼法、刑法相关知识试题答卷，两次到司法所领取困难补助。2014 年 1 月 17 日，邓春渠接到关于兰家能与代某发生纠纷的群众报案后，向镇党委书记汇报后，与镇政府工作人员现场了解情况并协助派出所民警调查。同月 23 日，邓春渠、陈静通知兰家能到司法所就该纠纷做思想汇报并对其进行了矫正教育。2014 年 1 月 27 日，兰家能故意杀人致代某等四人死亡。因在 28 日于四川省宜宾县被抓获前服用有机磷农药，兰家能在被抓获后于 29 日抢救无效死亡。法院未予采纳检察院关于二被告人存在对兰家能三次离开居住城市脱离监管未及时掌握和处理、在兰家能与代某纠纷事件中疏于调查未及时提出处理意见、未准确掌握兰家能身体状况并提出收监建议等渎职行为的抗诉意见，并在就法律适用问题认为二被告人的行为不符合刑法规定的玩忽职守罪关于渎职行为的主、客观要件，其履行对兰家能社区矫正行为与兰家能故意杀人致四人死亡的严重后果之间无刑法上的因果关系，二被告人不构成玩忽职守罪。[①]

对于这类矫正对象在矫正过程中实施新的犯罪导致符合玩忽职守罪构成要件结果出现案件，认定社区矫正工作人员在履职过程中未能避免矫正对象实施犯罪的行为与严重危害结果之间的因果关系时，有两个关键之处，一是认定社区矫正工作人员履职过程中的不作为是否属于玩忽职守罪的实行行为，二是判断作为介入因素的矫正对象实施的犯罪行为是否具有异常性。"黄映辉玩忽职守案"与"邓春渠、陈静玩忽职守案"均为判断社区矫正工作人员在矫正对象接受矫正过程中实施犯罪导致严重危害结果发生时其应否承担刑事责任的案件，案件类型上具有相似性，但是判决结果具有天壤之别。不过，对于这两个相似案件，法院在认定社区矫正工作人员在履职过程中是否具有严重不当性时结论并不相同，从而在认定其行为是否属于玩忽职守罪的构成要件行为时得出了相反的结论。事实上，在这两个案件中，都存在矫正对象不同程度地离开居住城市处于脱管状态的情况，在"黄映辉玩忽职守案"中更是存在更多的疏于监管、伪造矫正工作记录的渎职行为。显然，在这类案

---

① 四川省自贡市中级人民法院(2016)川 03 刑终 16 号刑事裁定书。

件中,作为介入因素的矫正对象实施的故意犯罪对最终的严重危害结果的贡献度大,根据危险的现实化说的因果关系认定方法,判断社区矫正相关的职权行为引发矫正对象实施故意杀人等犯罪行为是否具有异常性,对于判断职权行为所创造的危险是否在结果中间接地实现,具有重要意义。

然而,作为介入因素的矫正对象所实施的犯罪行为是否具有异常性,在认定渎职行为与矫正对象犯罪所致的危害结果之间的因果关系时,却往往被不当地忽视。有司法实务界论者对社区矫正领域渎职罪因果关系认定问题进行探讨时,认为导致危害结果发生的必然条件、或然条件以及可能条件,都属于结果发生的法律上的原因,也即渎职行为对于结果的原因力的方式和程度具有概括性和抽象性的特点。依照这一立场,社区矫正工作人员只要违反社区矫正工作规定,不认真履行社区矫正工作职责,导致矫正对象在日常行为方面缺少约束和管理,在心理方面缺少教育和矫正,这就为矫正对象在接受矫正期间再次犯罪提供了时间上和空间上的便利,那么社区矫正工作人员的过失履职行为与矫正对象重新犯罪造成的严重危害结果之间便存在刑法意义上的因果关系。[①] 依照上述观点,矫正对象的实施犯罪的可能性大小,不在认定因果关系的考虑因素范围内,而实际上该犯罪确实发生,那么认定矫正对象无实施犯罪的可能性的空间事实上是不存在的。以这样的标准判断这类案件中的因果关系,将会导致只要社区矫正工作人员在履职过程中存在不符合社区矫正工作规定的行为,并且矫正对象实际上实施了导致危害结果发生的犯罪,那么社区矫正工作人员的渎职行为与危害结果之间的具有刑法意义的因果关系必然会被认定。然而,通过对"黄映辉玩忽职守案"与"邓春渠、陈静玩忽职守案"的对比我们可以看出:无论社区矫正工作人员是否按照规定对矫正对象开展矫正工作,矫正对象都有可能在矫正期间与社区矫正工作人员面对面接触的时间以外处于客观上不可能随时掌握的脱管状态;即使矫正对象在接受矫正的过程中严格按照要求汇报思想、参加学习,一切表现如同遵纪守法的公民,仍然不代表其不可能产生犯罪动机和实施犯罪。因此,即使社区矫正工作人员不存在玩忽职守行为,也不意味着矫正对象一定不会实施犯罪。另外,统计数据显示,截至2019 年 3 月,全国约有 70 万名罪犯在接受社区矫正,罪犯在参加社区矫正

---

① 胡剑锋、翁寒屏:《社区矫正领域渎职犯罪实证研究——基于 36 份渎职犯罪判决书样本的考察》,《公安学刊(浙江警察学院学报)》2018 年第 1 期。

期间的重新犯罪率低于 0.2%。① 可见,矫正对象在矫正期间再次实施犯罪的概率较小,依照经验法则从事实判断的角度来讲具有异常性。如果在判断社区矫正工作人员的渎职行为与最终危害结果之间刑法意义上因果关系时,完全不考虑作为介入因素的矫正对象所实施的犯罪行为的异常性,将不当地扩大刑法意义上因果关系的成立范围。但是,如果社区矫正工作人员已经发现矫正对象存在重新犯罪的重大嫌疑,而未采取任何处理措施,那么基于社区矫正工作人员的特别认识,矫正对象实施犯罪这一介入因素则并不具有异常性。

(二)介入被害人行为的异常性判断

渎职行为实施完毕之后再介入被监管者放弃自身法益的行为时,此时不能通过规范保护目的的判断来否定因果关系的存在,但可以结合社会一般经验和行为人的特别认识来对介入因素的异常性进行判断。

例如,在"谢某、包某等滥用职权案"中,被告人谢某、被告人包某系弋阳县公安局民警,被告人陈某甲、被告人吴某甲系弋阳县公安局漆工派出所辅警。弋阳县漆工派出所将涉嫌参赌人员郑某己等三人传唤至派出所进行调查。三人被带至派出所办案区内后,四被告人与俞某对郑某己进行了询问。询问期间,由于郑某己一开始未交代自己参赌及其他赌博人员的情况,四被告人对郑某己采取了打耳光、强令下跪、上飞机铐、用木棍殴打脚板等暴力方式取证。在郑某己因受不住暴力殴打而交代之后,四被告人停止对其殴打。在做完笔录离开派出所后的第二天上午,郑某己被发现在其租住的出租屋旁的树上上吊身亡。郑某己身上所留遗书中称其自杀的原因系派出所民警对其进行殴打并逼其讲出其他参赌人员,使其没有脸面见人。当日中午,近百名江冲源村村民听说郑某己自杀死亡系派出所民警在办案中对其殴打导致,情绪激动而围堵、冲击派出所。法院认定四被告人的违法行为与郑某己自杀死亡和村民围堵、冲击派出所的危害结果之间存在因果关系,进而对四被告人以滥用职权罪追究刑事责任。② 这一案件与本章第二节中所引述的"王某甲玩忽职守案"具有相似之处,都属于公安机关工作人员将涉嫌违法犯罪的人员带到派出所办案场所后以作为或者不作为的方式实施了渎职行为,都发生了涉嫌违法犯罪的人员因自杀而死亡的危害结果。但是,

---

① 周斌:《站在新起点承担新使命展现新作为——写在司法部重组一周年之际》,《法治日报》2019年 3 月 21 日第 3 版。
② 江西省上饶市弋阳县人民法院(2015)弋刑初字第 93 号刑事判决书。

两者的差异也是显著的:第一,涉嫌违法犯罪人员的自杀行为发生的时间不同。本案中涉嫌违法犯罪人员的自杀行为发生在公安机关工作人员暴力的行为实施完毕而离开派出所之后,"王某甲玩忽职守案"中涉嫌违法犯罪人员自杀行为则是发生在公安机关工作人员违反规定将其单独留在候问室这一玩忽职守行为持续的过程中。因此,虽然两个案件中涉嫌违法犯罪人员在接受询问、讯问以及等候过程中的人身安全都在公安机关工作人员行为规范保护目的的范围内,但是这两个案件中公安机关工作人员防止涉嫌违法犯罪人员自杀的注意义务是不同的,涉嫌违法犯罪人员在不同阶段进行自杀所体现的异常性也是不同的。第二,涉嫌违法犯罪人员的自杀是否进一步造成恶劣社会影响这一非物质性损害结果有所不同。本案中,涉嫌违法犯罪人员的自杀导致村民对公安机关工作的强烈不满,引发村民采取围堵、冲击派出所的极端方式表达其对公安机关的不信任。《渎职侵权立案标准》和《渎职刑事案件解释》均将"恶劣社会影响"作为滥用职权罪和玩忽职守罪的危害结果"公共财产、国家和人民利益遭受重大损失"的一种表现形式,而包括聚众冲击国家机关在内的群体性事件,正是恶劣社会影响的一种客观反映。因此,本案中可能的危害结果有两个,一是涉嫌违法犯罪人员因自杀而丧失生命,二是村民围堵、冲击派出所所反映出的恶劣社会影响。在判断本案中公安机关工作人员滥用职权的行为与危害结果之间的因果关系时,既要判断该行为与自杀之间的因果关系,也要判断该行为与恶劣社会影响之间的因果关系。

笔者认为,如果公安机关工作人员滥用职权对治安案件或刑事案件中涉嫌违法犯罪人员进行刑讯逼供或者暴力取证的行为已经结束,涉嫌违法犯罪人员已经离开办案场所而恢复人身自由,那么涉嫌违法犯罪人员自杀这一介入因素是具有异常性的,从而应当否定滥用职权行为与死亡结果之间存在刑法意义上的因果关系。[①] 自杀作为一种复杂的社会现象,具有多种多样的成因,有些还存在他杀的因素:如"逼迫他人自杀",表现为行为人

---

① 需要注意的是,在公安机关拥有侦查权的刑事案件中,公安机关的办案人员属于《刑法》第二百四十七条中的"司法工作人员",其以获取供述或者证人证言为目的对犯罪嫌疑人、被告人或证人使用暴力或变相体罚,构成刑讯逼供罪或暴力取证罪;致人死亡的,构成故意杀人罪。在治安案件中,公安机关的办案人员不再属于司法工作人员,其以获取陈述或者证人证言为目的对违反《治安管理法》的行为人或证人使用暴力,由于不符合《刑法》第二百四十七条所规定的主体要件,则应依据《刑法》第三百九十七条的规定,在满足结果要件的前提下,构成滥用职权罪。但是,在出现被讯问或询问人员因遭受暴力而自杀死亡的案件中,无论公安机关的办案人员是否属于司法工作人员,其行为方式、最终危害结果和因果关系发展流程均具有相似性。

制造某种导致被害人陷入绝望的环境,从而迫使被害人实施自杀;再如"引起他人自杀",表现为行为人通过实施合法行为或者一般违法行为,引起被害人实施自杀。① 由于行为人对于他人自杀起作用的方式、情境有所不同,在认定行为人的行为与他人死亡的结果之间的因果关系时,应当区别对待。

有论者以强奸导致妇女在被强奸后因羞愤而自杀能否适用《刑法》第二百三十六条第三款第(五)项所规定的强奸致使被害人死亡的规定为例,认为刑法规定的"致人死亡"一概不应包括引起被害人自杀的情形,从因果关系的角度分析是因为这种引起被害人自杀的情形在当今社会不具有社会生活法则上的相当性,实行行为与被害人自杀之间不存在内在的引起与被引起的关系。② 这样的结论,以强奸罪这一种犯罪代表所有类型的犯罪,亦没有充分考虑实行行为引起被害人自杀的多种原因,有以偏概全之嫌。

有论者则结合德日刑法理论对引起被害人自杀时的结果归责问题进行了更加全面的剖析,认为应当对危险的实现关系进行检视,如果所实现的危险并不是实行行为所创造的危险,则因为欠缺危险同一性关系而排除死亡结果的责任归属。而在判断的时候应当结合具体情状进行考察,如被害人因为躲避行为人的伤害或逃离行为人的控制时不慎摔倒死亡,被害人突然冲出而被此时恰好经过的第三人撞死等,行为人是否应当对被害人死亡结果负责需要分情况讨论。③ 这一观点从实行行为创造何种危险和危险能否在结果中实现的角度,对实行行为与被害人死亡结果之间刑法意义上的因果关系进行分析,而且分析时注重对具有差异性的具体情况的考察,具有合理之处。但是,其局限性在于对被害人自杀的范围边界没有划定清楚,将一些在被害人实施非自杀行为之后出现意外事件导致被害人死亡的情形归入被害人自杀的范畴内,讨论存在被害人自杀这一介入因素时实行行为与被害人死亡结果之间的刑法意义上的因果关系,显属不当。

另有论者在分析刑讯逼供引起被刑讯人自杀的定罪问题时,提出需要根据不同的情况作不同处理:第一,如果被刑讯人自杀是因为自己胆小怕事或畏罪,那么与他人无关;第二,如果被害人自杀是由刑讯逼供引起的,应当对刑讯人以刑讯逼供罪定罪,并将自杀作为量刑情节;第三,如果刑讯逼供导致被害人伤残疼痛难忍而选择自杀,应当以重伤罪对刑讯人定罪,并在量

① 黄明儒、罗剑:《论刑讯逼供致人伤残、死亡的性质》,《中南大学学报(社会科学版)》2004 年第2 期。
② 莫洪宪、邹世发:《刑法语境中的"致人重伤、死亡"》,《法学论坛》2003 年第 6 期。
③ 孙运梁:《刑法中"致人死亡"的类型化研究》,《政法论坛》2016 年第 1 期。

刑上从重论处;第四,如果刑讯人在刑讯过程中存在逼迫被害人自杀的情况,被害人系因被逼迫而自杀,则对刑讯人应当以杀人罪处理。[①] 该论述所针对的是 1979 年《刑法》第一百三十六条[②]的规定展开的,因该条文与现行刑法的规定存在差异而在行为定性上具有时代局限性,但其将刑讯逼供行为引发被害人自杀的情况所进行的精细化分类,对我们当前分析公安机关工作人员在对治安案件或者刑事案件的涉案人员询问或讯问时使用暴力或变相体罚的行为与被害人因自杀而死亡的结果之间的因果关系具有启发意义。

对公安机关工作人员办案中对涉案人员使用暴力或变相体罚引发被害人自杀的不同情况中被害人自杀的异常性分别进行分析,是运用危险的现实化说理论分析这类特定的滥用职权行为与被害人死亡结果之间因果关系的关键。

如果涉案人员是因为畏罪、供出同案其他人员的违法犯罪事实而产生的羞愧从而选择自杀,那么无论其受到的是合法的还是非法的询问或询问,都有可能选择自杀,这一介入因素显然通常意义上并非由于公安机关工作人员的职权行为具有严重不当性而引发,而是由于职权行为本身而引发。如果将这种情形的涉案人员自杀作为不具有异常性的情况来对待,并不符合从《治安管理处罚法》所规定的主动投案如实陈述违法行为应减轻处罚或免除处罚以及《刑法》《刑事诉讼法》所规定的自首、坦白、认罪认罚从宽等制度设计所推导出的社会主流价值观。对于涉案人员事实上未实施违法犯罪行为而被公安机关工作人员错误地怀疑其涉嫌违法犯罪,并以暴力或者变相体罚的方式逼迫其承认自己并未实施的违法犯罪行为,因受到冤枉而感到委屈选择自杀的情形,同样不是通常意义上具有正常性的行为选择。《治安管理处罚法》《刑法》《刑事诉讼法》和《国家赔偿法》等法律赋予了这类涉案人员救济的途径,以自杀的方式昭示清白并不符合由上述法律所推导出的社会主流价值观。对于涉案人员因难以忍受公安机关工作人员的暴力或变相体罚所造成的身体上的痛苦,而选择以自杀的方法获得解脱的情形,应当认为其自杀未超出暴力或变相体罚行为本身对涉案人员生命权、身体权造成为危险所内涵盖的范围,因而作为介入因素的自杀不具有异常性。

对于涉案人员系因公安机关工作人员在实施暴力或者变相体罚的过程中的逼迫而不得不在不具备意志自由时选择自杀的情形,除了如前一种情

---

① 孙国祥:《试析刑讯逼供致人死亡的定罪》,《公安大学学报》1986 年第 3 期。

② 1979 年《刑法》第一百三十六条规定:"严禁刑讯逼供。国家工作人员对人犯实行刑讯逼供的,处三年以下有期徒刑或者拘役。以肉刑致人伤残的,以伤害罪从重论处。"

形一样应当否定涉案人员自杀的异常性之外,还会涉及滥用职权刑讯逼供行为与故意杀人行为的想象竞合问题。回归到对"谢某、包某等滥用职权案"中谢某等人滥用职权对郑某己暴力获取陈述的行为与郑某己自杀身亡的结果之间因果关系的分析,郑某己系在滥用职权行为结束并离开派出所回到自己住处之后才实施的自杀,其自杀的动因显然不是为了摆脱身体上因正在发生的暴力导致的难以忍受的痛苦,也不是在失去身体自由的情况下受到公安机关工作人员的强迫,无论是因为受到冤枉而想要昭示清白,还是因畏罪和供述了其他涉案人员的违法行为而羞愧,这些动机支配下的自杀对于滥用职权行为而言都具有异常性,从而应当否定公安机关工作人员滥用职权行为与郑某己死亡之间刑法意义上的因果关系的存在。

在排除了公安机关工作人员滥用职权行为与郑某己死亡之间因果关系的前提下,该行为与作为郑某己死亡的"次生灾害"的以村民围堵、冲击派出所为客观表现的恶劣社会影响之间的因果关系亦应当被排除。诚然,公安机关工作人员的滥用职权行为(A)、郑某己自杀(B)、郑某己死亡(C)、村民围堵和冲击派出所(D)等在事实层面上,存在着"若无 A 则无 B,若无 B 则无 C,若无 C 则无 D"的因果关系传导链条,从而可以推出在事实层面"若无 A 则无 D"之结论。但是,作为滥用职权行为与郑某己死亡之间介入因素的郑某己自杀,已因具有异常性而导致滥用职权行为与郑某己死亡之间刑法意义上的因果关系被排除,那么由郑某己死亡直接引发的村民围堵和冲击派出所所反映出的恶劣社会影响与滥用职权行为之间的刑法因果关系,应被当然地排除。换言之,A→B→C→D的因果关系传导链条中,刑法意义上的因果关系已经在 A 与 C 之间中断,那么其在 A 与 D 之间显然不应继续存在。

(三)介入其他人违法犯罪行为的异常性判断

渎职行为与危害结果之间介入被监管对象、被害人以外的其他人的违法犯罪行为时,判断介入因素是否异常应当遵照危险状态设定型案件的判断方法,即通过判断介入的其他人的违法犯罪行为是否完全改变因果关系的发展流程,使得危害结果中实现的危险与实行行为毫无关联,来确定介入因素是否具有异常性。

对比本书第三章所引述的"蔡某某玩忽职守案"与作为危险状态设定型案件的典例"后备箱监禁致死事件",可以发现两者具有高度的相似性。首先,两个案件中行为人的行为都创造了可能导致危害结果发生的危险。前案中,蔡某某作为人民警察不履行救助义务和保护现场义务的玩忽职守行为,所创造的危险是可能导致因交通事故处于危难之中的被害人由于得不到及时救助或因处于车流量较大的路口而遭其他车辆碾压,出现相比交通事故发生时更严重的伤害甚至死亡。后案中,行为人将被害人监禁在停放在路上的普通乘用汽车后备箱内的行为,所创造的危险除了包括可能导致被害人因受到惊吓或因空气稀薄窒息死亡等与非法拘禁本身直接相关的内容外,还包括导致被害人因更容易受到外力撞击或其他突发事件无法逃生而死亡等。其次,两个案件中,实行行为与危害结果之间都介入了其他人的违法犯罪行为,且其他人的违法犯罪行为都是危害结果发生的直接原因。相类似地,两个案件中作为介入因素的他人行为都是实行行为之后其他人的交通肇事犯罪行为,他人过失驾车碾压或撞击都是导致被害人死亡的直接原因。最后,两个案件中介入因素对危害结果的作用力均大于实行行为,但正是实行行为与介入因素结合在一起共同发生作用,才能导致危害结果发生。前案中,如果不存在蔡某某不履行救助义务和保护现场义务的不作为,而是蔡某某积极履行上述义务,那么后一交通事故的肇事者开车路过时,即使不减速慢行,也不可能导致被害人死亡。后案中,如果不存在行为人将被害人监禁于汽车后备箱的行为,即使后车撞击到前车,也不可能发生被害人因受撞击而死亡的危害结果。因此,创造了可能在结果中实现的危险的实行行为,对于结果发生而言是必不可少的,介入因素的存在也并未根本上改变实行行为所创造危险的发展流程。在这种情况下,按照危险状况设定型案件的危险的现实化判断标准,因果关系应当被认定。由此,在渎职案件中,其他人实施的违法犯罪行为作为介入因素而存在,且这一介入因素并未从根本上改变实行行为所创造危险的发展流程,则应当认为介入因素不具有异常性,从而认定渎职行为与危害结果之间存在刑法意义上的因果关系。

(四)介入其他职能部门渎职行为的异常性判断

多个渎职行为共同导致危害结果发生时,应当根据作为介入因素的渎职行为是否有对作为实行行为的渎职行为所创造的危险的因果发展流程作出改变,来对介入因素是否异常作出判断。多头监管从源头上来看是由立法所决定——由立法作出制度性安排的多头监管属于立法决定的自无疑问,而以多部门联合执法为表现形式的特定时期特定行政区域内的多头监管,只是在具体执行时体现为多个部门的工作人员同时同地统一出动,但不同部门的工作人员在联合执法过程中实际上所依据的仍然是立法对其职权的规定,或者是立法授权相关国家机构对其确定的职权。因此,多头监管模式下,每一个具有监管职权的国家机关工作人员在执法时,所依据的都是立法直接或者间接赋予其的职权,且这一职权的行使与否及其对危害结果的作用力,与其他国家机关的工作人员是否实施了渎职行为,并无关联。其他国家机关的工作人员如果依法行使监管职权也许能够避免危害结果的发生,其他国家机关的工作人员的渎职行为的存在并没有改变作为实行行为的渎职行为所创造的危险在结果中实现的方式。因此,在认定因果关系时,其他国家机关的工作人员的渎职行为作为介入因素,并不能排除作为实行行为的渎职行为与危害结果之间刑法意义上的因果关系。

例如,在前文所引述的"福建省长乐吴航拉丁酒吧火灾案"中,在以结果的出现并不在规范保护目的范围内为由排除了工商所和文化市场稽查队执法人员的渎职行为与最终危害结果之间的因果关系后,在判断其他任何一个职能部门的特定执法人员的渎职行为与最终危害结果之间的因果关系时,需要运用危险状态设定型案件中因果关系认定的方法。对于任何一个渎职行为而言,其他执法人员所实施的渎职行为都是作为介入因素而存在的,这些实行行为以外的渎职行为如果没有从根本上改变实行行为所创造的危险起作用的因果流程,则应该认为其不具有异常性。在这一案件中,公安、消防、城管等职能部门相关执法人员的渎职行为所创造的危险导致了酒吧消防安全隐患持续存在,最终人员伤亡和财产损失确实是因为酒吧消防安全隐患的存在导致火灾发生和人员逃生困难,因而这些渎职行为都未相互改变彼此创造的危险转化为最终危害结果的因果流程。从而,公安、消防、城管等职能部门相关执法人员的渎职行为所创造的危险间接地在最终酒吧火灾所致的人员伤亡和财产损失的危害结果中实现,渎职行为与危害结果之间存在刑法意义上的因果关系。

除此之外,从刑罚适用的效果来看,不因多头监管模式下其他职能部门渎职行为的存在而排除作为实行行为的渎职行为与危害结果之间的因果关系,而对其因果关系予以认定从而为追究行为人的刑事责任提供客观层面的基础,有利于实现刑罚的一般预防功能。"如果让人们看到他们的犯罪可能受到宽恕,或者刑罚并不一定是犯罪的必然结果,那么就会煽惑起犯罪不受处罚的幻想。"[①]如果因为渎职行为与危害结果之间介入了其他职能部门的渎职行为而排除两者之间因果关系的存在,无疑会向国家机关工作人员传导一种"有组织的不负责任"合理化的信号,使国家机关工作人员将不以渎职罪被追究刑事责任,而放松对自身认真履职的要求。这样的刑罚裁量效果,显然与渎职罪设立的初衷相违背。

---

① 　贝卡里亚:《论犯罪与刑罚》,黄风译,商务印书馆,2018,第 62 页。

第七章　结　语

　　渎职罪因果关系认定的问题,无论是关系到有罪无罪的方面,还是关系到刑重刑轻的方面,在司法实践中都存在极大的争议,控辩审三方对这一问题的认识往往存在严重的分歧。这一现象的存在引发了笔者的思考:刑法学界研究已久的因果关系理论,究竟能否妥善解决司法实践中疑难复杂类型案件的因果关系认定问题? 如果答案是肯定的,那么为何在解决渎职犯罪案件这类不常作为因果关系理论阐述过程中典型案例出现的案件中的因果关系认定问题时,会出现如此大的争议? 如果无法得出肯定答案,我们需要的也许不是一味指责裁判者的判决不公、指责辩方想尽办法逃脱罪责,而是更多地需要反思现有的因果关系理论本身是否存在问题。

　　在将因果关系的功能定位为结果归责的基础上,笔者通过对照用哲学方法解决刑法问题为特征的我国传统因果关系理论、以相当性的判断为核心的相当因果关系说、以主客观事实相混淆为弊端的双层次因果关系说等理论在实现因果关系结果归责功能方面的困境,分析了危险的现实化说所具有的优势。在归纳渎职罪因果关系的特殊性的基础上,笔者又分析了当前相关著述中经常作为渎职罪因果关系分析框架的各种因果关系理论、客观归责理论和监督过失理论等所存在的应用困境。相比较而言,在解决作为行政犯的渎职罪中具有复杂特性的因果关系认定问题上具有明显优势。但需要承认的是,危险的现实化说这一来源于日本判例立场的因果关系理论,也非完美无瑕,同样需要借鉴其他理论有价值的部分来补足其弱势。

　　立足于此,笔者阐述渎职罪因果关系认定方法时,分为渎职罪因果关系认定一般规则建构和典型类型渎职案件因果关系认定的具体方法两大部分具体展开。前者以危险的现实化说为基础,借鉴客观归责理论中的规范保护目的理论等其他理论的有益成分,着力解决判断渎职行为与危害结果之间是否存在刑法意义上因果关系的具有共性的问题。后者则具体讨论了特殊职权行使方式影响型渎职案件和介入因素存在型渎职案件的因果关系认定具体方法,以解决司法实践中关于渎职罪因果关系认定的类型化疑难问题。

　　笔者在对渎职罪因果关系认定问题进行研究的过程中,结合了大量的真实案例,目光不断往返流转于因果关系理论与司法实践之间,而不是止步于对因果关系理论本身或者对渎职罪理论本身的阐述,力图使自己的研究能够为解决司法实践中渎职罪因果关系认定的"真问题"提供些许帮助。

参考文献

[1]安达光治.日本刑法中客观归属论的意义[J].孙文,译.国家检察官学院学报,2017(1):160—170+176.

[2]贝卡里亚.论犯罪与刑罚[M].黄风,译.北京:商务印书馆,2018.

[3]贝克,威尔姆斯.自由与资本主义——与著名社会学家乌尔里希·贝克对话[M].路国林,译.杭州:浙江人民出版社,2001.

[4]车浩.过失犯中被害人同意与被害人自陷风险[J].政治与法律,2014(5):27—36.

[5]车浩.理解当代中国刑法教义学[J].中外法学,2017(6):1405—1429.

[6]陈波.安全生产领域渎职犯罪侦破与认定[M].北京:中国检察出版社,2016.

[7]陈波,魏文荣.职务犯罪查处中如何认定"职务、职权、职责"[J].人民检察,2016(2):19—23.

[8]陈洪兵.贪污贿赂渎职罪解释论与判例研究[M].北京:中国政法大学出版社,2015.

[9]陈建勇,曾群,彭恋.渎职犯罪案例与实务[M].北京:清华大学出版社,2017.

[10]陈兴良.从归因到归责:客观归责理论研究[J].法学研究,2006(2):70—86.

[11]陈兴良.教义刑法学[M].北京:中国人民大学出版社,2014.

[12]陈兴良.客观归责的体系性地位[J].法学研究,2009(6):37—51.

[13]陈兴良.刑法的价值构造[J].法学研究,1995(6):5—12.

[14]陈莹.风险社会视域下食品监管渎职罪的立法完善[J].湖南警察学院学报,2015(2):47—52.

[15]陈运生.法律冲突解决的进路与方法[M].北京:中国政法大学出版社,2017.

[16]储槐植,魏颖华.渎职罪因果关系的判断[J].江苏警官学院学报,2008(1):5—12.

[17]崔静,李宁.完善我国公务员抵抗制度的几点思考[J].贵州社会科学,2010(2):42—45.

[18]大谷实.刑法讲义总论[M].黎宏,译.北京:中国人民大学出版社,2008.

[19]大塚仁.刑法概说(各论)[M].冯军,译.北京:中国人民大学出版社,2003.

[20]大塚裕史.法的因果関係(2)—危険の現実化説の判断構造[J].法学セミナー,2015(730):110—117.

[21]德国刑法典[M].何赖杰、林钰雄,审译,李圣杰、潘怡宏,编译,王士帆,等译.台北:元照出版有限公司,2017.

[22]董文辉,敦宁.滥用职权罪与玩忽职守罪司法认定若干疑难问题研究[A]//赵秉志.刑法论丛(第27卷),北京:法律出版社,2011:322—345.

[23]董玉庭.从客观因果流程到刑法因果关系[J].中国法学,2019(5):249—266.

[24]樊鸽佳.滥用职权罪共犯责任的认定[J].平顶山学院学报,2014(3):14—18.

[25]范进学.法律原意主义解释方法论[M].北京:法律出版社,2018.

[26]弗里希.客观结果归责理论的发展、基本路线与悬而未决的问题[A].恽纯良,译.//赵秉志,宋英辉.当代德国刑事法研究.北京:法律出版社,2017:99—122.

[27]高铭暄,马克昌.刑法学[M].北京:北京大学出版社,高等教育出版社,2022.

[28]高铭暄.中华人民共和国刑法的孕育诞生和发展完善[M].北京:北京大学出版社,2012.

[29]高橋則夫.刑法総論[M].东京:成文堂,2018.

[30]高橋則夫,杉本一敏.過失の二つの問い方——「危険の現実化」か「原因において自由な行為」か[J].法学セミナー,2014(687):90—96.

[31]关于开展烟花爆竹安全管理联合执法的通知[EB/OL]. http://www. laoshan. gov. cn/n206250/n18207792/n18208200/n18208201/n18208203/190218104844132014. html,2019-01-22/2023-05-20.

[32]广东廉江何耘韬案始末[EB/OL]. http://finance. sina. com. cn/

roll/20110601/10509930792.shtml,2011-06-01/2023-05-20.

[33]郭平,张少林.渎职罪犯罪构成的证明标准研究[A]//游伟.华东刑事司法评论(2003年第1卷).北京:法律出版社,2003:30—59.

[34]郭哲.渎职侵权犯罪查办之困境及化解——基于中南某地区的实证研究[J].政法论丛,2017(8):119—127.

[35]哈特,奥诺尔.法律中的因果关系[M].张绍谦,孙战国,译.北京:中国政法大学出版社,2005.

[36]韩德强.正确认识和把握审判权维护社会公平正义的历史使命[J].人民法治,2018(21):40—42.

[37]胡剑锋,翁寒屏.社区矫正领域渎职犯罪实证研究——基于36份渎职犯罪判决书样本的考察[J].公安学刊(浙江警察学院学报),2018(1):75—83.

[38]胡锦涛.坚定不移沿着中国特色社会主义道路前进 为全面建成小康社会而奋斗——在中国共产党第十八次全国代表大会上的报告[R].北京:中国共产党第十八次全国代表大会,2012.

[39]胡胜.定罪与量刑应采用不同的因果关系判断标准[J].人民司法·案例,2015(16):97—98.

[40]胡胜友,陈广计.渎职侵权犯罪因果关系问题研究[J].中国刑事法杂志,2012(1):60—64.

[41]黄博彦.重新检视加重结果犯之归责基础[J].月旦法学杂志,2017(262):198—222.

[42]黄明儒,罗剑.论刑讯逼供致人伤残、死亡的性质[J].中南大学学报(社会科学版),2004(2):182—188.

[43]黄荣坚.卫尔康事件的基本刑法问题[J].月旦法学杂志,1995(1):49—59.

[44]吉登斯.现代性的后果[M].田禾,译.黄平,校.南京:译林出版社,2011.

[45]贾宇.刑法学(上册·总论)[M].北京:高等教育出版社,2019.

[46]姜伯宁.渎职罪的因果关系研究[D].北京:中国青年政治学院,2014.

[47]江溯.过失犯中被害人自陷风险的体系性位置——以德国刑法判例为线索的考察[A]//《北大法律评论》编辑委员会.北大法律评论(第14卷第1辑).北京:北京大学出版社,2013:115—142.

[48]金德霍伊泽尔.论所谓"不被容许的"风险[A].陈璇,译.//陈兴良.刑事法评论(第34卷).北京:北京大学出版社,2014:220—235.

[49]金德霍伊泽尔.刑法总论教科书(第6版)[M].蔡桂生,译.北京:北京大学出版社,2015.

[50]今井麻絢.法的因果関係:シネ・クワ・ノンと相当性を中心に[J].立命館法政論集,2016(14):1—37.

[51]金尚均,池田良太.第4回 因果関係(連載刑事弁護人のための刑法)[J].季刊刑事弁護,2012(69):212—217.

[52]金伟峰,姜裕富.公务员忠诚义务的若干问题研究——对《公务员法》第12条的解读[J].行政法学研究,2008(1):11—16.

[53]井田良.基礎から学ぶ刑事法[M].东京:有斐阁,2013.

[54]井田良.日本因果关系的现状——从相当因果关系说到危险现实化说[J].林琬珊,译.月旦法学杂志,2018(276):221—233.

[55]康均心,王雨田.刑法因果关系与刑事责任[J].江苏公安专科学校学报,2001(4):97—105.

[56]考夫曼.法律哲学[M].刘幸义,等译.北京:法律出版社,2011.

[57]蓝潮永,刘晓芬.完善《公务员法》"违法命令不执行"条款的思考[J].河南科技大学学报(社会科学版),2009(5):105—109.

[58]李波.规范保护目的理论与过失犯的归责限制[J].中外法学,2017(6):1430—1455.

[59]李峰.渎职罪因果关系新论[J].社科纵横,2014(11):91—93.

[60]李兰英,郭浩.被害人自我答责在刑事责任分配中的运用[J].厦门大学学报(哲学社会科学版),2015(2):100—107.

[61]李腾.论监督过失理论在食品监管渎职罪中的适用[J].铁道警察学院学报,2016(5):90—96.

[62]李忠诚.渎职罪实体认定与程序适用问题研究[M].北京:中国检察出版社,2017.

[63]李忠诚.渎职罪因果关系认定实践问题分析[J].中国检察官,2017(4):19—22.

[64]梁波.包头居民楼爆炸案两年后五位公职人员被追刑责 四人辩称无罪系"背锅"?[EB/OL]. http://www.thecover.cn/news/2222623, 2019-07-05.

[65]林东茂.刑法综览[M].北京:中国人民大学出版社,2009.

[66]林育青.论犯罪过失心理的判断标准——以犯罪故意认识内容的双层结构展开[A].//刘想树.西南法律评论(第 30 卷).北京:法律出版社,2018:43—63.

[67]刘福元.公务员行为规范中抵抗权困境的成因与出路[J].东北财经大学学报,2014(2):93—97.

[68]刘福元.行政自制:探索政府自我控制的理论与实践[M].北京:法律出版社,2011.

[69]刘家丰.现代汉语辞海[Z].北京:新华出版社,2002.

[70]刘明洁.处置交通违章机动车逃跑行为的法律思考[J].政法学刊,2004(2):14—15.

[71]刘艳红.客观归责理论:质疑与反思[J].中外法学,2011(6):1216—1236.

[72]刘艳红.刑法学(上)[M].北京:北京大学出版社,2017.

[73]卢建平,刘传稿.法治语境下犯罪化的未来趋势[J].政治与法律,2017(4):36—53.

[74]罗克辛.德国刑法学总论(第 1 卷)[M].王世洲,译.北京:法律出版社,2005.

[75]马春晓.危险现实化与结果归属[J].国家检察官学院学报,2020(6):86—100.

[76]马路瑶.“国家工作人员”认定的刑法解释学研究[J].江西警察学院学报,2019(2):78—84.

[77]马路瑶.风险社会视阈下人类胚胎基因编辑的刑事立法立场[J].湖北社会科学,2019(11):153—161.

[78]马秋生.渎职犯罪因果关系的认定——以赖恒远滥用职权案为视角[J].法律适用,2017(20):19—25.

[79]马荣春.共识刑法观:刑法公众认同的基础[J].东方法学,2014(5):25—41.

[80]美国法学会.美国模范刑法典及其评注[M].刘仁文,等译.北京:法律出版社,2005.

[81]缪树权.渎职、侵权案件重点、难点问题的司法适用[M].北京:中国法制出版社,2006.

[82]苗有水,刘为波.《关于办理渎职刑事案件具体应用法律若干问题的解释(一)》的理解与适用[J].人民司法·应用,2014(7):22—27.

[83]莫洪宪,邹世发.刑法语境中的"致人重伤、死亡"[J].法学论坛,2003(6):68—71.

[84]倪寿明."集体研究"不再是渎职决策的"免责牌"[J].中国党政干部论坛,2013(2):31.

[85]潘星丞.论食品安全监管的刑事责任——监督过失理论的借鉴及"本土化"运用[J].华南师范大学学报(社会科学版),2010(3):23—27.

[86]潘宇靖.论我国食品安全监管法律制度的问题及其完善[J].江西广播电视大学学报,2020(1):58—63.

[87]前田雅英.刑法总论讲义[M].曾文科,译.北京:北京大学出版社,2017.

[88]橋本正博.法の因果関係に関する覚書[J].一桥法学,2016(2):517—534.

[89]橋爪隆.当前的日本因果关系理论[A].高翔,译.//陈兴良.刑事法评论(第40卷).北京:北京大学出版社,2017:272—282.

[90]橋爪隆.刑法总论之困惑(一)[J].王昭武,译.苏州大学学报(法学版),2015(1):102—124.

[91]橋爪隆.危険の現実化としての因果関係(2)[J].法学教室,2014(404):86—98.

[92]秦大苏.渎职侵权犯罪侦查谋略与技巧[M].北京:中国检察出版社,2008.

[93]全国人大常委会法制工作委员会.中华人民共和国刑法释义[M].北京:法律出版社,2015:680—681.

[94]任剑炜,张兴斌,胡建国.复杂因果关系下渎职侵权犯罪归责问题研究[J].中国检察官,2014(2):56—59.

[95]山口厚.从新判例看刑法[M].付立庆,刘隽,陈少青,译.北京:中国人民大学出版社,2019.

[96]山口厚.刑法总论[M].付立庆,译.北京:中国人民大学出版社,2018.

[97]申柳华.德国刑法被害人信条学研究[M].北京:中国人民公安大学出版社,2011.

[98]施罗德.客观归责理论的发展历程[A].王华伟,译.//赵秉志,宋英辉.当代德国刑事法研究.北京:法律出版社,2017:81—98.

[99]施晓楠.论渎职罪中的因果关系[D].苏州:苏州大学,2015.

[100]松宫孝明.刑法各论讲义[M].王昭武,张小宁,译.北京:中国人民大学出版社,2018.

[101]宋华琳.中国行政法学总论的体系化及其改革[J].四川大学学报(哲学社会科学版),2019(5):39—48.

[102]宋远升.刑辩律师职业伦理冲突及解决机制[J].山东社会科学,2015(4):172—177.

[103]孙国祥.试析刑讯逼供致人死亡的定罪[J].公安大学学报,1986(3):36.

[104]孙万怀.法定犯拓展与刑法理论取代[J].政治与法律,2008(12):117—124.

[105]孙万怀.刑法解释位阶的新表述[J].学术月刊,2020(9):95—109.

[106]孙运梁.危险的现实化理论在我国的司法运用[J].国家检察官学院学报,2020(1):19—34.

[107]孙运梁.刑法中"致人死亡"的类型化研究[J].政法论坛,2016(1):66—82.

[108]万江.政策执行失灵:地方策略与中央态度[J].北方法学,2014(6):102—111.

[109]王传真.深圳歌舞厅火灾43死 事发时数百人正喝酒看表演(图)[EB/OL].http://news.ifeng.com/society/1/200809/0921_343_795524.shtml,2008-09-21/2023-05-20.

[110]王登辉.犯罪黑数的原因与对策研究[J].公安学刊(浙江警察学院学报),2017(3):78—85.

[111]王纪松.渎职侵权犯罪案件的证据收集、审查与认定[M].北京:中国检察出版社,2015.

[112]王强军.论刑事裁判中的结果导向及其控制[J].法学,2014(12):108—115.

[113]韦塞尔斯.德国刑法总论[M].李昌珂,译.北京:法律出版社,2008.

[114]王旭.论"集体研究"型渎职犯罪的责任认定[J].公安法治研究(贵州警官职业学院学报),2014(4):113—116.

[115]王昭武.法秩序统一性视野下违法判断的相对性[J].中外法学,2015(1):170—197.

[116]魏颖华.渎职行为证明与取证规律[J].人民检察,2012(17):72—73.

[117]习近平.高举中国特色社会主义伟大旗帜 为全面建设社会主义现代化国家而团结奋斗——在中国共产党第二十次全国代表大会上的报告[R].北京:中国共产党第二十次全国代表大会,2022.

[118]习近平.决胜全面建成小康社会 夺取新时代中国特色社会主义伟大胜利——在中国共产党第十九次全国代表大会上的报告[R].北京:中国共产党第十九次全国代表大会,2017.

[119]西原春夫.刑法的根基与哲学[M].顾肖荣,等译.北京:中国法制出版社,2017.

[120]肖金明,冯威.行政执法过程研究[M].济南:山东大学出版社,2008.

[121]谢望原,何龙.食品监管渎职罪疑难问题探析[J].政治与法律,2012(10):68—78.

[122]熊明明.刑法中因果关系判断标准之重构[D].硕士学位论文,西南政法大学,2010.

[123]熊秋红.错判的纠正与再审[J].环球法律评论,2006(5):562—567.

[124]休谟.人性论[M].关文运,译.北京:商务印书馆,2016.

[125]许玉秀.主观与客观之间[M].台北:许玉秀自版,1997.

[126]杨建崇.现代法律适用问题研究[M].长春:吉林人民出版社,2019.

[127]杨景宇.全国人大法律委员会关于《中华人民共和国公务员法(草案二次审议稿)》修改意见的报告[R].北京:第十届全国人民代表大会常务委员会第十五次会议,2005.

[128]杨景宇,李飞.中华人民共和国公务员法释义[M].北京:法律出版社,2005.

[129]杨连专.权力运行异化的法律防范机制研究[J].宁夏社会科学,2017(6):45—50.

[130]杨书文.过失型渎职罪中的因果关系研究[J].人民检察,2006(20):25—28.

[131]杨晓静,李昌云,栾晓虹.渎职犯罪因果关系的定性与定量——以"客观归责"理论为视角[J].人民检察,2016(23):64—67.

[132]杨兴培.论犯罪过失的形式与内容[J].河南公安高等专科学校学报,2003(3):5—10.

[133]杨绪峰.渎职罪因果关系研究——判例与学说的双向互动[D].北京:清华大学,2015.

[134]叶良芳.法秩序统一性视域下"违反国家有关规定"的应然解释——《关于办理侵犯公民个人信息刑事案件适用法律若干问题的解释》第2条评析[J].浙江社会科学,2017(10):15—23+155.

[135]叶良芳.刑法分论[M].北京:法律出版社,2017.

[136]叶良芳.刑法总论[M].北京:法律出版社,2019.

[137]叶良芳,马路瑶.被害人职责行为介入对刑法因果关系的影响[J].人民检察,2017(9):13—16.

[138]伊東研祐.構成要件要素としての因果関係ないし客観的帰属関係——その1(刑法総論で考える〔2〕)(ロー・クラス)[J].法学セミナー,2005(605):108—112.

[139]易益典.监督过失型渎职犯罪的因果关系判断[J].法学,2018(4):173—181.

[140]应松年,薛刚凌.行政组织法研究[M].北京:法律出版社,2002.

[141]游景如,黄甫全.新兴系统性文献综述法:涵义、依据与原理[J].学术研究,2017(3):145—151.

[142]袁彬.罪过的心理学分析[J].中国刑事法杂志,2008(3):21—28.

[143]曾根威彦.刑法総論[M].東京:弘文堂,2008.

[144]张保生.证据法学[M].北京:中国政法大学出版社,2014.

[145]张广利,王伯承.西方风险社会理论十个基本命题解析及启示[J].华东理工大学学报(社会科学版),2016(3):48—59.

[146]张丽卿.废弛职务致酿灾害的客观归责[J].东海法学研究,1995(9):253—280.

[147]张明楷.刑法学[M].北京:法律出版社,2016.

[148]张明楷.也谈客观归责理论——兼与周光权、刘艳红教授商榷[J].中外法学,2012(2):300—324.

[149]张小虎.犯罪过失心理结构要素探究[J].法学评论,2005(2):42—53.

[150]张亚军.客观归责的体系性定位[A].//陈兴良.刑事法评论.北京:北京大学出版社,2010:397—408.

[151]张宇.风险社会"有组织的不负责任"困境形成的原因——从专家体制和大众媒介两个角度[J].东南传播,2012(4):12—13.

[152]章剑生.现代行政法总论[M].北京:法律出版社,2014.

[153]张志伟.西方哲学视野下的因果问题[A].//张风雷.宗教研究(2016 秋).北京:宗教文化出版社,2018:40—50.

[154]赵天航,原珂.刚性约束失灵与变异:公共政策"层层加码"现象再解释——以 H 省"控煤"政策为例[J].党政研究,2020(3):111—119.

[155]赵欣.论渎职犯罪中因果关系之认定[D].南昌:南昌大学,2015.

[156]周标龙.职务犯罪黑数的控制与检察机关领导体制改革[J].理论月刊,2009(5):113—116.

[157]周斌.站在新起点 承担新使命 展现新作为——写在司法部重组一周年之际[N].法制日报,2019-03-21(3).

[158]周光权.客观归责理论的方法论意义——兼与刘艳红教授商榷[J].中外法学,2012(2):225—249.

[159]周光权.客观归责论与实务上的规范判断[J].国家检察官学院学报,2020(1):3—18.

[160]周光权.刑法学习定律[M].北京:北京大学出版社,2019.

[161]周振想.权力的异化与遏制——渎职犯罪研究[M].北京:中国物资出版社,1994.

[162]庄劲.团结义务视野下的被害人自陷风险[J].月旦刑事法评论,2017(5):121—142.

后　记

　　以 2024 年度浙江省哲学社会科学规划后期资助课题的申报和立项为契机,我对我的博士学位论文《渎职罪因果关系认定研究》进行了"复习"并完成修订,形成了书稿。转眼间,距离博士学位论文答辩已过去两年有余,我也从浙江大学博士研究生成为浙江财经大学讲师两年有余。以博士学位论文为基础出版专著,通常会把博士学位论文的致谢直接附在书前或者书后,但我觉得自己经过了两年多的成长,本书相比博士学位论文而言也经过了内容和文字上的推敲,直接偷个懒将致谢作为后记,有些不妥了。因此,我决定提笔对本书写一篇后记,来记录我在浙江大学的求学生涯、博士学位论文(即本书初稿)写作背景、本书部分内容的发表情况、本书的修订情况以及我在修订书稿的过程中关于刑法学研究的一些思考,交代读者,同时避免自己遗忘。

　　在浙江大学的求学经历,是我永远的力量源泉。2012 年通过山东高考考入浙大,到 2016 年经过"推免"继续在浙大读研,到 2018 年通过"申请—考核制"又一次入学浙大读博,再到 2021 年身着红黑相间的博士学位服从浙大毕业,我在求是园度过了整整九年时光。能有幸进入浙大求学,完成我全部阶段的高等教育,首先要感谢的当然是自己整个学生时代的努力与坚持。浙大给了我哪些滋养?法学专业知识与学术训练自然是最直接的,要感谢每位教授过我法学课程的老师,当然特别要感谢我硕士研究生和博士研究生阶段的导师叶良芳教授、我的刑法学习和研究道路上的启蒙老师李华副教授、大二物权法课上教会我们使用北大法宝和大四法律诊所课上教过我们论文写作方法的陆青教授。除了这些专业方面的滋养还有什么?"此后,你将与历史上众多灿若星辰的名字一起,分享'浙大人'这个无上光荣的称号,共同承担起国家和社会的责任",本科录取通知书上的这句话不敢忘;"求是创新"的校训,不敢忘;清末民族危亡之际杭州知府林启先生奏请皇帝创办"求是书院"和抗日战争时期浙大西迁的校史,不敢忘;"诸位在校,有两个问题应该自己问问:第一,到浙大来做什么? 第二,将来毕业后要做什么样的人？"，镌刻在浙大紫金港校区校门旁边石头上的竺可桢老校长的两问，不敢忘。这些汇集在一起，就是将永远铭刻在我心中的浙大精神，它的核心要义是家国情怀、追求真理和自强不息。即便我已经从浙江大学完成学业踏上工作岗位，它仍然指引着我前行。

我的博士学位论文（即本书初稿）选题带有几分机缘巧合的色彩。博士学位论文选题最终确定下来是在 2020 年 5 月初，其实距离 2021 年 5 月 23 日终答辩只有一年多的时间。在此之前，我的研究并未涉猎过渎职罪，关于因果关系的研究成果也仅有一篇硕士研究生阶段与导师合作发表在《人民检察》2017 年第 9 期上的论文《被害人职责行为介入对刑法因果关系的影响》。为什么会将渎职罪因果关系认定这个研究基础薄弱的选题作为自己博士学位论文的研究方向？其实对这个问题的关注源于 2019 年 11 月我在西安参加的一次学术会议"海峡两岸暨第十三届内地中青年刑法学者高级论坛"。这次会议的议题是"过失犯的重要课题"，在某个自由讨论环节，有专家学者探讨过玩忽职守罪的因果关系认定问题，并提到了 1994 年新疆克拉玛依大火事件中如何划定玩忽职守犯罪与一般违法违纪的界限。专家学者们更多的是提出自己心中的疑问，作为辩护人参与过这一案件审理的学者，回应也较为概括，并未解开我心中的疑惑。于是，我带着这个问题回到学校，试试看能否围绕它写篇论文。然而，收集和阅读了一些论文和专著之后，我仍感觉无从下手，只好将其暂时搁置在那里。写了一篇其他论文之后，博士学位论文选题迫在眉睫了。找了多个题目之后，总觉得选题或者不够新颖，或者容易出现争议，因此思来想去又把当初搁置下的选题找了回来。不过，只研究玩忽职守罪的因果关系认定问题似乎范围有些窄，难以支撑起一篇博士学位论文，因此我在此基础上稍微扩大了一下研究范围，即有了渎职罪因果关系认定这个选题。初步阅读文献后，我与导师探讨，选题获得导师认可后我便正式着手准备开题，此时距离开题答辩只有一个月的时间了。

开题后调整了论文提纲，除去暑假按照学校要求参加社会实践、写其他论文以及参与导师课题申报，我真正能够全力以赴地写博士学位论文时，已是 2020 年 9 月，距离预答辩仅约 6 个月，距离送外审大约 7 个月，距离终答辩不到 9 个月，速成一篇博士学位论文着实是压力很大。为了能让自己有个更舒适的环境进行论文写作，我在最后一学年从之江校区的四人寝室搬到了紫金港校区附近的出租房。每天一个人在房间里，对着电脑，对着一堆打印资料和书籍，一点一点开荒。尽管在这之前，我发表过十余篇论文，也参与导师的多个课题写过不少东西,但是要完成一篇 15 万字左右的博士学位论文,而且这 15 万字需逻辑自洽,对我来说,这仍然是个挑战。其实自己心中有想要按时毕业的执念,不过就是因为我在本科生和硕士研究生阶段都拿到过"优秀毕业生"荣誉称号,我不想自己的博士研究生阶段因为延期毕业而留下拿不到"优秀毕业生"的遗憾。这个动机不那么高尚,但它确实支撑着我艰难地走完了攻读博士学位的最后一年,让我如期完成了博士学位论文,并且在终答辩中拿到了优秀等级,也如愿拿到了省级和校级"优秀毕业研究生"的荣誉称号以及毕业研究生奖学金。当然,博士学位论文的完成,离不开导师叶良芳教授的悉心指导,离不开开题、预答辩、终答辩等环节的评审专家卢建平教授、周光权教授、刘仁文研究员、卢勤忠教授、孙万怀教授、石经海教授、何荣功教授、杜宇教授、付立庆教授、钱叶六教授、欧阳本祺教授、焦宝乾教授、王钢副教授等老师以及匿名外审专家提出诸多宝贵的修改意见。

我的博士学位论文研究的问题是渎职罪因果关系认定,是刑法总论中的因果关系问题在刑法分论类罪中的具体化,主要提出了以下具有创新性的观点:1. 刑法意义上的因果关系在犯罪论体系中的功能是结果归责而非事实归因,危险的现实化说相比其他因果关系理论对于上述功能的实现具有逻辑优势。2. 渎职罪因果关系认定的难点,在于渎职罪因果关系认定中具有前置性法规范作用显著、个体职权行为因果关系受职权行使方式影响巨大、因果关系逻辑起点判断受不作为型行为方式影响突出以及因果流程普遍存在介入因素等特殊性。3. 渎职罪因果关系认定的一般规则,应当以危险的现实化说为基础并借鉴其他因果关系理论的有益成分进行建构,以划定渎职罪实行行为可能成立的范围作为逻辑起点,以借助客观归责理论中规范保护目的理论的思路判断实行行为何以创造危险为关键步骤,以区分直接实现危险和间接实现危险判断实行行为中的危险何以在结果中现实化为核心步骤。4. 在权力分工影响型渎职案件中,排除受到上级行为影响或者集体研究程序影响的个体职权行为与危害结果之间因果关系的原因,在于这些影响的存在导致个体职权行为不具备严重不当性的特征,进而该个体职权行为不能被认定为渎职罪的实行行为。5. 介入因素对渎职罪因果关系认定的影响,主要体现在判断渎职行为所创造的危险何以现实化的过程中,因此应当对何种情形下属于存在介入因素的直接实现危险类型渎职案件、何种情况下属于存在介入因素的间接实现危险类型渎职案件进行精细化区分,并注意存在不同的介入因素时其异常性的判断标准的区别。

　　无论对于因果关系理论发展还是司法实践中关于渎职案件的正确处理,本书的研究成果均具有些许积极意义。因此,工作之后我仍然在努力推动博士学位论文的成果转化,希望它能够公之于众。我将博士学位论文的核心观点整合成一篇论文《渎职罪因果关系的认定——以危险的现实化说为分析路径》,发表于《中国刑事法杂志》2022 年第 4 期;以第三章的部分内容和第五章为基础整合成一篇论文《权力分工影响型渎职案件因果关系的认定》,发表于《西部法学评论》2022 年第 3 期;以第三章的部分内容和第六章为基础整合成一篇论文《介入因素存在型渎职案件因果关系的认定》,收录于贾宇会长主编的中国刑法学研究会 2022 年全国年会文集《新时代数字化改革与刑法学研究》。前述论文的发表和出版,要特别感谢《中国刑事法杂志》编辑高磊博士和《西部法学评论》编辑刘娟女士对于文章的内容和表达方面提出的修改意见,感谢陈佳雯同学、袁玉杰博士、寿秋露博士、毕海燕博士在文字校对和翻译中提供的帮助。

　　在前期成果转化的基础上,我对博士学位论文进行了修订,形成了本书书稿。书稿修订中,我对一些表述进行了调整。例如,我将译文"介入情况"改成了通用的表达"介入因素",更符合同行的阅读理解习惯;将原先第五章的标题"特殊职权影响型渎职案件因果关系的认定"改成了"权力分工影响型渎职案件因果关系的认定",使表达更贴合本章的内容;增加了党的二十大报告相关的内容,并对书中涉及的法律法规和其他规范性文件进行了核对,保持书内容的时效性;增补了个别案例中分析论述的内容,使阐述更加完整;对部分较长文字的排版进行了优化,使内容结构更清晰。

　　当然,本书能够顺利出版,得益于我获得浙江省哲学社会科学规划后期资助课题立项,并获得浙江省高校新型智库"浙江省地方立法与法治战略研究院"和浙江财经大学法学院资助,得益于浙江大学出版社的支持和责任编辑曲静女士的精心编校,在此我表示由衷感谢。

　　修订博士学位论文的过程,也是我对于自己求学、研究经历进行回顾的过程。对比当下的教学科研工作,我有了新的思考。工作之后,两年多的时间里我为本科生和研究生开设了刑法总论、刑法分论、犯罪学专题、监狱学、风险社会的刑事立法问题、国家安全与法治保障、模拟法庭等多门课程。在很长一段时间里,备课成了我生活的重心。其实教学与科研的路径还是有很大区别的,教学要做的是把当前已经有共识的知识用学生能够接受的方式传授出去,当然在课堂上也要选取一些有争议的知识点和案例供学生思考,但主要还是用通俗易懂的语言、鲜活的案例、有吸引力的短视频等将已有的知识教给学生。科研则不然,科研要在未知的、充满争议的世界中寻找内心确信的答案。回顾我的博士学位论文写作过程,我没有先入为主地选取某种因果关系理论作为绝对正确的理论模型,而是系统地对我国传统的必然偶然因果关系理论、条件说、相当因果关系说、双层次因果关系理论、客观归责理论、危险的现实化说、监督过失理论等进行资料收集、比较,从中寻找一个具有比较优势的理论,并借鉴其他理论中的一部分内容,从而得出我内心确信的渎职罪因果关系认定的一般规则。同时,我也没有止步于理论研究,而是充分地检索了裁判文书,从中发现渎职罪因果关系认定在实践中的真实问题与争议,并尝试用我建构起来的理论模型进行类型化分析,从而使自己的研究具有实践价值。相比于当下以教学为重心的工作,博士学位论文写作使自己的研究更加包容与开放。在未来,自己仍然应该拾起有点被搁浅的科研,一直努力下去。

前不久,我新收了一位退伍复学转专业到法学专业对刑法感兴趣的本科生(我工作的浙江财经大学有本科生综合导师制度,每名本科生都会配备一名综合导师)。我在送给她的书上写了这样一段寄语:"洞悉社会,寻找光明,保持热爱,将为刑事立法、刑事司法、犯罪治理贡献智识作为自己学习和研究的出发点、落脚点。"这段话也与各位对刑法有兴趣、有热爱的读者朋友共勉,愿我们能够研究真问题,做真学问。

马路瑶
2023 年国庆节于浙江杭州